The Hybrid Textbooks of Civil Law Vol. 1
General Provisions

新ハイブリッド民法

民法総則［第2版］

小野秀誠・良永和隆・山田創一
中川敏宏・中村 肇❖著

ハイブリッド民法シリーズの刊行にあたって

　2004年4月にわが国で初めて法科大学院が開設されました。この法科大学院は，周知のようにアメリカのロースクールに倣って法曹資格者のための専門大学院として発足したものですが，学生の質もかなり高く，ハイレベルな授業が要求されます。2006年6月には，法科大学院卒業者の受験する初めての司法試験が実施されました。法科大学院では，法曹実務教育を大幅にとりいれた実践的な教育が行われますが，それに対応するためには，学生が学部教育，法科大学院1～2年生の時期の教育において民法学の基礎的な制度，ルールを十分に理解して，応用能力を備えていることが前提となります。

　それと並んで，20世紀の末から現在までの間に，民法典およびそれに関連する法律について数多くの手直しがなされ，また幾つもの民事特別法が制定されました。ごく新しいものだけを例にとっても，1999年の民法典中の成年後見制度の改正，2004年の民法典現代語化法（口語化法），2006年の公益法人制度の改正（2007年より施行）をはじめとして，1998年のNPO法，債権譲渡特例法（2004年動産，債権譲渡特例法），民事再生法，1999年の任意後見法，住宅品質確保促進法の制定と定期借家権の導入，2000年の消費者契約法，特定商取引法，電子署名法，金融商品販売法，2001年の中間法人法，電子（消費者）契約法，2003年の人事訴訟法，2004年の新不動産登記法，新破産法，2005年の会社法，仲裁法，2006年のADR促進法，預金者保護法，金融商品取引法，新信託法，法の適用に関する通則法，2007年の労働契約法などがそれで，それらにおいてもその後手直しが行われまたはそれが予定されています。また近い将来においても，担保物権法，債権法，家族法といった民事法分野における法改正が予定または計画されています。

　このようにわが国の法学教育，わけても民法学の教育は，現在大きな転換点を迎えており，従来使われてきた民法学の教科書，参考書を見直して，新たな時代に対処するための新しい民法教科書作りに本格的に取り組まねばならない

時期に差しかかっています。そこでこのような新しい時代に対応するために，法科大学院時代の学部とロースクール両方での民法教育をにらんだ，いわばハイブリッドなテキストというコンセプトで，新しい民法教科書シリーズを企画しました。

　この新しい民法教科書シリーズは，従来の総則，物権・担保物権法，債権総論，債権各論，家族法という5本の柱からなる枠組みを崩すものではありませんが，新しい現代語化民法，その他の新しく制定，改正されたばかりの数多くの民事特別法に依拠するとともに，法学部学生および法科大学院学生の両者に対応できるように，基礎的な民法制度を祖述する一方で，最新の判例・学説および新しい争点をもとりいれ，基礎から応用にいたるまでの多面的かつアクセントをつけたきめ細やかな記述を旨としています。民法典およびそれを取り巻く数多くの法令が形式的だけでなく，内容的にも新しいものとなり，かつ急テンポに新しい問題が次々と生起する現在にあって，このような新機軸の民法教科書を上梓することは，必ずや数多くの利用者を見出し，学界の共有財産となるであろうことを信ずるものです。

　2006年9月

『ハイブリッド民法』シリーズ編集委員

小野　秀誠

本田　純一

松尾　　弘

滝沢　昌彦

半田　吉信

第2版はしがき

　本書は，『ハイブリット民法』シリーズの第1巻であり，民法総則を対象とする。民法総則は，財産法の最も抽象的な部分であり，多様なテーマを対象とする。私法の総論でもあることから，法律学の基本部分といえる。

　内容的には，2017年以降の種々の民法の改正法にそっている。最も関連するものは債権法の改正であり（2020年施行），債権総論と契約総論を中心としたものであるが，民法総則では，おもに時効法の部分が大きく改正された。個別の修正は多岐にわたるが，財産法の中では，物権法とともに修正は，比較的限定的である。

　また，民法総則の分野では，成年年齢が2022年4月に18歳に引き下げられたことが重要である。関連して，婚姻年齢なども改正されている。相続法の関係では，自筆証書遺言，遺留分，配偶者居住権などの改正が，2018年に行われている（2020年までに施行完了）。物権法では，いわゆる2021年に所有者不明土地に関する修正が行われた（2023年本体施行）。無価値な土地や建物が多数放置されていることから（いわゆる負動産），管理や相続の厳格化が行われた。人口減少と社会の縮小に伴う現象であり，不動産の放置という同じ問題は，所有者分明の土地でも，認知症などで適切な管理が行われていない場合にも生じる。高齢化問題とも関連して，残された問題は大きい。さらに，担保物権法は，改正の途上にある。親族法は，家族形態の多様化とともに，多くの課題を負っている（夫婦別姓，LGBTの権利，生殖補助医療など）。

　本書では，債権法の改正が基本的には現行法の可視化を目指しているとの解釈を基本としている。従来の裁判例は，明確に修正されている場合を除けば，尊重されるべきものである。改正には，必ずしも理念的な起草方針がなく，改正の内容が，民法を現代の取引事情に合わせるために現代化すること，および判例ルールを明文化し，不明確な条文を明確化するとともに，書かれていない前提・原理・定義を補うこととされていたことにもよる。したがって，とくに

断らない限り，裁判例は，改正法に関しても必要な限りそのまま引用してある。現行法との違いから，その射程には別の解釈の余地もあることを指摘しておきたい。

　なお，本書では，**Case** において，問題点を提示し，スムーズに解説に入り，制度の本質を理解できるようにした。また，**Further Lesson** では，本文で触れえなかったやや高度な事項を扱ったり，本文の整理を行った。そして，関連する話題を **Topic** で取り上げ，制度の理解を深めるようにした。読者は，本文以外の興味のある部分を拾い読みすることもできるし，時間がないときには読みとばすことも可能である。*Exam* では，いくつかの章の末尾において，演習問題を解くことにより，各章の理解が立体的になるように，また知識の整理と確認ができるようにしている。巻末の *Hybrid Exam* では，複数の章や他巻にもまたがる，より複雑な事例を用いて，復習と応用が可能となることを試みている。

　　2023年 9 月 1 日

　　　　　　　　　　　　　　　　　　　　　　　　小野　秀誠

はしがき

　本書は，2017年改正にそった民法総則のテキストである。民法の改正は，債権総論と契約総論を中心としたものであるが，関連する項目として民法総則では，時効法の改正部分が大きい。個別の修正は多岐にわたるが，財産法の中では，物権法とともに修正は限定的である。

　改正法がまだ施行されていないことから，新たな解釈論は今後の展開をまつ必要があり，改正法に関連して記載されている裁判例も，すべて現行法（本文ではこれを「改正前」という）に関するものである。改正法の下で，旧法に関する裁判例がどこまで意味をもつかには疑問もある。判例を明文化する趣旨で条文化した場合には矛盾はないが，新条文がその判例を部分的にでも変更した場合には，その射程をはかるべき問題が残っている。また，法律が判例を修正した場合でも，どの範囲で修正しているのかには疑問が残る。これらはすべて今後の解釈の問題となる。このかぎりでは，法律的には著しく不安定さが増したことになるが，民法100年の判例は，いわば日本法の財産であり，なるべくこれを活かす解釈をとるべきだと考える。ゼロから出発するのでは，法の不安定さが増すだけであろう。

　本書では，改正法が基本的には現行法の可視化を目指しているとの解釈を基本としている。従来の判例は，明確に修正されている場合を除けば，尊重されるべきものである。したがって，とくに断らない限り，裁判例は，改正法に関しても必要な限りそのまま引用してある。現行法との違いから，その射程には別の解釈の余地もあることを指摘しておきたい。

　改正法の制定過程はかなり長期にわたるものであった。法制審議会の立ち上がりの時期からだけ考えても（2012年11月），すでに5年以上となる。また，当初多数の検討項目が置かれたが，2013（平成25）年2月の中間試案，翌年8月の要綱仮案，2015（平成27）年3月の要綱案と進むにつれて，見解の相違から脱落するものが続出した（2017年成立，施行は2020年4月1日とされている）。争い

のあるところを落として改正できるものだけを拾う方針からである。こうした手法は，必ずしも理念的な起草方針がなく，改正の内容が，民法を現代の取引事情に合わせるために現代化すること，および判例ルールを明文化し，不明確な条文を明確化するとともに，書かれていない前提・原理・定義を補うこととされていたことから可能となったのである。改正の契機となった諮問88号（2009年10月28日）はその趣旨であった。今後の実務もその前提で動くであろう。

　そこで，条文は，できるかぎり現行法や裁判例を維持するものとみることができ，法文上の明確な修正だけを改正とみることができる。修正のプロセスには，多くの関与者の種々な主観的な思い入れもあると思われるが，このような経過から法文に現れた客観的な修正だけを重視する必要がある。その意味でも，従来の裁判例を参照することに意味があるのである。

　なお，本書では，**Case** において，問題点を提示し，スムーズに解説に入り，制度の本質を理解できるようにした。また，**Further Lesson** では，本文で触れえなかったやや高度な事項を扱ったり，本文の整理を行った。そして，関連する話題を **Topic** で取り上げ，制度の理解を深めるようにした。読者は，本文以外の興味のある部分を拾い読みすることもできるし，時間がないときには読みとばすことも可能である。*Exam* では，いくつかの章の末尾において，演習問題を解くことにより，各章の理解が立体的になるように，また知識の整理と確認ができるようにしている。巻末の *Hybrid Exam* では，複数の章や他巻にもまたがる，より複雑な事例を用いて，復習と応用が可能となることを試みている。

　2018年 2 月 1 日

小野　秀誠

目　　次

Topic 目次

▶▶▶Further Lesson 目次

凡　　例

【1】　判例の略語（主要なもの）

大　判……大審院判決

大連判……大審院民事連合部判決

最　判……最高裁判所小法廷判決

最大判……最高裁判所大法廷判決

高　判……高等裁判所判決

地　判……地方裁判所判決

支　判……支部判決

民　録……大審院民事判決録

刑　録……大審院刑事判決録

民　集……大審院（最高裁判所）民事判例集

新　聞……法律新聞

判決全集……大審院判決全集

行裁例集……行政事件裁判例集

裁　時……裁判所時報

裁判集民……最高裁判所裁判集民事

判　時……判例時報

判　タ……判例タイムズ

金　判……金融・商事判例

金　法……金融法務事情

百選Ⅰ・Ⅱ・Ⅲ……民法判例百選Ⅰ・Ⅱ〔第9版〕，Ⅲ〔第3版〕（別冊ジュリスト）

百選消……消費者法判例百選〔第2版〕（別冊ジュリスト）

【2】　法令名の略記

　　本文カッコ内での法令条名の引用に際して，民法典については，条名のみをかかげ，その他の法令で引用頻度の高いものは，その法令名を，通例慣用されている方法により略記した。

❖ 著者紹介

小野　秀誠（おの　しゅうせい）　　　　　　　　　　序，第1章，第5章 執筆

略歴　1954年生まれ。一橋大学大学院法学研究科修士課程修了。
現在，獨協大学法学部教授，一橋大学名誉教授。

主要業績
『大学と法曹養成制度』（信山社，2001年）
『民法総合判例解説・危険負担』（不磨書房，2005年）
『契約における自由と拘束』（信山社，2008年）
『利息制限の理論』（勁草書房，2010年）
『民法の体系と変動』（信山社，2012年）
『債権総論』（信山社，2013年）
『法律学習入門―プレゼンテーション対応型』（信山社，2019年）
『亡命法学者と法の変容』（信山社，2022年）

良永　和隆（よしなが　かずたか）　　　　　　　　　　第2章，第7章 執筆

略歴　1957年生まれ。一橋大学大学院法学研究科博士課程修了。
現在，専修大学法学部教授。

主要業績
「建物譲渡における譲渡人の土地工作物責任と登記の機能」『取引法の変容と新たな展開　川井健先生傘寿記念論文集』（日本評論社，2007年）
『不法行為法』（日本加除出版，2010年）
「不動産売買の成立時期」『専門訴訟講座⑤　不動産関係訴訟』（民事法研究会，2010年）
『新民法学2　物権法〔第4版〕』（成文堂，2011年，共著）
『基本法コンメンタール民法総則〔第6版〕』（日本評論社，2012年，遠藤浩と共編）
『民法〔第10版〕』（勁草書房，2018年，我妻榮と共著）
『契約書式実務全書　第1巻～第3巻〔第3版〕』（ぎょうせい，2020年，大村多聞・佐瀬正俊と共編）

山田　創一（やまだ　そういち）　　　　　　　　　　第3章，第4章 執筆

略歴　1960年生まれ。中央大学大学院法学研究科博士課程前期修了，同課程後期退学。
現在，専修大学法科大学院教授。

主要業績
「群馬司法書士会震災復興支援金事件最高裁判決をめぐる学説の検討」専修法学論集96号（2006年）
「Ultra Vires 法理の機能と課題」専修ロージャーナル4号（2009年）
「危険負担に関する債権法改正」法学新報122巻9・10号（2016年）
「定型約款に関する債権法改正の考察」名城法学66巻3号（2016年）
「安全配慮義務の再評価」『民法学の伝統と新たな構想　宮本健蔵先生古稀記念』（信山社，2022年）

中川　敏宏（なかがわ　としひろ）　　　　　　　　**第6章，第8章 執筆**

略歴　1971年生まれ。横浜国立大学大学院国際経済法学研究科修士課程修了，一橋大学大学院法学研究科博士後期課程修了。
現在，専修大学法学部教授。

主要業績　「法律行為の一部無効問題に関する諸規定の新設」円谷峻編著『民法改正案の検討 第3巻』（成文堂，2013年）
「不動産留置権の抵当権化の可能性—韓国の留置権制度改革に対する考察を通じて」専修大学法学研究所紀要39号（民事法の諸問題 XIV）（2014年）
「法定地上権制度の日韓法比較」『民事責任の法理 円谷峻先生古稀祝賀論文集』（成文堂，2015年）
「韓国民法上の相続回復請求制度に対する史的素描（1）（2・完）—伝統法から現代法まで」専修大学法学研究所紀要43号（民事法の諸問題 XV）（2018年），専修法学論集132号（2018年）
『コリアの法と社会』（日本評論社，2018年，共編著）

中村　肇（なかむら　はじめ）　　　　　　　　　　**第9章，第10章 執筆**

略歴　1968年生まれ。横浜国立大学大学院国際経済法学研究科修士課程修了，一橋大学大学院法学研究科博士後期課程単位取得退学。
現在，明治大学専門職大学院法務研究科教授。

主要業績　「ドイツ民法における種類債務者の調達リスクの引受による責任—調達義務の限界とリスク引受責任」『民事責任の法理 円谷峻先生古稀祝賀論文集』（成文堂，2015年）
「改正民法における追完規定の検討—『契約の尊重』と『契約規範』の多層的構造という観点から」『現代私法規律の構造 伊藤進先生傘寿記念論文集』（第一法規，2017年）
『論点体系・判例民法(6)契約1 〔第3版〕』（第一法規，2019年，共著）
『新基本法コンメンタール 債権Ⅰ』（日本評論社，2021年，共著）
『Before/After 民法改正〔第2版〕—2017年債権法改正』（弘文堂，2021年，共著）

序　民法を学ぶにあたって
民法の体系の概観

1　私法の一般法

　法は，公法と私法とに大別される。**公法**は，国家の組織や国家と私人の関係を規律し，権力作用にかかわる。**私法**は，平等な私人相互の関係を規律する。民法は，私法に属し，その一般法である。**一般法**は，適用対象に関して特別な制限をもたない法であり，私的生活一般を規律している。

　これに対し，同じ私法でも，商法は，商取引や商人という特殊な事項や人について規律している**特別法**である。特別法は一般法に優先して適用されるが，一般法は特別法のないすべての場面に適用される普遍的な法である。特別法には，商法のほか，借地借家法や利息制限法などの多数の民法の付属法規がある。また，労働関係については，民法の雇用の規定に対して，労働法がある。さらに，民事訴訟法や民事執行法などの**手続法**は，裁判をする際の判決にいたる手続や執行手続を規定する。この手続法に対し，具体的な判断基準を定める民法や商法は，**実体法**とよばれる。

　ただし，民法と商法の一般法，特別法の関係にはかなり流動性がある。取引行為の一般化から，商法の原理が民法にも影響を与えている。いわゆる**民法の商化現象**である。たとえば，1911年のスイス債務法は，民法と商法を統一している（1942年のイタリア民法典は，労働法をも統一）。さらに，中世法においては，取引法は，商人法（Lex mercatoria）の領域であったから，近代民法の取引規定の多くは，商法的由来に起源をもつのである。

　理論的側面からすると，民法は，いろいろな法律学のなかでも，最も古く，その基礎的な考え方が，他の法領域でも影響力をもつことがあった。たとえば，社会契約説・国家法人説などは，民法理論をもとにしたものである。

2　民法の体系

（1）**パンデクテン体系**　　民法は，第1編の総則，第2編の物権，第3編の
債権，第4編の親族，第5編の相続と分かれている。このうち，第3編までの
部分が私人間の財産関係を扱っていることから，これを**財産法**といい，また，
私人の身分・家族上の関係を扱う第4編，第5編を合わせて**家族法**という。民
法は，この2者に大別される。このような体系を，**パンデクテン体系**という。
日本民法は，物権法を債権法よりも前置するが，債権法を前置する立法例もあ
る（前者をザクセン式という。後者の例はドイツ民法である）。民法制定時の社会に
おける重点分野の違いを反映したものである。

　この財産法の部分の体系が比較的わかりにくいが，民法を学ぶためには，こ
の体系を理解することを要する。民法の対象とする取引関係を例として述べれ
ば，そこには売買や賃貸借といったものがあり，英米法では，個別分野ごとに
法律を定める（制定法がない場合には判例法）。たとえば，商品売買法（Sale of
Goods Act），土地賃貸借法（Land Lease Law）などである。この方式は，いわば
一戸建ての建築であり，自己完結性において，大陸法的なパンデクテン体系に
まさる。

　しかし，わが国では，売買法，賃貸借法といった個別の法律によって規定す
ることをせずに，民法典だけで規律している。パンデクテン体系は，1階に総
則，2階に物権，3階に債権総論，4階に債権各論という，いわばマンション
の形式をとっている。しかも，4階には空き部屋がたくさんあり，契約という
住人（具体的には売買，賃貸借など）は，時代の進展にあわせて追加（建て増し）
も可能であり，法典の柔軟性を確保しているのである（契約自由の原則）。ちな
みに，この場合に，1階から3階までは，すべての契約に共通した土台とな
り，4階には実質的に制限がないことから，どこまでも建て増し可能なもので
ある。もちろん，古い土台に，新しく部屋を追加するのであるから，不具合が
生じることもある。これを使いやすく，住みよくする作業は，法解釈の問題で
ある。

このような体系のメリットは1つの法律ですべての取引関係を処理しうることであるが，反面，基本的な法が膨大になり，どこに必要な条文があるのか初学者にはわからなくなるというデメリットをもっている。

もっとも，マンションの形式をとる体系には，パンデクテン体系のほかに，ローマ法・フランス法のインスティテューチオネス体系もある。これは，わが法では，旧民法（➡12頁参照）が採用した方式であり，人に関する法，物に関する法，物の取得に関する法で大別される構成をとり，財産法と家族法をあまり厳格に峻別しない点が異なっている（権利の主体としての地位も身分上の地位も，人の項目に包含され，また，契約による物の取得も相続による取得も，物の取得として同列に扱われる）。

(2)　**民法の仕組み，とくに総則の意義**　　こうしてパンデクテン体系では，いろいろな取引のプロセスで出てくる問題を，取引の形態ごとにではなく，個々の相違にとらわれずに共通する事項で一括して解決するのである。ここから，体系性のほかに，もう1つの特色である抽象性，とくに総則の重要性が登場する。

たとえば，売買でも賃貸借でも，取引の主体は人あるいは法人であろう（▶3条・33条以下，また，一般社団法人及び一般財団法人に関する法律3条参照）。そして，取引をするには当事者の意思表示が必要であろう（▶90条以下）。このような問題は，私法関係に共通する事項として，民法総則に入れられる。また，売買でも贈与でも，所有権が移転することになれば，その移転の要件・効果は所有権を代表とする物権の項目で一括して規定される（▶175条以下）。さらに，売買たると，金銭の消費貸借たると，それによって契約の相手方に対する権利が生じれば，これは債権の問題として一括して扱われる（▶399条以下）。

パンデクテン体系は，社会の具体的な事柄を**総論**，**各論**と一部ずつ切り離して規定する点に特徴があるから，個々の条文だけをみても，全体の流れや条文相互の関係は必ずしも明確とはいえない。本を読むさいには，扱っている問題が，頭の部分（総論）なのか，足の部分（各論）なのかなど，他の分野との関連にも注意する必要があろう。個々の問題とならんで，この関連づけが有用である。それによって初めて，民法の理解が立体的になるのである。

　また，同じ頭でも，犬の頭と象の頭には相違が生じることもあろうし（債権一般の時効期間の166条以外に，不法行為債権の時効の724条がある），どこまで未知の生物の頭を犬の頭と同列に扱えるかも，問題となるからである。民法はほぼ1世紀前の法律であるから，現代の複雑な取引や公害，大規模な交通事故など

✐ Topic 序-1

私法の歴史とパンデクテン法学

　法律の体系を，総論，各論に分類していく体系は，近時になって急にできたものではなく，おもに18世紀のドイツの近代自然法論の影響によるものであり，さらに19世紀の普通法学に承継された長い伝統を有する。わが国の民法体系は，ドイツのそれにならって，パンデクテン体系とよばれる。本文でもふれたように，この体系の特徴は，単に包括的であるというだけではなく，共通する事項を総論としてなるべく前の方に規定し，同じことは繰り返さず，共通するものとしてくくりきれない事項だけを各論として，後ろに規定する点にもある。この性格は総則だけではなく，法典のすべてに貫かれている。たとえば，債務不履行の問題は，売買にも賃貸借にも共通する事項であるから，第3編の債権のなかでも，債権総論に入れられているのに対し（▶415条），売主の権利，義務といった具体的な事項は，債権各論の売買の中に入れられているのである（▶売買は555条以下。賃貸借は601条以下）。したがって，売買契約から生じた債務の不履行の解決は，売買の項目だけを見ても得られないし，また売買契約によって所有権が移転することの要件は，物権の項目を見なければわからないのである。自分が探している条文が民法のどこにあるかを探すには，このような体系を頭に入れる必要があろう。民法典は，1000条以上もある法律であるから，単に個々の条文を知るだけでは，法の全体を理解することはできない。

　そして，このような体系は，民法のなかだけではなく，私法体系の全体にさえも貫かれている。前述のように，民法が一般法・総論として，私人間の取引すべてを規定し，商法が特別法・各論として商人間の取引に適用されるのも，同じ論理である（特別法は一般法を破ることの裏側）。たとえば，権利の存続期間は，民法総則の時効の問題であるが，債権の消滅時効は5年と10年である（▶166条）。しかし，不法行為債権の消滅時効は，3年と20年とされるのである（▶724条。なお，724条の2による5年も参照）。また，時効そのものの意義や援用といった問題も民法で扱われる。ただし，こうした体系の結果，契約上の債権の特殊性が見失われるとの欠陥も生じる。

を予想していない。しかし，これらを解決する場合には，この古い条文の解釈
という法律の操作によらなければならないのである。

　さらに，パンデクテン体系では，全体を理解して初めて連続して流れる1つ
の事象を理解できるのであって，一部，たとえば民法総則だけを理解しても，
意味は少ない。犬の頭だけ知っていても，足の形はわからないようなものであ
る。民法総則は，民法の概論ではないことに注意しなければならない。

　(3)　**民法総則編，物権編，債権編の峻別**　　人の地位は，民法総則の対象で
あるが，インスティテューチオネス体系と異なり，人の属性に関する事項がす
べてここで扱われるわけではない。家族上の地位は家族法の対象であり，財産
法と共通する**権利の主体**としての地位のみがここで扱われる。

　権利の客体は，民法総則の**物**あるいは物権法の対象であり，人と物の区別が
貫かれている。しかし，近時では人と物の境界があいまいとなっていることに
ついては，後述第2章（人の部分）参照。

　民法は，**権利の体系**であり，合意（契約）あるいは法律の規定により権利が
発生し，この権利によって人の間の関係を規律する。法的に，人は互いに平等
であるから，他人に対して，一定の請求ができるためには権利が存在しなけれ
ばならない。権利は多様であるが，**物権**と**債権**とに大別される。多様な社会生
活を抽象的な権利によって規律することは必ずしもそう容易ではなく，当事者
間のみで効力を有する権利と第三者に対しても主張できる権利を区別し，使い
分けることはどの法体系の下でも行われている。パンデクテン式の法体系の下
では，前者にあたる債権と後者にあたる物権の区別が財産法の基本的な構造と
なっている。物権編と債権編の体系は，このような権利の区別を前提とするも
のである。

　もっとも，いわゆる賃借権の物権化（➡第4巻 債権各論参照）にみられるよ
うに，土地や建物の賃貸借において，賃借人の法的な地位が弱い契約（債権で
ある賃貸借）を，立法や解釈によって，より強い権利（物権である地上権）に近
づける努力が行われ，物権と債権の峻別が明確ではなくなる場合もある。

　さらに，パンデクテン体系が，人・物・金（物権と債権）という体系をとっ
ているために，近時では社会上重要な地位を占める情報がこの体系にうまく位

置づけられないという点が弱点であり，司法の現代化が課題となっている（特許や著作権などの知的財産権は無体財産権として，物権法の延長に位置づけられる）。

　(4)　**大陸法と英米法の相違**　　日本法がモデルとした大陸法（その中ではフランス法とドイツ法が重要である）の体系のほか，英米法の体系があり，世界の法は大きく二分される。ウィーン国際動産統一売買法条約（CISG。**➡ Topic 序-2**参照）のような法統一作業の結果，大陸法と英米法の間にも相当の調整が行われつつあるが，なおその相違は大きい（なお，日本法には英米法由来の条文もある）。たんに個別の条文の文言が異なるだけではなく，その基礎が異なり，解釈にも影響することがある。大陸法には，ローマ法の影響，包括的法典や法概念の重要性，大学での法曹養成などが，英米法では，法源としての判例法の重

✐ Topic 序-2
債権法の現代化・改正と統一法

　民法の中でも，債権法は各国間の同質性が高い分野であり，古くから比較法的に共通する性格の大きな分野であった（物権法や家族法には国ごとの相違が大きい）。その共通法的な性格は，おそらくローマ法継受の時代にまでさかのぼりうるであろう。各国の民法典が形成される前の普通法や商人法は，共通法そのものであった。近代以降でも，とりわけその売買法は，早くから英米法と大陸法の接合モデルとなった。ラーベル（Ernst Rabel, 1874-1955）によって，大陸法と英米法の統一を目指した体系が検討されたのは，第二次世界大戦以前にさかのぼる（「動産売買法」Das Recht des Warenkaufs. Eine rechtsvergleichende Darstellung. 2 Bde., 1936, 1957）。その成果は，1964年にハーグ国際動産統一売買法条約として，1980年にウィーン国際動産統一売買法条約（CISG）として成立した。わが国では遅れて，ようやく2008（平成20）年7月1日に批准され，発効は翌年8月1日であった（「国際物品売買契約に関する国際連合条約」）。

　この間，ヨーロッパ諸国では，EU 内の取引法統一との関係で，とくに債権法分野の統一作業が進展した。EU 指令によって取引法や消費者保護関係の多数の個別分野の統一が行われたほか，債権法全体の統一を目指す多くの動きも具体化した。ユニドロワ，ヨーロッパ契約法原則の策定，オランダ民法やドイツ債務法の改正（2002年）などである。もっとも，ヨーロッパにおける種々の法統一も，CISG をモデルとしている。近時の債権法の基本モデルは，こうした法統一にある。グローバル化の進展もあり，法の改編時代ともいえる（スイス債務法のみ改正を中止）。

要性（制定法に対するコモンローの優越），先例拘束性などの特徴がある。

　(5)　**民法の起草方針**　　民法の起草者は，自明なことは規定しないとの方針でいたことから，わかりきったことは，規定していない。自明なことは，学理によるのである。旧民法に定義的な規定が多く，教科書的だという批判を受けてのものである。ただし，起草当時は通説であっても，その後変動したこともあるから，必ずしも自明でないことは解釈によることになる（そこで，2017年の債権法改正では，かなり原則や定義的規定を定めた）。原則や自明なことを書かないから，しばしば例外が原則に先立つこともある（連帯債務の相対効＝▶441条）。

3　民法の各編の概要と関係

　(1)　**民法総則の内容と民法，私法の総則としての位置**　　民法総則は，通則，人，法人，物，法律行為，期間，時効からなる。大きく**権利の主体**の諸規定があり（第2章 人，第3章 法人），ついで**権利の対象**の諸規定がある（第4章 物）。さらに，**権利の変動**がこれに続く（第5章 法律行為）。基本的な体系は自然法思想に由来する。ただし，民法総則には，民法全体の受け皿としての意味もあり，物権編や債権編に入れられない規定をも受容している（第6章 期間の計算や，第7章 時効）。なお，一般社団法人及び一般財団法人に関する法律により，法人に関する民法の意義はかなり後退した。

　民法総則は，民法の総則であるが，一面ではその文言よりも狭く，他面では広い。すなわち，これは，財産法の総則であるが，**家族法**に対しては必ずしもそのまま適用されるものではない。家族法には固有の原理が多く，いわゆる身分行為には，財産法よりもいっそう当事者の意思が重視される。そこで，法律行為や代理などの規定はそのまま適用される余地はない。しかし，民法の解釈基準や住所，期間などの規定は適用される。

　他方，民法総則は，単に民法の総則であるだけではなく，**私法全体の総則**としての意味をももっている。たとえば，①**権利の主体**である人や法人に関する規定は，私法全体に関係するものだからである（前述➡5頁参照）。また，「人」の項目では，3条の権利能力のほかに，個々の取引をする際に必要とされる行

為能力（▶4条以下）や意思能力（▶3条の2）の概念が区別されなければならない。権利能力は，出生によって誰にでも（赤子でも）授かるものであるが，意思能力は，具体的な取引をする際に実際にこれをなしうる能力をいう（行為能力については，▶4条以下）。また，権利の主体には，自然人のほかに，法人がある（▶33条以下）。一般社団法人及び一般財団法人に関する法律により，民法の法人の規定の意義は減少したが，法人論の基礎は共通している。

　また，②**権利の客体**としての物に関する規定がある（▶85条以下）。

　③**法律行為**の部分は，人が権利を取得しようとするときに必要な要件を規定したものである。契約のような人の意思表示や合意によって生じる関係では，権利を発生させる法律要件は，人の意思表示という精神作用であり，その作用の結果として，一定の権利が生じる（法律効果）。法律行為の項目は，その際の合意の効力や，意思表示のあり方について規定する（▶90条以下）。**契約の自由**を前提とし，しかし**公序良俗**に反しえないこと（▶90条）あるいは**意思表示に**欠陥のある場合（詐欺，強迫など）に取消権が発生することなどを明らかにしている（▶93条以下・96条）。さらに，**代理**（▶99条以下），**無効および取消し**（▶119条以下），**条件および期限**（▶127条以下）についての規定がある。いずれも，私法一般にかかわる問題を扱っている。

　④**期間の計算**は，やや技術的な問題であるが，民法以外の法律にはほとんどこれに関する規定がなく，法律全般で参考とされるべき性格を有している（▶138条以下）。

　⑤**時効**に関する規定も，私法全体にかかわる内容をもっている（▶144条以下）。時効は，**取得時効**（▶162条以下）と消滅時効（▶166条以下）に大別される。取得時効は，10年もしくは20年の占有によって，他人の物の所有権を取得しうるとするものである。わが物権法の下では，たとえば，AからBが不動産を買い受けても，Aが無権利者の場合には（たとえ占有して所有者のような顔をしていても），Bは所有権を取得することはできない。当然のことであり，とくに規定はない。しかし，その結果，長期間占有した後でも真の所有者Cから取り戻されるとすると，買主Bの売買の期待に反することになるので（代金を払っているのに取得できない），占有の継続を要件としてBの権利の保護を図ったも

のである（▶162条）。その反射として，真の所有者であるＣは所有権を失う。

　これに対して，**消滅時効**は，一定の時間の経過によって，権利が消滅すると
するものである（▶166条）。いつまでも権利が存続するとすれば，権利の存在
が不明になり法律関係も安定しないからである。たとえば，Ａの先祖からＢの
先祖が金を借りたとの借用証書があったとしよう（消費貸借）。それが，30年も
前のこととすれば，貸借の際に契約に成立上の瑕疵があってももはや明らかで
はないことがあり（たとえば詐欺。▶96条），またすでに弁済され消滅していて
も，その証拠となる弁済証書も失われているかもしれない。借用証書だけを今
さらもちだされてもＢも困るであろう（弁済と受取証書につき▶486条参照）。

　(2)　**財産法の他の部分—物権，債権総論，債権各論**　　本シリーズ第1巻
は，民法総則を対象とする。上述のことから，総則は，第2巻以下と密接な関
係に立っている。各巻の概要は，それぞれの解説にゆだね，以下では，各巻の
体系と関連性にのみふれる。

　物権（第2編）は，民法総則の物に関連する部分を普遍化したものであり，
物権変動とくに所有権移転の方法を定める。種々の物権の内容を規定するの
も，ここである。**債権**（第3編）は，民法総則の法律行為に関連する部分を普
遍化したものであり，債権の発生する原因である契約や不法行為の要件を定
め，また発生した債権の効力やその消滅を扱う。大部であるため，講義やテキ
ストの上では，債権総論と債権各論に分けられることが多い。本シリーズで
も，第3巻と第4巻に分かれている。

　パンデクテン方式ではなく，「売買法」のように独立した方式では，売買の
成立から消滅にいたる事項を時系列に従って順次記載するはずであるが，パン
デクテン方式は，物権と債権の区別を中心に規定しているから，各編は時系列
的に完結されない（逆転している場合さえもある）。この点もわかりにくいところ
であろう（**図表序−1**参照）。つまり，どこに何が規定されているかは，ある程
度までは，予め知っていることが必要である。（➡各巻の概要参照）

　(3)　**家族法**　　講学上，家族法とよばれるものは，親族，相続からなる。親
族は，①総則，②婚姻，③親子，④親権，⑤後見，⑥保佐及び補助，⑦扶養か
らなり，生活関係の基本である夫婦，親子関係の成立や消滅，その間に生じる

図表序-1　民法の構成

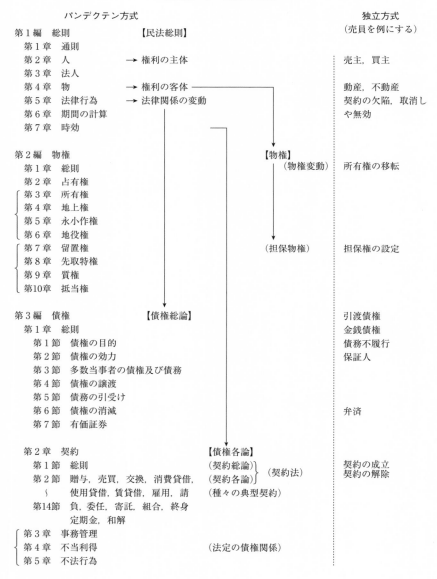

パンデクテン方式

第1編　総則　　　　　　【民法総則】

　第1章　通則

　第2章　人　　　　　→　権利の主体

　第3章　法人

　第4章　物　　　　　→　権利の客体

　第5章　法律行為　　→　法律関係の変動

　第6章　期間の計算

　第7章　時効

第2編　物権

　第1章　総則

　第2章　占有権

　第3章　所有権

　第4章　地上権

　第5章　永小作権

　第6章　地役権

　第7章　留置権

　第8章　先取特権

　第9章　質権

　第10章　抵当権

第3編　債権　　　　　【債権総論】

　第1章　総則

　　第1節　債権の目的

　　第2節　債権の効力

　　第3節　多数当事者の債権及び債務

　　第4節　債権の譲渡

　　第5節　債務の引受け

　　第6節　債権の消滅

　　第7節　有価証券

　第2章　契約　　　　【債権各論】

　　第1節　総則　　　（契約総論）

　　第2節　贈与，売買，交換，消費貸借，（契約各論）｝（契約法）

　　〜　　　使用貸借，賃貸借，雇用，請（種々の典型契約）

　　第14節　負，委任，寄託，組合，終身

　　　　　　定期金，和解

　第3章　事務管理

　第4章　不当利得　　　（法定の債権関係）

　第5章　不法行為

独立方式

（売員を例にする）

売主，買主

動産，不動産

契約の欠陥，取消し
や無効

【物権】

　（物権変動）　所有権の移転

（担保物権）　担保権の設定

引渡債権

金銭債権

債務不履行

保証人

弁済

契約の成立

契約の解除

法律上の権利義務について規定している。相続は，①総則，②相続人，③相続
の効力，④相続の承認及び放棄，⑤財産分離，⑥相続人の不存在，⑦遺言，⑧
配偶者の居住の権利，⑨遺留分，⑩特別の寄与からなり，人（被相続人という）
が死亡した場合に生じる権利や義務の承継の問題を扱っている。誰が相続人と
なるか，あるいは相続人が複数いる場合の分配の関係や遺言の効力はどうかな
どを扱っている。親族法は，財産法とはあまり関連しないが，相続は，売買な
どと同じく所有権の取得原因であり，財産法とも関連することがある。前述の
ように，家族法は財産法の体系とは比較的独立しているので，ここではこれ以
上ふれない（➡第5巻 家族法参照）。

第1章　民法の意義と一般的内容

1　民　法　典

民法の法源　　法源とは，法の存在する形態をいう。国家の制定した法律として定められているものを**成文法**といい，法の中心をなしている。しかし，法は必ずしも法律の条文としてあるだけではなく，判例や慣習法の形態をなしている場合もある（不文法，➡17頁）。近代以前には，成文法よりも**慣習法**が中心であった。また，わが国は成文法を中心とする体系をとっているが，英米法の国々のように，判例を中心とする**判例法**国もある。

民法の沿革　　現行民法典は，必ずしもわが国で最初の民法典ではない。いわゆる**旧民法**は，フランス人のお雇い外国人**ボワソナード**（1825-1910年）による草案を基礎とし，明治23（1890）年に公布されたが，反対派が「民法出テヽ忠孝亡フ」として批判した「**民法典論争**」の結果，公式には，一度も施行されないまま廃止された。旧民法は，ボワソナードの草案によるところが多かったので，ボワソナード民法ともいわれる（正式に審議し決定したのは日本人による法律取調委員会である）。

　現行民法典は，**穂積陳重，富井政章，梅謙次郎**の3人を起草者として，明治26（1893）年に設置された法典調査会で審議された。すでに公表されていたドイツ民法草案や当時の多数の法律や草案を参考に，いわば比較法の所産として成立した（財産法の部分と家族法の部分がそれぞれ明治29〔1896〕年，同31〔1898〕年公布，ともに同31年から施行）。

　戦後の1947（昭和22）年に，民法の親族・相続編は全面改正された（口語・ひらがな書き。そこで，これ以前のものは区別のために，明治民法の親族・相続編とい

う）。家制度を基礎とする明治民法が，日本国憲法の理念（個人の尊厳と両性の平等）にそぐわなかったからである。他方，民法の財産法には，一部改正や付属法規による実質的な修正があったにとどまる。その後の比較的大きな改正としては，1999（平成11）年の成年後見法による改正（▶7条以下，838条2号・876条以下），および2004（平成16）年の財産法の口語化がある（後者は内容の変更をせずに，口語・ひらがな書きとした）。内容上の現代化も課題であるが，達成されなかった。家族法でも，1994（平成6）年には，かなり大きな改正試案（夫婦別姓など）が公表されたが，実現されないままとなった。

Further Lesson 1-1
▶▶▶▶▶　**行為規範としての民法と裁判規範としての民法，要件事実論**

　民法典には，**行為規範**と**裁判規範**としての性質がある。人が行為しようとするときに，民法典は予測可能性を与えるが（たとえば，売買の際にどのような権利を取得できるか），民法には，**訴訟のための裁判規範**としての意味もある。後者を重視するのが，要件事実論である。とくに裁判官にとっては，訴訟において，権利の発生・障害・消滅などの法律効果を，民法の条文がどう捉え（請求原因，抗弁，再抗弁），法律効果を生じる法律要件に該当する事実は何かを検討することが重要である（もっとも，裁判官にとっても，制度の本質を理解するという意味で，行為規範としての民法にも意義がないわけではない）。

　伝統的な**法律要件分類説**によれば，民法上の条文の位置づけ，条文の文言と構造を基本に立証責任が決定されるものとされる。しかし，民法の条文は，必ずしもそのような証明を考えて作られているわけではないから，具体的な適用にあたっては，これを修正する必要がある。その際に，基本的に法律の条文構造による法律要件分類説を微調整すればたりるのか，それとも，もっと包括的に，いわゆる「裁判規範としての民法」を考えるのかには争いがある。いずれにせよ，裁判に適用される場合には，要件事実の立証がなければ，法律効果は生じないから，当該条文は適用されないことになる。

　民法のもつこのような二面性は，古くから指摘される。かねて二重効で著名なキップ（➡139頁）は「**司法法**」の存在を主張した。実体法に基づき，しかし，裁判官に対する裁判規範と考えられるものである。実体法は，私人間の権利を定めるが，それに基づいて，どのような判決を出すべきかを決するのが司法法であるとし，**手続法**と**実体法**とをつなぐものとする（ちなみに，民事訴訟法のような手続法は，いかに判決をするかにかかわるが，いかなる内容を判決に与えるべきかを定めるものではない）。

　2000年代に入ってからは，民法改正論議が盛んとなった。20世紀の末から，各種のヨーロッパの統一法（ヨーロッパ契約法原則）やユニドロワといわれる国際的統一法の動向，わが国でも2009（平成21）年に発効したウィーン国際動産統一売買法条約（国際物品売買契約に関する国際連合条約）などによる新たな法の改変が行われている。直接には，2002年に債務法を現代化したドイツ法の影響によるところが大きく，わが国でも，2020年4月に改正債権法が施行された（2017年改正法）。また，一連の相続法の改正が行われ，2019年1月に自筆証書遺言，同年7月に遺留分，2020年4月に配偶者居住権の改正法が施行された。2022年4月には，成年年齢，婚姻年齢の改正法が施行された。本書との関係では，成年年齢の引下げは，制限行為能力者制度に大きな影響がある。物権法では，2021年に，所有者不明土地問題に関連する改正が行われた（2023年に施行完了）。さらに，担保法の改正が俎上にあり，2022年12月には，「担保法制の見直しに関する中間試案」がとりまとめられている。

**実質的意義の民法と
形式的意義の民法**　「民法」には，形式的意義での民法と実質的意義での民法とがある。前者は，法律の1つとしての**民法典**である。実質的意義の民法は，民法典を補充する他の法律や慣習などをも包含する。民法の法源は，実質的意義の民法を具体化する種々の規範から成り立ち（民法典，付属法規，慣習法，判例法，条理），これらを総合することによって初めて法の内容を認識することができる。たとえば，民法典には，金の貸し借りについて消費貸借という部分があるが，これは利率に何ら制限を設けていない。しかし，別の法律に，**利息制限法**があり，最高限度の割合を定めている。特別法による修正である（もっとも，沿革的には，旧利息制限法は明治10〔1877〕年の太政官布告66号に由来するから，時代的には民法典に先立つ）。日本では，民法典の修正が少なく，特別法による修正が多いので，民法を実質的に把握するには特別法を参照することが必要である。

2　民法の特別法

　民法典以外の特別法は多い。わが国では長らく，民法典本体の改正よりも，付属法規による改正がおもに行われてきたとさえいえる。たとえば，**利息制限**

法，借地借家法，信託法，**自動車損害賠償保障法**，**製造物責任法**，**不動産登記法**，電子消費者契約法などである。商法や労働法は，民法の特別法ではあるが，それ自体まとまったボリュームをもち，独自の法の領域を形成している。また，**出資法**（出資の受入れ，預り金及び金利等の取締りに関する法律），**貸金業法**，**農地法**，**割賦販売法**，**特定商取引法**などの公法的，刑事法的，業法的な法律の中にも，実質的に民法に関係する規定が存在する。

　消費者契約法や利息制限法などは，民法典に組み込む可能性もある。形式的な意義の民法を実質的なそれに一致させることによって見通しのよさが確保されるからである。ドイツ民法の2002年債務法現代化法では，約款規制法や消費者信用法は民法典に組み込まれた。また，民法典に組み込まないとしても，従来個別法規によっている割賦販売法，特定商取引に関する法，消費者契約法，金融商品の販売等に関する法律などを統合して，統一的な消費者信用法を形成するなどといった課題も残されている。2005（平成17）年には，カードの不正使用が多発したことをうけて，いわゆる**預金者保護法**（偽造カード等及び盗難カード等を用いて行われる不正な機械式預貯金払戻し等からの預貯金者の保護等に関する法律）が制定された。金融機関に対し，口座の開設，多額の振込，送金など一定の取引に際して，本人確認を義務づける「犯罪による収益の移転防止に関する法律（2007年）」（犯罪収益移転防止法。2003年の「本人確認法」が前身）も国際的なマネーロンダリングや国内の詐欺（架空請求や振込詐欺など）を防止するためであり，時代を反映したものである。2008（平成20）年には，ウィーン国際動産統一売買法条約が批准（2009年施行）された。

　近年は，家族法の分野でも，新たな法律が多数登場した。児童虐待の防止等に関する法律（2000年），性同一性障害者の性別の取扱いの特例に関する法律（2003年），配偶者からの暴力の防止及び被害者の保護等に関する法律（2001年），ストーカー行為等の規制に関する法律（2000年）などの特別法である。任意後見契約に関する法律（1999年）や高齢者の居住の安定確保に関する法律（2001年）は，**成年後見法**による民法の改正とともに，高齢社会に対応するための立法作業である。また，先端医療技術に関連して，臓器の移植に関する法律（1997年），ヒトに関するクローン技術等の規制に関する法律（2000年）などがあ

✐ **Topic 1-1**

司法の現代化と民法

　司法の現代化は，20世紀の初頭までに整備された種々の法分野において，その後の100年間の判例と学説の集積によって見通しの悪いものとなった体系を新たに構築し直す作業であり，20世紀の末から，とくにドイツにおいて意識され，精力的に行われてきた。たとえば，民法の賃貸借法，債務法，物権法，医事法，家族法のほか，登記法，法曹養成制度，環境法や会社法・経済法の改革などである。また，情報法や特許法などのまったく新しい分野の体系化作業もある。

　同様の問題提起は，わが国にも共通するものである。具体的な方向性は多様であり，狭く私法の分野にとどまるものではない。経営の自律や透明性の確保，腐敗防止，反差別など広範な内容を含む。倫理の再結合の視点をみることもできる。AIや暗号資産，電子マネーといった未開拓の分野の構築もある。しかも，問題は，新たな分野に限られるものではない。形式的平等を前提とした近代法が社会法によって変容した時代を第2段階とすれば，現代は情報化や持続的な発展をキーワードとする法の第3段階と位置づけられる。

　各国の国内法は，古くから一面的な取引や契約自由の優先を制限する努力をしてきた。19世紀的な契約自由が過去のものであることは，共通認識であろう。しかし，従来主張されたグローバル化は，こうした国民国家による社会法的な制限をたんなる規制として敵視するに至っている。その結果，債権法の領域においても商化現象のみが著しい（とくに債権譲渡や担保の分野）。こうしたグローバル化には，2016年以来，イギリスのEU脱退決定やアメリカの内向き傾向など，強い拒絶反応も生じている。

　より普遍的，国際的な契約自由の規制や新分野の規制は，まだ発展途上にある。民法の広い領域には，一面的な契約の自由だけではなく，契約の規制がより必要となる分野もある（消費者や非専門家，弱者をみすえた「契約から地位へ」である）。EUによる地域的な消費者保護法制や国際的な協定は，形骸化した実質的平等の回復に向けた動きと位置づけられる。わが国にも，賃貸借，労働，消費貸借など，種々の分野には100年間の蓄積がある。一面的なグローバル基準でこれらを切り捨てることはできない。また，こうした努力がたんなる外国法の模倣でない固有の民法としての資産ともなる。現代の民法学は，共通化と個別化という困難な調整作業を強いられる分野となっているのである。

り，家族法の現代化が課題となっている。2020年には，生殖補助医療の提供等及びこれにより出生した子の親子関係に関する民法の特例に関する法律が成立した。家事事件の手続法では，人事訴訟法（2003年），家事事件手続法（2011年）などがある。

3　民法の口語化

　いわゆる六法の中では，戦後に制定された憲法（1946年）と刑事訴訟法（1948年）は，もともと口語であったが，戦前の制定法である刑法は1995（平成7）年，民事訴訟法は1996（平成8）年，そして，民法は，2004年に口語化された（2005年施行）。商法は，遅れて2005年に会社法の部分を独立させた上，2019年までに順次口語化された。民法の口語化にさいして，内容上まったく争いのない部分だけが微修正された（▶192条・478条・709条ほか）。あわせて，465条の2以下に「貸金等根保証契約」が追加された（2004年の口語化民法の前のものを「旧民法」というのは，1890年の旧民法と紛らわしくミスリーディングである。「文語民法」とでもいうべきであろう）。

4　慣習法，判例法，条理

不　文　法　　不文法には，まず**慣習法**がある。社会生活には，自生的に発生し繰り返して行われている部分があり，これを支える規範がある。この規範が，法的確信にまで高められた場合には，慣習法となる。慣習法は，国家の手による**成文法**とは異なり，慣習の一部にすぎないが，社会の発展が早く，実定法がこれに遅れるような時期には，両者のギャップを埋めるために用いられる。法の適用に関する通則法3条（▶旧法例2条。➡後述137頁参照）は，公の秩序や善良の風俗に反しない慣習は，法令の規定により認めたものおよび法令に規定がない事項にかぎり法律と同一の効力を有するとし，また，民法92条は，事実たる慣習につき，当事者がこれによる意思を有すると認められるときにはその慣習に従うとした。これらの解釈および関係については，法律行為の部分を参照されたい。

判例法　　裁判所の**判決**は，個別の事案の解決にすぎないが，類似の事件に関しては，同様の結果を導くであろうとの予想をもたらし，つまりその中の理論にはより普遍的な性質がある。そこで，慣習と同じく，社会と法のギャップを埋める重要な契機となっている。

　最上級審の判決あるいは下級審の判決でもそれが繰り返された場合には，判決による一般的な法規範を認める余地があり，これを**判例**という。ただし，厳密な判例による先例拘束性は，英米法系の判例法国では認められているが，わが国など大陸法系の成文法国では，判例の法源としての地位は事実上のものにすぎない。裁判所法4条は，上級審の判断が，その事件について下級審の裁判所を拘束する旨定めるが，その他の事件には法律上の拘束力はない。最高裁の判例変更は，大法廷で行われる（▶裁10条3号）。

条　理　　条理は，事物の本質あるいは道理を意味し，一般人が想定する筋道をいう。**明治8（1875）年6月8日太政官布告**はこれに関するものであるが，制定法の精緻な体系が完備された今日，条理がそれ自体として活動する余地はほとんどない。法が空白の場合はまれであり，そのような場合でも，類推解釈や反対解釈が可能であり，そのかぎりでは法文や判例の解釈によることが可能だからである。もっとも，未整備の分野や先端技術に関する部分では，条理による法の創造がなお重要な意味をもっている。比較的新しく条理についてふれた判決としては，民事の国際裁判管轄に関するマレーシア航空事件（★最判昭和56・10・16民集35巻7号1224頁），カラオケ装置のリース業者の責任についてリース契約の相手が著作権者との間で著作物使用許諾契約を締結し，または申込みをしたことを確認した上でカラオケ装置を引き渡すべき条理上の注意義務を負うとした事件（★最判平成13・3・2民集55巻2号185頁）などがある（また，内縁配偶者の死亡と財産分与請求＝★最決平成12・3・10民集54巻3号1040頁：百選Ⅲ-24参照）。その後のものでは，★最判平成21・1・19民集63巻1号97頁（百選Ⅱ-6）がある（店舗の賃借人が賃貸人の修繕義務の不履行により被った営業利益相当の損害について，損害軽減義務を述べるさいに，「条理」にふれている）。

2　民法の解釈

1　民法の解釈

解釈の意義　民法典が制定されてから久しく，その後の社会の変化の結果，法が予想もしないことが生じている。そのような場合にも，裁判官は裁判しえないとすること（司法の拒絶）はできないから，法の解釈によって，法を具体的に適用する必要がある。罪刑法定主義の支配する刑法では，法が不存在であれば無罪となるが，私法では，権利の有無に関する何ら

✐ **Topic 1-2**

条理について

　明治8（1875）年6月8日・太政官布告103号・裁判事務心得・第3条は，「民事ノ裁判ニ**成文ノ法律**ナキモノハ**習慣**ニ依リ習慣ナキモノハ**條理**ヲ推考シテ裁判スヘシ」と規定した。裁判の基準として，成文法，慣習法，条理の適用を定めたものである。

　民法典が制定されたのが，明治29年，31年（1896年，1898年。施行は31年）であり，それまでは，個別の法規が存在するだけで（たとえば，旧利息制限法＝明治10〔1877〕年太政官布告66号），包括的な法典は存在しなかったから，裁判上の規範が存在しないことが多かったのである。

　ただし，ここでいう「条理」の内容には疑問があり，文字どおりの人の理性による判断という意味だけと即断することはできない。現行民法典の前には，いわゆる**旧民法**があり，旧民法の大半は，明治23（1890）年法律28号で，残る人事編と財産取得編後半（相続など）は，同年法律98号によって公布され，明治26（1893）年からの施行が予定されていた。わが法典論争の結果，旧民法は延期，廃案となったが，現行法の施行に先立つ数年間，**事実上の指針**となりえた。さらに，旧民法の基礎となったのはフランス法であるが，旧民法公布までには，数多くの試案が公表されている。

　旧民法の事実上の起草者であるボワソナード（Boissonade）は，その著の中で，フランス法の理性（raison）としての意義にふれている。フランス民法典の基礎たる自然法思想によれば，自然法は普遍的なものであるから，制定法のかたちをとらずとも，広く適用が可能なのである。しかし，このような考え方は，法は民族固有のものであるとの歴史法学派との間で，かつて**法典論争**の原因となったことがある（ティボー・サヴィニー論争）。

かの結論を出さなければならない。そこで，**法の解釈**という種々の技術が必要となる。

法律の適用は，いわゆる**法的三段論法**により，大命題である法規に，具体的な事実をあてはめ，効果を導き出す作業である。しかし，民法の規定は抽象的かつ制定から時代も経ているから，大前提となる法規の内容や射程を確定しなければならない。また，条文相互の関係や，他の法との関係をも確定する必要がある。これらを行うのが民法の解釈である。法には，適用された**妥当性**と法規から予想される法的な**安定性**が必要となるから，解釈には，法規範の新鮮さとの関係で，時代により要請されるところが異なってくる（とくに法律が制定されて間もない時期には，文言解釈でたりる場合が多いが，法律が制定されて長期間を経ると，制定された目的や射程を考えないと妥当な解釈に行き着かないことが多い）。また，法がすべての事項を定めているわけでもないから，法の空白部分があり，これを**法の欠缺（不存在）**という。法の欠缺は，全体としての法の目的を探る解釈や立法者意思を探求する解釈によって補うほかはない。

解釈の種類　解釈には，法律の文言との接着から，文言解釈，論理解釈の区別もある。**文言解釈**は，法規の文字を文法的な意味に従って解釈するものであるが，**論理解釈**は，必ずしも文字だけにはこだわらず論理的に解釈しようとするものである。

類推解釈は，類似したA・B2つの場合につき，Aについてだけ規定がある場合に，Bにも同様の解釈を認めるものであり，**反対解釈**は，Bには認めないものである。これらは，法の適用範囲という意味では，対象を拡張しあるいは限定するものであるから，**拡張解釈**や**縮小解釈**の方法ともなる。たとえば，電気窃盗につき，刑法上の窃盗罪は「財物」を対象とし，民法も物とは有体物をいう（▶85条）。そこで，無体の電気を盗むことは窃盗とならないとの解釈も成り立つ（反対解釈）。しかし，大審院は，物と同様に，管理支配できるものに窃盗罪が成立するとした（★大判明治36・5・21刑録9輯874頁。類推解釈）。そして，刑法では，罪刑法定主義の観点から類推解釈には問題もあるので，刑法245条は明文をもって，電気も財物とみなすとした。

縮小解釈の例としては，たとえば，桃中軒雲右衛門事件では，雲右衛門の吹

き込んだ浪曲のレコード複製が著作権を侵害したかについて，大審院は，楽譜によって確定されたものではなく，著作権の対象にならないとした（★大判大正3・7・4刑録20輯1360頁）。保護される利益と旧709条の「権利」の関係に関するものである（その後，★大判大正14・11・28民集4巻670頁：大学湯事件で修正）。2004（平成16）年の民法口語化のおりに，解釈にあわせた法文の修正が行われた（▶709条への「又は法律上保護される利益」の文言の追加。➡第4巻 債権各論参照）。

近年の例では，内縁の夫婦の一方の死亡により内縁関係が解消した場合に，768条の規定を類推適用することはできないとする最決平成12・3・10民集54巻3号1040頁（百選Ⅲ-24）がある。内縁関係の解消の場合でも，768条の財産分与請求権の規定は**類推適用**されるとの理論が一般的であるが，生存中の内縁関係の解消に限られ，死亡の事例には適用されないのである（相続の代用とはならない。➡第5巻 家族法参照）。

概念法学は，法規の文言を基準に，概念の操作のみで妥当な解釈が導き出されるとする解釈態度である。法的な安定性に適合し，制定されたばかりで，法規が新鮮な場合にはおおむねこれでたりる場合が多いが，古くなり時代の要請と乖離するに従って，具体的妥当性を欠くものとなるから，目的論的解釈や立法者意思解釈，技術的にはかなり大幅な解釈方法が必要になる（一連の貸付についての解釈が，矯正的解釈か事実認定の問題かは，★最判平成15・7・18民集57巻7号895頁などで問題となった。➡133頁，法律行為の解釈参照）。

民法には，罪刑法定主義のような制限はないから，かなり大胆な修正解釈が行われることが多い。**例文解釈**は，その典型であり，市販の印刷された書式による契約条項が当事者の一方に不利なときに，例示されたにすぎず，契約として拘束力をもつものではないとする解釈であり，当事者の力関係に著しい差がある場合に用いられる（➡133頁の矯正的契約解釈をも参照）。

2 解釈基準（▶2条，旧1条の2）

起草当初の民法典には，解釈基準は存在しなかったが，戦後，とりわけ家族法上の理念が転換されたことにより，民法典の第4編・第5編が改正された。

その際に，個人の尊厳と両性の平等という観点が定められた。財産法とは異なり，家族法は全面改正（1947年）が行われたが，不平等な条文の削除を中心として短期間に行われ，不備が残るからである。家族関係の変化から，今日これを考慮する余地がより拡大している。

3　民法の効力

時に関する効力　法律は，成立した後，公布されることによって効力を生じる。これは，予め法律の内容を告知し，適用を受ける者にとって不意打ちとなることを防止するためである。同時に，効力を生じた時から以後についてだけ適用される。これを**法律の不遡及の原則**といい，**事後立法**によって不測の損害を受けることがないようにするためである。

　刑法では，罪刑法定主義から厳格に貫かれるが，民法では，新法を広く適用することが望ましいとして，遡及させることも多い。たとえば，戦後全面改正された親族・相続法である。そこで，1947年改正の親族・相続法の改正法附則4条は，すでに確定した効力を除き，遡及効を原則とした。

　公布は，成立した法を公表して国民が知りうる状態におくことをいい，**施行**は，法律の規定の効力を発動することをいう。公布後，一定期間後に施行されるが，旧民法のように，公布されても施行されない例もある。また，施行は，当該法律につき一括して行われるのが通常であるが，一部が先行施行ということもある。たとえば，やみ金融によって被害が多発し，その防止のために法が改正された場合に，その適用が即刻必要である部分については先行して施行した例があった（2003年の貸金業法改正の際の罰則規定）。

　場所に関する効力　民法も，他の法と同様に，日本の領土内すべてに適用される。**領土主権**に基づく。ただし，かつての借地法・借家法が，東京など一部の市の地域にのみ適用されるということがあった。ここで，不適用地域のA市が適用地域のB市に合併されると，適用の拡大という問題が生じた（★大判昭和2・12・27民集6巻734頁）。近時では，種々の**経済特区**の適用により，類似の問題の生じる可能性がある（法の下の平等の確保が

課題となる）。

　また，法が日本にいる外国人にも適用されることから，**法の抵触**の問題が生じる。たとえば，外国人と日本人が婚姻する場合に，日本法を適用するか，外国法の適用をするかである。国際的な私法の抵触にさいし，どこの国の法律が適用されるかを定めるのが，**国際私法**である（旧法例 3 条以下＝法の適用に関する通則法 4 条以下参照。2007年 1 月 1 日施行。➡後述137頁参照）。

`人に関する効力`　民法は，職業や階級によらず，すべての日本人に適用される（▶憲14条）。**国民主権**に基づく。財産法上のみならず，家族法上も一律に適用され，外国にいる日本人にも日本法が適用される。

　また，日本国内の外国人にも適用され，外国人も，法令または条約に禁止がある場合のほか，私権を享有する（▶ 3 条 2 項）。相手国との相互主義の観点から，外国人にも，日本の土地や船舶の所有権（▶外人土地 1 条，船舶 1 条 3 号），国家賠償法上の権利（▶国賠 6 条）が認められる。

4　民法上の権利

1　権利の体系

　民法は権利の体系であり，法は，特定人に法律上保護される利益を与える場合に，これを権利として構成している。旧裁判例は，権利の概念を比較的狭く解していたが（★大判大正 3 ・ 7 ・ 4 刑録20輯1360頁：桃中軒雲右衛門事件。➡前述20頁参照），大正の末ごろには，緩く解するようになり，大学湯事件（★大判大正14・11・28民集 4 巻670頁。➡前述21頁参照）では，709条に関し，老舗のような法律上保護するべき利益も，不法行為の対象となるものとした。2004年の口語化のおりに，これを明文化した。

　私法上の権利を**私権**という。これに対応するのは，「公権」ではない。少なくとも国民の公法上の権利という意味では用いない。むしろ，それは国家の権力作用の意味で用いられる（公権力）。私権に対する概念は，「公法上の権利」あるいは「**人権**」である。ただし，明治初期には，「債権」の意味で「人権」を用いることもあった。

　民法上の権利の分類は多様であるが，**財産権**と**非財産権**に大別することがで
きる。後者には，**身分権**や**人格権**，**団体権**などがある。また，権利概念は時代
によっても変遷し，新しいものでは，**日照権**，**環境権**，**眺望権**，**景観権**，**嫌煙
権**などがある。

　なお，**訴権**（actio）は，権利の実体を規律する実体法と，権利を実現するた
めの手続に関する訴訟法が未分化な時代の概念である。この場合には，特定の
物や人に対する訴権が手続上認められていないときに，権利そのものがないと
解された。しかし，19世紀の法学により，実体法と手続法が区別され，物権，
債権が訴訟上の権利から区別されることにより，このような概念は消滅した。
しかし，用語としては，現在も，197条以下の占有の訴えを占有訴権ともいう
（もっとも，これに関する特別な手続は設けられなかった）。

2　私権の種類

　財産権と非財産権　　財産権は，財産上の利益を内容とする権利である。そ
の中には，物を直接・排他的に支配する権利である**物
権**と，他人に対して一定の給付を求める権利である**債権**がある。その物は自分
のものであると主張する権利は，物自体に対する権利であり，世間一般の人に
主張することができる物権であり（**対世権**，**対物権**ともいう），貸した金を返還
せよとの権利は，特定の債務者に対するものであるから，債権である（**対人権**
ともいう）。

　民法以外の領域では，著作権や特許権などの知的財産権あるいは無体財産権
がある。これらは，民法の物権をモデルに形成された権利である。

　物権は，物を直接，排他的に支配する権利であり，その典型例は所有権（▶
206条）である。利用権を独立の物権として構成したものに，地上権（▶265
条），永小作権（▶270条），地役権（▶280条），入会権（▶263条・294条）の用益
物権がある。何らかのかたちで，他人の土地を利用するために用いられる。ま
た，物の価値を独立の物権として構成したものに，留置権（▶295条），先取特
権（▶303条），質権（▶342条），抵当権（▶369条）があり，債権を担保するため
に用いられる（担保物権）。さらに，占有そのものを保護する占有権（▶180条）

がある。

　債権は，他人に対して一定の行為を求めることのできる権利であり，その典型例は，売買契約から生じる代金や引渡しの請求権である。

　団体の構成員がもつ団体上の権利を**社員権**という。社員たる地位に伴う諸々の利益を包括的に生じるもので，民法では社団法人の社員権があるが，とくに株式会社の株主が会社に対してもつ社員権を株主権という。配当の請求権や株主総会における議決権が内容となる。

　さらに，財産権には，他人の財産における保存や利用といった**財産管理権**が指摘されることもある。その内容は学問上なお未確定であり，他人の財産の処分権や代理権を含む意味で用いられることもある。

　物権と債権の区別は，比較的強い権利と弱い権利とを有機的に組み合わせることによって，社会で生じる法律関係にあわせた権利の取得を可能とするための工夫であり，必ずしも同じ概念を用いない場合でも，広くみられる方式である（たとえば，英米法の obligation, claim と property, estate の区別）。

　身分権は，身分上の利益を内容とする権利である。夫婦や親子などの家族法上の地位に伴って生じる。たとえば，扶養義務（▶877条）や親権（▶818条）に基づく権利である。

　人格権は，人格上の利益を内容とする権利である。権利の主体たる人と分離できないことを特徴とし，生命，身体，自由，名誉は，不法行為の対象となり保護を受ける（▶710条・711条・723条参照）。氏名，肖像なども保護を受ける。

　権利は法的に保護される利益が確定的なものとなった形態であり，必要に応じて新たに生成することもある。多くの場合には，その概念が拡大することによって行われるが，外延に属するものがあまりに拡大した場合には，新たな権利となる。知的財産権の概念が生じたのも，長い法の歴史の中では比較的新しい。また，生成途上とみうる権利もある。たとえば，**環境権**（★東京地判昭和48・5・31行裁例集24巻4＝5号471頁，最判昭56・12・16民集35巻10号1369頁：大阪空港騒音訴訟は否定）や，**嫌煙権**（★東京地判昭和62・3・27判時1226号33頁，具体的には否定）である。

その他の分類　民法上の権利を権利の行使の仕方から分類すると，支配権，請求権，形成権，抗弁権の区別がある。

　支配権は，権利者の意思だけで権利の内容を実現できる権利をいう。物権が典型であるが，知的財産権や人格権もこれに属する。

　請求権は，人の行為を介在して実現できる権利である。金銭の給付を求めたり，土地の引渡しを求めたりする債権がこれに属するが，物権的請求権のように，物権から生じるものもある。

　形成権は，相手方の行為を必要とせずに，一方的な意思表示だけで新たな権利状態を形成できる権利をいう。請求権と似ているが，債務者の行為である給付を求めるものではない。形成権の中には，法律関係を基礎づけるものと，取消権や解除権（▶123条・540条），クーリング・オフの権利など，法律関係の解消に向けられたものがある。また，法律関係の詳細な内容を決定する権利，たとえば，選択債務における選択権（▶406条以下）や変更する権利，たとえば，借地借家法の地代・家賃の増減請求権（▶借地借家11条・32条）がある。ただし，形成権には，裁判上行使するべきものがあり，詐害行為取消権（▶424条），婚姻の取消し（▶744条），離婚・離縁請求権（▶770条・814条）などがこれに属する。

　抗弁権は，他人の権利の行使を阻止する権利である。典型的なものに，同時履行の抗弁権（▶533条）があり，たとえば，売主が買主に代金の請求をした場合に，買主は，目的物の引渡しまで代金の支払いを拒絶することができる。相手方の権利の行使を一時的に阻止するだけではなく，消滅時効の抗弁のように，永久的な抗弁もある。

3　私権の行使，信義則，権利の濫用の禁止

権利の実現・任意と裁判　権利があるというだけでは，いわゆる画餅にすぎない。権利は実現される必要があり，その多くは任意に実現されるが，その最終的な担保は，**裁判による強制**である。民法のように権利義務の存否を定める法は**実体法**であり，権利義務を実現する手続を定める法は**手続法・訴訟法**という。

　裁判は原則として三審制であり，その通常のルートは，**地方裁判所**に訴えを提起し，判決を得るものである。判決に不服があれば控訴し，**高等裁判所**の判決を得る。その判決にも不服があれば上告し，**最高裁判所**の判決を求めることができる。ただし，訴訟の目的の価格が低額（140万円以下）の場合には，第一審の裁判所は，**簡易裁判所**となる（▶裁33条1項1号）。夫婦や親子などの紛争は，家事事件として，最初に**家庭裁判所**の調停に付される（▶家事244条・257条）。調停が成立しない場合には，家庭裁判所は，審判をすることができ（▶家事284条），当事者は，審判に不服があれば，家庭裁判所に異議を申し立てるこ

Further Lesson 1-2
▶▶▶▶▶ 形成権と，権利の体系としての民法

　形成権は，一方的な形成行為により，他人との間の法律関係を形成しまたは内容的に確定し，変更，破棄する権利である。その多くは，受領を必要とする意思表示により生じる。形成権の特徴は，権利者に，その意思のみに従って法律効果を惹起する法的な力を付与することである。そのような変更は，他人の権利にも関係するので，通常はその他人の同意を必要とする。これを不要とする場合に，形成の相手方である他人の側では，形成権による拘束を受けることになる。

　このような形成権は，おもに法律によって生じるが，他人との契約によって付与されることもある。一方的な行為で他人との法律関係を基礎づける形成権は，**オプション権**ともいわれ，比較法的には，**先買権**や**買戻権**（わが民法でも▶579条以下）がある。商法には，2001（平成13）年改正でできた新株予約権がある（▶会社236条以下）。

　わが法でも，形成権の概念は，比較的早くに肯定されている。民法の起草者は，必ずしも請求権との区別を認識せず，「請求権」について述べるにとどまった。形成権は請求権の前提にすぎず，具体的な権利の実質は請求権にほかならないとしてである。しかし，ドイツ法的な解釈が優勢になるにつれ，請求権と形成権の区別は，ほとんど当然のこととされ承認された。

　権利とその実現の一般的な体系という観点からみれば，形成権は，一種の自力救済的テクニックである。形成権と**形成訴訟**，請求権の機能的な統一関係がこの概念を受け継ぐ法体系の特徴となっている。すなわち，権利の実現のために法が本来予定している救済装置は，訴訟である。しかし，訴訟にも，給付を求める場合のほかに，確認や形成のみを求める場合があるように，当事者の関係の確認には，意思表示のみでたりる場合があり，とくに実現される対象が権利の形成や破棄そのものである場合には，形成権の付与でたりるのである。

とができる（▶家事286条）。

　訴訟では，訴訟を提起した原告が請求の法律上の原因（要件）を満たす事実（**要件事実**）を主張し，立証しなければならない。これに対し，被告は抗弁に必要な要件事実を主張し立証する。ある要件事実について訴訟のどちらの当事者が主張・立証するかは，法律の規定によって定められるが，解釈によって補われることもある。原告が，権利の発生原因である請求原因事実の立証に成功すれば，その請求は認容され，それに失敗するか，被告が権利の発生しないことや権利の消滅を主張し，その原因となる抗弁事実の立証に成功すれば，原告の請求は棄却される。

　執　　行　判決を得ても，直ちに権利が実現されるわけではない。また，判決でなくても，裁判所で作成された和解調書，調停調書，公証人が作成する公正証書には，執行を許す効力（**債務名義**という）があり，これに基づき**強制執行**が認められる。執行の手続は，民事執行法が定めている。

　強制執行に着手するには，**執行文の付与**（強制執行が直ちに可能であると確認するお墨付き）が必要であり（▶民執26条），これがあれば，強制執行が行われる。強制執行の方法には，直接強制，代替執行，間接強制などの種類がある（▶414条。➡第3巻 債権総論参照）。

　なお，権利の実現方法としては，強制的な方法による判決と執行によるほか，任意の実現との中間的な方法として，**調停**や**和解**といった方法がある。これによって権利者が権利の一部を放棄するという意味では，完全な実現とはならないが，当事者には権利を処分する権能もあることから，私法の基本原則である私的自治の一態様でもある。もっとも，訴訟を回避しようとして（あるいは単に技術的に訴訟手続が使いづらいために），非合理な内容が押しつけられるのでは，権利の確立はおぼつかない結果となる。

　自力救済　権利の実現は，裁判によることを原則とし，自力救済は禁じられる。例外的に，公序良俗に反しない場合には，**自力救済**が許されることがある。ただし，国家が実力の行使を独占していることを原則とするから，裁判例にあがることはまれである（★最判昭和40・12・7民集19巻9号2101頁は自力の限界を超えたとされた例）。

5　民法の指導原理と効力

1　民法の基本原則，指導原理

所有権の絶対性，
契約の自由，
過失責任主義

民法の条文は，軽重なく規定されているが，その中に
は，私法あるいは民法の基本原則にかかわる重要な条文
と，単に技術的な条文とがある。また，民法では，かな
り重要なことが必ずしも条文の形になっていない場合もあることが注目される
べきである。私法の基本原則といわれる**①権利能力の平等，②私的自治あるい
は契約の自由，③所有権の絶対，④過失責任主義**などの原則についても，必ず
しもそれ自体を明言する条文が用意されているわけではない。民法の起草者
は，当然のことは必ずしも明文にしなかったからである（その結果，現行民法
は，旧民法やフランス民法，ドイツ民法が2000条ほどもあるのに比して，半分の1000条
程度の規定しかもたない）。解釈や理論が重要となるゆえんでもある。このうち
契約の自由については，2017年改正で明文化されることになった（▶521条 1
項）。同時に，内容決定・方式の自由も定められた（▶同条 2 項・522条 2 項）。

権利能力の平等については， 3 条が規定している。権利能力というのは，人
が生まれながらにして有する権利・義務の主体となりうる能力である。法文
は，これが出生に始まるというから，誰でも出生した以上平等に権利能力を有
することが当然の前提とされているのである。権利の主体としての人を扱う民
法総則に規定された重要な原則といわなければならない。

私的自治の原則は，とくに法律による禁止がないかぎり，人が自由に法的な
行為をしてもよく，またそうした行為によって形成された効果が法律によって
保護されることをいう。**契約自由の原則**ともいわれる。これについても，民法
総則の法律行為の章の中に，当事者の意思表示が尊重されること（▶91条），お
よび債権各論の契約の成立の規定の中に，申込みと承諾によって契約が成立す
ること（▶521条以下）が明らかにされていることから，古くから当然の前提に
なってきた。契約自由の原則は，債権を生じさせる契約に関する原則であるか
ら，債権法の重要原則の 1 つとなる。

　所有権の絶対の原則は，物権法上の重要原則である。物権法上の諸権利は，すべて所有権を基礎としている。所有権は，目的物を直接支配し，自由に使用・収益・処分することができる権利である（▶206条）。そこで，たとえば，AからBがある物の所有権を取得したかぎり，BがCに対してこれを処分することを，誰も（前主のAも）禁止することはできない。たとえAがBに譲渡する際に契約でこれを禁じておいても，Bは完全で自由な所有権を取得したから，その処分は制限されず，Cの所有権取得も制限されないのである（もっとも，BがAに対して契約違反に基づく責任，たとえば損害賠償義務を負うことは別であるが，これは債権法上の問題として区別される）。

　過失責任主義は，債権法上の重要原則である。故意・過失などその責に帰すべき事由（**帰責事由**という）のある行為によって損害を発生させた場合以外は，人が他人に損害賠償義務を負担することはないとする原則である。不法行為法に最も典型的に現れる。損害賠償を請求するには，加害者の故意・過失が必要とされる（▶709条）。仮に人に損害が生じても，それが不可抗力に基づくならば，損害賠償を請求することによって，その損害を他人に転嫁することはできない。また，加害者に帰責事由があるというためには，その責任能力が必要であることにもつながっている（▶712条・713条）。

権利の限界　しかし，これらの古典的な民法の原則は，自由放任の時代に，私人の自治と活動の自由を最大限に認めるために生じた原則であり（これは，その前の封建的な不自由な時代のアンチテーゼでもあった），その無制限な主張は，数々の弊害を生んだ。これに対する反省，無秩序な自由に対する制限として，**民法1条**がある（1947〔昭和22〕年に追加された規定）。**公共の福祉，信義則，権利の濫用の禁止**についての規定である。内容的にはすでに民法の成立後から判例・学説によって形成されたもの（とくに1920年以降）を明文化して，戦後の民法改正の際に設けられたものである。この民法1条に包含される理念によって，伝統的な私法の基本原則とされるものも修正される。

　私的自治あるいは**契約の自由**とはいっても，無制限のものではありえないことから，民法典そのものでも，それは当事者が任意に内容を定めうる任意法規の範囲とされている。公序良俗に違反する法律行為や，強行法規に違反する法

律行為は，合意しても効力がない（▶90条・91条）。しかし，それ以外の事項で
伝統的には当事者が合意できる範囲内のものとされてきた事項でも，著しく一
方当事者に不利な内容は，制限されうる。契約の当事者の間に経済的・社会的
に著しい力関係の相違がある場合にしばしば生じる問題である。たとえば，当
事者が一方的に作成する取引約款の効力などが問題となる。

　また，**所有権の絶対**といっても，無制限なものではない。たとえば，自分の
土地の利用であっても，他人に著しい損害を与える方法による場合には，権利
の濫用として制限されることがある（たとえば，日照権侵害の場合）。

　さらに，**過失責任主義**も同様である。元来，過失責任主義は，過失がなけれ
ば他人に損害賠償義務を負わないことから，行動の自由を保障する法理でも
あった。しかし，公害，交通事故など近代の諸問題では，必ずしも過失と立証
できない場合でも賠償義務を負担させることが公平に適し，あるいは一定の行
為があれば（過失の有無を問わず）統計上必然的に損害が生じる場合も生まれた
（交通事故など）。これらの場合に，つねに過失の存在を求めたのでは，被害者
にだけ損害が負わされることになる。そこで，場合によっては，**無過失責任主
義**も採用されるようになったのである。もっとも，民法も，部分的には，過失
責任と無過失責任の間にある中間責任を認めている（▶714条から718条の特殊な
不法行為）。

2　民法 1 条

　民法制定時の原1条は，現在の3条（私権の享有）である（1条・2条が追加
されたために繰り下げ）。戦後の民法改正は，親族・相続法の全部を対象とした
が，財産法の内容については，及んでいない。

　代わって設けられたのが，現在の1条である。1条は，戦前すでに判例法と
して形成されていた信義則・権利の濫用を明文化したものとして，意義が大き
い。また，財産法は，基本的に民法典制定時の形を維持しているので，1条の
機能する余地は，その後発展した社会・財産法と民法典とのギャップが大きく
なるに従って，いっそう増大するものとなっている。

> **Case 1-1**　(1)　Aは，北側隣家のBと，長年不仲のところ，顔を会わせたくな
> いということから，境界部分の自分の土地に高い塀を立てた。家に 1 日中日が射さ
> なくなったBは，どう対処することができるか。
> (2)　鉄道会社Aは，住宅密集地で電車のスピードを増強し，本数も増やしたので，
> 騒音や振動のために，沿線の住民に著しい健康被害が生じた。住民の 1 人Bは，ど
> のような主張ができるか。

公共の福祉　　私権は，**公共の福祉**に従う（▶ 1 条 1 項）。個と全体の関係を規律
したものであり，憲法13条，22条，29条で要請される原理を定
めたものである。ただし，戦前のような全体主義的な意味で理解されてはなら
ず，私権の内在的な限界あるいは私権相互の調整原理を指すものと解されている。

　たとえば，発電用ダムの建設により，住民が有していた流水利用権が侵害さ
れても，事業の有用性や補償などの事情を考慮すると，発電会社の使用権を否
定することはできない（★最判昭和25・12・ 1 民集 4 巻12号625頁）。もっとも，公
共の福祉の過度の尊重は，私権を害する可能性があり，とくに，公害の事例で
問題となる（★最判昭和56・12・16民集35巻10号1369頁：大阪空港騒音訴訟。名古屋
高判昭和60・ 4 ・12判時1150号30頁：新幹線騒音訴訟などである。金銭賠償は比較的認
められやすいが，とくに差止め請求は問題となる）。

信義誠実の原則　　権利の行使および義務の履行は，信義に従い，誠実にこ
れをすることを要する（▶ 1 条 2 項）。これを**信義則**とい
う。民法の条文に規定されたのは戦後であるが，その趣旨は，戦前から，判例
によって肯定されていた。

　弁済の場所が明確でないときに，弁済者が債権者に問い合わせず履行しない
ことは信義則に反し（★大判大正14・12・ 3 民集 4 巻685頁：深川渡し事件），ま
た，弁済金に，計算違いのためわずかな不足があったとして弁済の効力を否定
することは，信義則に反するとされた（★大判大正 9 ・12・18民録26輯1947頁，大
判昭和 9 ・ 2 ・26民集13巻366頁）。

　信義則は，権利の濫用の禁止の法理と同様に，法の規定を形式的に適用する
と不当な結果が生じる場合に，これを是正することをおもな役割としている。
その機能は，単に不明確な法の適用を**具体化**するにとどまらず，法に**欠缺**（不

存在）がある場合にこれを補う積極的かつ創造的な作用をも含んでいる。このような作用は，社会の発展が早く法がこれに適合しない場合に，権利を拡大・縮小する場合にも行われる。さらに，法の適用が，正義・衡平の観念に反する場合に，法の適用を阻止することも行われる。

とりわけ民法のように，実定法規が古い場合には，社会に適合させるために信義則の機能する場面は多い。そして，これは，法の発展の契機ともなっている。民法総則では，**権利の失効**の原則，物権法では，二重譲渡における**背信的悪意者**の理論，債権法では，**安全配慮義務や契約締結上の過失**の概念，**事情変更の原則**，賃貸借における**信頼関係破壊の理論**などは，信義則の基礎の上に形成されている（詳細は，それぞれの説明を参照）。

✐ **Topic 1-3**

社会の変動と民法

法律学には，時代に特有な問題がしばしば登場し，バブル経済の崩壊後には，その後始末といえる問題が多発した。1つは，いわゆるサブリース問題である。土地の所有者Ａがビルを建築し，不動産会社Ｂが建築した部屋をすべて借り上げ（リース），賃借人Ｃに賃貸する（サブリース）ものである。Ａ・Ｂ間では高額の賃料や増額の特約の約定がされたが，バブル崩壊後，Ｂ・Ｃ間の賃料相場は著しく下落した。不動産会社Ｂが借地借家法上の減額請求権（▶同法32条）を行使できるか争われ，最高裁は，増額の特約があっても減額請求が可能なものとした（★最判平成15・10・21民集57巻9号1213頁：百選Ⅱ-58，最判平成15・10・21判時1844号50頁，最判平成15・10・23判時1844号54頁，最判平成16・11・8判時1883号52頁）。ただし，賃料の特約は，減額請求権の判断にあたり，重要な事情として考慮するものとする。

近時は，社会の縮小に特有な問題が登場する。所有者不明土地は，人口減少で無価値になった土地や家が放置され（耕作放棄地，空き家），近隣に迷惑を及ぼすことによる。2021年の改正で，所有者不明土地の発生予防のために，相続時の管理と厳格化が定められたが，相続以前の段階でも，認知症などによって近隣への迷惑をもたらしている場合もある（ごみ屋敷，廃棄物の放置）。法定後見制度はあるが，積極的に行動する者の後見のみを予定し，放置者側の後見は放置されている。また，後見人については，引き受け手の不足や適性，他面では，被後見人やその家族にとっては費用の高すぎることが課題となっている。後見人に専門家を利用するか，近親者を利用するかでも揺れが生じている。

権利の濫用の禁止　権利の濫用は，許されない（▶１条３項）。権利の濫用についても，民法の条文に規定されたのは戦後であるが，その趣旨は，判例によって肯定されていた。その先例は，**信玄公旗掛松事件**（★大判大正８・３・３民録25輯356頁：百選Ⅰ-２）である。かつて武田信玄が旗を立てたという由緒ある松を，国有の鉄道が煤煙によって枯らせた場合に，国の権利の濫用を理由として，不法行為の成立を認め，少額ながら損害賠償責任があるとされた。

　また，**宇奈月温泉事件**（★大判昭和10・10・５民集14巻1965頁：百選Ⅰ-１）では，温泉の経営者が引湯のための木管を敷設する際に，黒部峡谷の他人の土地の一部を利用し所有権が侵害されても，これによる損害がごく軽微であり，しかもこれを除去することが著しく困難で莫大な費用を要するときには，不当な利益を獲得する目的で，その除去を求めるのは，権利の濫用であるとした。

　いわゆる**地震売買**において，AからBが土地を借り，CがAからその土地を買い受けた場合には，Bが賃借権の登記（▶605条）も，借地借家法（▶10条）上の建物の登記もしていないときには，Cは自分の土地の所有権に基づき，Bに対して明渡しを請求することができる。これを防止するための方法が，賃借権の登記であるが，民法起草時の予想に反して，事実上，この登記はほとんど行われないために，借地借家法の前身である建物保護法１条による建物の登記が制度化された。しかし，建物登記もない場合には，借主Bが第三者であるCに賃借権を主張する途はないが，この場合に，借主Bの存在を知りながら土地を買い受けて明渡しを請求することは権利の濫用となりうる（★最判昭和38・５・24民集17巻５号639頁，最判昭和43・９・３民集22巻９号1817頁）。

要件・効果　ローマ法以来の比較的古い法理である権利の濫用については，その適用の要件につき，古くから争いがある（主観的に他人を害する目的での権利行使の禁止＝**シカーネ**〔Schikane〕の禁止）。

　とりわけ権利者の主観的態様が問題となる。いわゆる**主観説**は，伝統に忠実に，地震売買のように他人を害する目的（害意）で権利を行使することを必要とする。比較的古い考え方であり，成立要件は厳しくなる。古い権利の濫用の法理は，このような制限を伴っており，1900年のドイツ民法典も，このような

害意目的の権利行使のみを禁じている（▶ド民226条）。

　これに対し，権利者の主観によらず，権利の行使そのものが客観的に不当であればたりるとする**客観説**があり，1907年のスイス民法典は，一般的に，権利の明白な濫用は法的な保護を受けないとした（▶ス民２条２項）。わが民法典は，同様の一般的な規定をしており，解釈における今日の通説でもある。権利者に権利行使の利益があっても，他人に著しい損害を与える場合には，権利の行使が制限される必要があるからである。

　主観説では狭すぎる場合があるが，反面，客観説で，安易に権利の濫用を認める場合には，本来権利をもち保護されるべき者が害されるとの問題がある。上述の発電用ダムの事件，宇奈月温泉事件における住民の流水権や土地所有者の権利が認められないと，他人の権利を侵害した者が保護される結果ともなる。とりわけ，権利の行使と濫用の境が不明確な場合には，除去が過分な費用を要するというだけでは，不法な行為をした者が保護されることにもなる。たとえば，公害事件である（★最判昭和40・3・9民集19巻2号233頁：板付基地事件参照）。その調整は，権利の行使を制限した上，金銭賠償でも行われるが（差止めを認めずに），必ずしも十分な救済とならないこともある。

　信義則や権利の濫用の法的な効果も，多様である。

　第1に，前述の発電用ダム事件，宇奈月温泉事件のように，権利の行使が濫用となれば，権利の行使の結果である物権的な妨害排除の請求ができない。トンネルや木管が承諾を得ずに他人の土地を通っている場合に，これを撤去させることによる土地所有者の小さな利益とこれらの施設の所有者や社会の大きな損失とを比較衡量して，トンネルや木管そのものの撤去を求めるのは権利の濫用とされる（金銭賠償は別である）。これは，権利の濫用を用いた**権利内容の具体化**である。反面，大規模な施設を設置した者は，土地所有者の犠牲において保護されるという危険性がある。

　第2に，信玄公旗掛松事件や日照妨害のように，権利の行使の濫用が**不法行為**をもたらし（▶709条），**損害賠償義務**を生じることがある。加害者にとって権利行使であることは否定できないが，他人に加えた損害を重視し，損害賠償義務を肯定するために，権利濫用として理由づけるものである。一面では，権

利濫用論の出発点であるが，他面では，受忍限度を超えるとか，日照権を承認するとかで直ちに不法行為責任を認めることができるから，権利の濫用を用いた法の創造的機能とも位置づけられる。

　第3に，賃借人のする賃借権の無断譲渡や転貸（▶612条），あるいは債務不履行を理由とする賃貸人からの契約の解除（▶541条以下）を，背信的行為と認められない特段の事情があるときに制限することがある。そして，解除に伴う明渡しの請求は認められない。賃貸借では，比較的広範囲に認められている（**信頼関係破壊の理論**）。これは，社会事情の変化にあわせて，法の認める**権利の範囲を縮小**する機能をも営んでいる。法規を社会に適合させるものといえる。権利に内在的な制約を承認することによって，契約当事者間では，むしろ信義誠実の原則が適用されるべきとの見解につながる（➡次頁）。

　第4に，権利者相互間の抽象的な権利の範囲を**明確化する機能**もある。たとえば，温泉や地下水を営業に利用している二者のうちの一方が，深井戸を設けてこれを独占し，他方の水利用を妨げる場合である（温泉の新規掘削が，権利の濫用にならないとした★最判昭和33・7・1民集12巻11号1640頁）。正義や公平の実現の場合であるが，第3の場合と同様に，権利の範囲を縮小する機能もある。

　親がその親権を子どもの不利益に行使することを制限する場合も，権利の具体化と縮小の例に属する。そして，その場合に，権利の濫用の程度が著しい場合には，親権そのものが剥奪される（親権の喪失▶834条，戸主権の制限）。旧法では，親権は未成年子だけではなく，戸主権として成年子にも支配権を及ぼした。しかし，親権は，父母の利益のためにだけ与えられたものではなく，子を扶養し教育する義務を尽くさせる必要上付与したものであるから，幼少の女子に酌婦・娼妓ないし芸妓稼業を強いることは親権の濫用となる（★長崎控判大正11・2・6新聞1954号9頁。大判明治34・6・20民録7輯6巻47頁，戸主権の制限）。

　近時の事例では，建物の地下部分の賃借人が，建物所有者の承諾の下に一階部分の外壁に看板等を設置していた場合に，建物の譲受人が看板等の撤去を求めることが権利の濫用にあたるとされた（★最判平成25・4・9判時2187号26頁）。また，振込依頼人と受取人との間に振込みの原因となる法律関係が存在しない場合に，受取人による振込みに係る預金の払戻請求が権利の濫用になる

かについて，最判平成20・10・10民集62巻 9 号2361頁がある。権利の濫用は，当事者間の権利関係を細かに調整する手段となっている。さらに，賃貸借における敷引の特約は，敷引金の額が高額に過ぎると評価すべきものである場合には，信義則に反して消費者である賃借人の利益を一方的に害するものであって，消費者契約法10条により無効となりうる（★最判平成23・ 3 ・24民集65巻 2 号903頁：百選消-47，最判平成23・ 7 ・12判時2128号43頁，具体的には月額賃料額の3.5倍程度でともに否定例）。更新料の特約も同様である（★最判平成23・ 7 ・15民集65巻 5 号2269頁：百選Ⅱ-55，否定）。

民法 1 条の理念相互の関係 民法 1 条の公共の福祉，信義則，権利濫用の禁止の原則の相互の関係については，**公共の福祉**が原理を述べ，**信義則，権利濫用の禁止**はその適用をしているとの見解，公共の福祉は憲法上の要請をうけたもので，他の 2 原則とは次元を異にするとの見解があるが，いずれにしても，信義則，権利濫用の禁止は，具体的な適用を定めているということになろう。

　そして，権利が，濫用される場合に，そもそも存在しないのか，それとも，単に制限されるだけかは，抽象的には問題となる。公共の福祉と権利の濫用の禁止との関係の位置づけに関する。私権万能の時代には，その制限は外的・例外的なものと位置づけられるから後者となりやすいが，私権の社会性，権利の内在的制約の思想のもとでは前者とみるべきことになる。もっとも，いずれにしても権利の行使ができない場合であるから，具体的な結論がそれほど変わるわけではない。

　信義則と権利の濫用の禁止との関係は，もっと具体的な問題となる。

　第 1 に，適用の範囲を異にするとする見解がある。**信義則**は，契約など特定の権利義務で結合された関係を前提とし，おもに債権法に適用され，**権利の濫用の禁止**は，その他の社会的な関係，おもに物権法に適用され，適用範囲で区別されるとの見解である。

　第 2 に， 2 項と 3 項の適用範囲を厳密に区別する必要はなく，双方が関連し私権の社会性を認めたものとする見解がある。判例は，しばしば信義則と権利の濫用の禁止を重畳的に用いる。判決には当事者を納得させる必要があり，理

由を増やして説得力を増そうとするからである（たとえば，★最判昭和30・11・22民集9巻12号1781頁，最判昭和51・5・25民集30巻4号554頁など。もっとも，概念を繰り返したからといって説得力が増すかどうかは別の問題である）。

　2つの原則は沿革も異なり，必ずしも一元化するには適しないから，区分することに意味がないことはない。しかし，具体的な事案において，必ずしも明確には振り分けることができないこともあり，結果の差異を生じるものでもないことから，厳格な区分は生産的ではない。

　パンデクテン体系は，精緻な**権利の体系**であるが，民法の制定後，起草者の想定しない新たな制度や契約類型が登場し，また社会関係や人の行動様式も変化した。権利の体系を形式的に維持するだけでは，社会的に不当な結果を生じることもある。このような場合に，民法1条のような**一般条項**は，新たな権利関係の構築のための一歩となるものである（一般条項としては，ほかに90条の公序良俗規定がある）。

　ただし，その適用は，民法の精緻な体系を突如として壊すものであるから，その適用には慎重でなければならず，また客観性が担保されるように，行為をある程度類型化し外形的に明白なものとする，またできるだけ独立の理論として整理する必要がある。

　すなわち，一般条項は，技術的に，硬直な法の体系を柔軟にするにとどまらず，**法の発展の補助装置**でもある。新たな法概念は，原則に対する種々の例外の必要性から生じる（たとえば，説明義務や積極的契約侵害の理論，契約締結上の過失，事情変更の原則などである）。そして，例外の肥大化は，法の体系を見通しの悪いものとすることから，例外をも包括するまったく新たな体系（従来の原則と例外を新しい原則に包摂する大理論）を要求するのである。原則が単純であることが望ましいのは，法の世界においても例外ではないからである。

第2章　人

1　権利能力

1　権利能力の意義

権利能力の意味　権利の主体として，民法は，「人」（民法典第一編第二章）と「法人」（同第三章）を定めている。権利の主体となることができる法的地位または資格のことを「人格」または「法人格」というが，権利義務の帰属主体になりうる能力という観点から「権利能力」といっている。わが民法は，権利中心の構成・建て前をとっているので，権利能力といっても義務能力とはいわないが，権利能力は義務を負う資格（義務能力）でもある。すなわち，**権利能力**とは，権利を取得したり，義務を負ったりすることができる地位ないし資格のことである。

権利能力平等の原則　権利能力は，権利の主体となりうる抽象的・一般的な地位または資格であって，具体的・個別的に人によって権利能力があるかないかが判断されるわけではない。すべての人には平等に権利能力が認められる（外国人については後述➡45頁参照）。これを「**権利能力平等の原則**」という。民法3条1項の規定もこの原則の承認を前提としている。すべての人が平等に権利能力をもつというのは，今日ではあまりにも当たり前のようであるが，その歴史的，経済的意義は大きい。近代法において，この原則が採用されて，すべての人が封建的拘束から解放され，資本主義経済の下で商品取引を自由に行うことができるようになったのである。

2 権利能力の始期

出　生

　　　私権の享有は，出生に始まる（▶3条1項）。人は，「出生」することで権利能力を取得するという意味であるが，「出生」の解釈をめぐっては議論がある。胎児が母体から一部露出した時（一部露出説），胎児が母体から分離（全部露出）した時（全部露出説），胎児が独立に呼吸するにいたった時（独立呼吸説）などがある。

　刑法では，殺人罪（▶刑199条）か堕胎罪（▶刑215条）かをめぐる議論において，一部露出説が判例・通説とされているが（★大判大正8・12・13刑録25輯1367頁），民法においては，一部露出か全部露出かいずれでもさほど重要な違いを生じず，また，出生時を比較的明確に決定できることなどから**全部露出説**が通説となっている。未熟児医療の発達した現在では，少なくとも独立呼吸説は妥当ではないだろう。

出生の証明

　　　戸籍法によれば，出生の届出は，14日以内にしなければならないとされている（▶戸49条1項）。この出生届とそれに基づく戸籍の記載は，出生の有力な証拠となるが，唯一の証拠方法ではなく，医師や助産師らによる証明によって，戸籍の記載と異なる主張をすることができる（★大判明治41・10・9民録14輯974頁）。

3 胎　児

📛 Case 2-1　夫Aと妻Bの間の胎児C。AがDの不法行為により死亡した場合に，Aの妻Bは，Cが出生する前にCの代理人としてDに対して損害賠償請求をしたり，示談交渉することができるか。また，Bは，Cの代理人として，遺産分割をしたり，相続放棄をすることができるか。

胎児の権利能力

　　　胎児には権利能力はない（▶3条1項の反対解釈）。この原則を貫くならば，出生前にその父が死亡した場合には，その胎児は父の遺産を相続することはできず，また，父が他人の不法行為によって死亡した場合にも，胎児は加害者に対して損害賠償を請求することができないことになってしまい，出生の時期が遅いか早いかで不公平な結果が生じる。そこで，民法は，胎児の利益保護を図る必要がある3つの場合，すなわ

ち，不法行為に基づく損害賠償請求権（▶721条），相続（▶886条1項）および遺贈（▶965条）については，例外として，胎児はすでに生まれたものとみなした。たとえば，胎児Aの父であるBがCの不法行為で死亡した場合に，胎児であるAも加害者Cに対する不法行為に基づく損害賠償請求する権利があり（損害賠償請求権），また，死亡した父Bの相続財産を相続することができ（相続権），そして，父Bから遺贈を受けることができる（受遺者になれる）わけである。この3つの場合が例外で，これ以外には，胎児には権利能力は認められない。たとえば，胎児は父に対して認知請求することはできない（なお，▶783条1項参照）。

　もっとも，胎児に例外的に権利能力が認められるのは，あくまで生きて生まれた場合に限られるのであって，流産・死の場合はこれが認められない（▶886条2項）。胎児をめぐる権利関係は不安定とならざるをえない。

　では，「既に生まれたものとみなす。」とはどのような意味か，胎児の段階で権利行使することができるか（とくに出生前の胎児の段階で，胎児のためになされた行為が有効か）が問題となり，判例・学説が対立している。

　(1)　**停止条件説（人格遡及説）**　　胎児の段階では権利能力は認められないが，生きて生まれると，胎児の時（すなわち不法行為時や相続開始の時）にさかのぼって，権利能力を取得するとみる学説がある。これによれば，胎児中の権利行使は認められないから，胎児中に他人（母など）が胎児を代理して行為をすることはできないことになる。従来の通説であり，判例でもある（➡ **Topic 2-1**）。死産の場合もありうることからすれば，後になって権利関係を紛糾させたり，関係当事者に不測の損害を与えないためには，とりあえず生まれるまでは権利行使を待つべきであるという考え方を背景とする。

　(2)　**解除条件説（制限的人格説）**　　これに対して，胎児のままでも，胎児には権利能力が認められ，法定代理人（生後代理すべき者）による権利行使が可能であるが，死産のときには，さかのぼって権利能力がなかったことになるとみる学説がある。早期の権利行使によって胎児の利益保護を図ろうとするものである。そして，現在では，医療の発達によって死産率が低下し，生きて生まれる可能性が高いところから，近時は，これが通説化しつつある。

　(3)　**その他の説**　　基本的には解除条件説に立ちつつも，保存・管理行為についてのみ胎児の代理を認め，処分行為については，これを否定するとする説もある。これは解除条件説を前提としつつも，代理権の範囲を限定しようというものである。

　通常の場合であれば，解除条件説が妥当であることはいうまでもない。また，不法行為による損害賠償請求では加害者の資産状態の悪化等早急な対応が必要なこともあるので，胎児中でも代理人による権利行使を認めることが望まれるが（ただし，早く権利行使できるということは，それだけ早く消滅時効の起算点が早くなるという意味もあって，必ずしも有利な面だけではない），妊娠初期の流産はなお稀ではないことからすれば，解除条件説を前提としつつも，胎児の代理ができるのは，胎児が安定期に入って以降とすべきではなかろうか。とりわけ相続関係の紛糾回避のためには，胎児を加えての遺産分割は安定期をまってなされるべきであろう。

4　権利能力の終期

　死　亡　権利能力は，死亡によって終了する。民法上，明文の規定はないが，死亡を相続開始原因とする条文（▶882条）などは，これを前提としている。

　どの時点をもって死亡とするかについては，心臓の不可逆的停止の時とする

📎 **Topic 2-1**

胎児の権利能力に関する判例──阪神電鉄事件

　阪神電鉄事件が有名である。Ａが踏切事故により電車（阪神電鉄）に轢かれて死亡し，Ａには妊娠中の内縁の妻 X₁ がいた。X₁ は胎児 X₂ を代理して，Ａの父Ｂに示談を依頼し，Ｂが電鉄会社Ｙと示談（和解）し，胎児 X₂ の分を含めて弔慰金を受け取り，以後一切の請求をしないと約束した。その後，X₁ と出生した X₂ からＹに対して慰謝料等を請求したという事件である。判例は，胎児が不法行為による損害賠償請求権を取得するのは生きて生まれた後であって，出生前にこの損害賠償請求権を処分しうる能力はないとして，この示談の効力は X₂ には及ばないものとした（X₂ は改めて損害賠償を求めることができるということである）（★大判昭和 7 ・10・ 6 民集11巻2023頁）。

説（心臓停止時説ないし心臓死説）と心停止・呼吸停止・瞳孔拡散のいわゆる医学上の三徴候による各機能の不可逆的停止の時とする説（三徴候説）が対立してきた。三徴候説によって判断するのが臨床医の慣行であるが，民法上は，心臓停止説が通説である。近時は，臓器移植が議論されるに伴い，脳の機能が不可逆的に停止した時とする説（脳死説）も有力になってきた（臓器を移植するためには，心臓がまだ機能を保っている間に移植を行う必要がある）。とくに，1997（平成 9 ）年に制定された臓器移植法（「臓器の移植に関する法律」）は，一定の要件の下に，臓器移植の場合にかぎって，脳死（脳幹を含む全脳の機能の不可逆的停止）を人の死と扱っている（▶同法 6 条。2009年の法改正で臓器提出および脳死判定の要件が拡げられた）。臓器移植法の適用上は一定の場合に脳死説が採用されたわけだが，一般的に脳死説が採用されたわけではない。

死亡の証明　戸籍法によれば，死亡の届出は，同居の親族その他の者が，死亡の事実を知った日から 7 日以内にしなければならない（▶戸86条・87条）。戸籍への死亡の記載は，死亡の有力な証拠となる。

　通常，死亡届が受理されるためには，遺体を確認した医師による死亡診断書または死体検案書の添付が必要とされるのであるが，2011（平成23）年 3 月11日の東日本大震災では，津波などで遺体を発見できないケースが少なくない。そこで特例として，目撃証言その他の資料などにより行方不明の蓋然性が高いと判断されれば，死亡届を受理する運用がされている（▶戸86条 3 項参照）。

認定死亡　船の沈没などの海難事故・航空機事故・火災・震災などの事変によって死亡した蓋然性がきわめて高いが，死体の確認ができない場合に，その取調べをした官公署（警察や海上保安庁など）が死亡地の市町村長へ報告することによって，戸籍に死亡の記載がされる（▶戸89条）。これを**認定死亡**という。反証がなければ，その記載の日時に死亡したという事実上の推定が認められる（★最判昭和28・ 4 ・23民集 7 巻 4 号396頁）（➡ **Topic 2-2**）。

　2011（平成23）年 3 月11日に発生した東日本大震災によって多数の死者・行方不明者が出たことを受けて，年金・退職金等の支給手続の簡素化を図る目的で，「東日本大震災に対処するための特別の財政援助及び助成に関する法律」が制定された。これは，この大地震による大震災により行方不明となった者の

生死が3か月間わからない場合には，同日に死亡したものと推定するという処理をするものである（▶同法11条～14条）。あくまで年金や退職金等を失踪宣告によらずに支給できるようにすることが目的であって，戸籍上死亡の扱いがされるわけではない点は注意を要する。

> **░Case 2-2**　A・B夫婦の間の子Cがおり，Aの父Dがいるとして（Aの母はすでに死亡），AとCが乗船していた船の沈没によってともに死亡した。Aの遺産は3000万円だったとすると，それはどのように相続されるか。また，この3000万円とは別に，Aには遺言があって，「自分の財産のうち，甲不動産はCに遺贈する」とされていた場合はどうか。

同時死亡の推定　　数人の者が死亡したが，これらの者の死亡の前後が明らかでないときは，相続関係で混乱が生じる。**Case 2-2** では，AがCよりも先に死亡したとすれば，Aの財産はまずBとCが各2分の1の割合で相続し（▶900条1号），その後Cが死亡することで，CがAから相続した財産はBが相続し，結局，Aの財産はすべてBが相続することになる。他方，CがAよりも前に死亡したとすれば，Aの財産は，BとDが相続することになる（Aの財産が3000万円だとすると，Bに3分の2の2000万円・Dに3分の1の1000万円である。▶900条2号）。このように，死亡時期が前か後かで権利関係が違ってくるが，いずれが先に死亡したか不明あるいは証明困難な場合がありうる。かつては，この場合に関する規定がなかったため，事実上先に遺産を占有した方が有利になるといわれていた。たとえば，Aの遺産をBが先に事実上占有すると，Dは，CがAよりも前に死亡したことを証明しないかぎり，自己の相続権を主張することができなかったが，この証明は事実上困難であった。

✎ Topic 2-2
認定死亡者が生存していた場合
　　認定死亡者の生存が証明されれば，戸籍の記載は訂正される。この場合，死亡を前提とした行為の効果が覆されるかが問題となる。通説は，善意者保護のために失踪宣告の取消しに関する32条の類推適用を認めるが，認定死亡が公法上の制度であることなどから，これに反対する説も有力である。

　そこでこうした不都合を回避し，公平を図るため，1962（昭和37）年に32条の２の規定が追加され，**同時死亡**が推定されることとなった。すなわち，死亡した数人中，その一人が他の者の死亡後なお生存したことが明らかでないときは，これらの者は，同時に死亡したものと推定される。同時死亡者の間では，相続は生じないから（なお，遺贈の効力も生じない。▶994条１項参照），**Case 2-2**のＡ・Ｃ間では相互に相続は生じないことになる。したがって，Ａの財産は，ＢとＤとが相続する（結果はＣがＡより先に死亡した場合と同じ）。数人の死亡は，同一事故である必要はないので，別々に違う場所で死亡した場合にも，適用される。とにかく死亡の前後が不明であればよい。

　推定であるから，死亡の前後につき証明があれば，推定はくつがえされる。なお，**Case 2-2** で子Ｃにさらに子Ｅがいれば，ＡとＣが同時死亡の場合でも，ＥはＣを代襲してＡの財産を相続することになる（代襲相続という。▶887条１項・２項参照。とくに２項は相続開始「前」ではなく，「以前」としていることに注目されたい）。

　商法（保険法）の問題であるが，生命保険契約において，誰が保険金受取人となるかの解釈においても，同時死亡の推定の規定が適用され，被保険者の夫と指定受取人の妻が同時に死亡した場合には，相互に相続は生じず，したがって，夫の相続人には妻の保険金請求権が帰属しないとされた（★最判平成21・6・2民集63巻５号953頁—夫婦に子はなく，夫の相続人と妻の相続人が夫の生命保険金をめぐって争った事例）。

5　外国人の権利能力

　外国人とは，日本国籍を有しない自然人のことであるが，外国人であっても，権利能力は平等に有するのが原則である（内外人平等主義という）。しかし，民法は，「法令又は条約」によって外国人の権利能力が制限されることがあることを認めている（▶3条2項）。実際にも，法令による禁止・制限は少なくない。たとえば，外国人には，公証人となる権利（▶公証人法12条１項１号）や日本船舶・日本航空機の所有権を持つことはできないとされている（▶船舶法１条，航空法４条）。なお，外国人土地法によって，外国人も原則として土地

所有権を取得することが認められているが，外国人によって土地や建物（特に
わが国の安全保障上の観点から自衛隊基地周辺の土地建物等）が買い占められている
ことなどが問題とされている。

2　意思能力と行為能力（制限行為能力者制度）

1　意 思 能 力

　すべての人に権利能力があるといっても，それは単に人が権利義務の主体と
なりうる抽象的な地位をもっているというにすぎず，個人が具体的に権利を取
得し，義務を負うためには，その者の意思に基づいた法律行為（たとえば契約）
が必要となる。近代法における私的自治の原則の下では，各人は自らの意思に
基づく行為によって，自らの具体的な法律関係（権利義務関係）を形成してい
くものとされる（**意思自治の原則**）。法律行為（契約）の有効性の根拠は，当事
者の（内心的）意思に求められ（意思理論），意思のないところには法律効果が
認められないこととなる。近代民法そしてわが民法も，このことを自明の理と
して，当然の前提としている。

　そうすると，人がある法律行為を有効に行うためには，一定の精神的な判断
能力があること，より具体的には，自己の行為の結果（その意味は，自己の行為
によって自己の権利義務に変動が生じること）を判断できる精神状態（精神能力）に
あることが必要となる。この判断能力・精神能力のことを意思能力という。一
般的には，7歳〜10歳程度から意思能力が備わるといわれるが，個別具体的
に，その人とその法律行為との関連をみて，判断されることになる。

　法律行為の当事者が意思表示をした時に意思能力を有しなかったときは，そ
の法律行為は無効とされる（▶3条の2）。2017年改正前は，明文の規定はな
く，前述の意思自治の原則または意思理論の当然の帰結として，判例・通説と
も無効としていた（★大判明治38・5・11民録11輯706頁）が，2017年改正によっ
て，明文化された。たとえば，幼児や著しい精神障害者のした法律行為，ま
た，普段は意思能力がある者でも，泥酔して意思能力を失っているときにした
法律行為は，無効となる（事実的契約関係説の議論については，➡128頁）。

2　制限行為能力者制度の意義と行為能力

前述したように，意思能力は，個別具体的に個々の行為ごとに判断能力があったかどうかを問題にし，行為時に意思能力のなかった者（意思無能力者）の当該行為を無効とするものである。無効を主張しようとする意思無能力者は，その行為をした時点で意思能力がなかったことを証明しなければならず，しかも，当該行為に即して意思無能力かどうかは判断されることになるので，その証明・判断は必ずしも容易ではない。意思無能力者の保護として確実性を欠く。他方，行為の相手方にとっても警戒がしにくく，後で契約が無効となる可能性があるなど不安定である。

そこで民法は，判断能力の低い者を定型化し，画一的な基準を設けて，これを制限行為能力者とし，これに保護者をつけて能力不足を補わせつつ，その者が保護者の権限を無視して単独でした行為を一定の要件の下で取り消しうるとした。これが**制限行為能力者制度**である。制限行為能力者の保護と取引の安全を調和させたものである。権利能力や意思能力と区別して，自ら単独で法律行為をすることができる能力を**行為能力**という。

3　制限行為能力者制度の創設

制度創設の背景　以前の民法では，未成年者・禁治産者・準禁治産者の3種を無能力者としていた（戦前は，妻も無能力者とされた）。この無能力者制度には，次のようなさまざまな問題点があった。すなわち，①禁治産者や準禁治産者は要件が厳格で軽度の精神障害等には利用できないこと，②禁治産者や準禁治産者という名称がそもそも差別的であり，また，広範な欠格事由にされていることなどから，社会的偏見が強いこと，③戸籍に記載されるなどプライバシーの面からも配慮に欠けること，④禁治産者のすべての法律行為が取消しの対象となるため，日用品の購入等日常生活に必要な範囲の行為ですら自分でできない扱いとなること等々である。こうした不備を改善し，これからの急速な高齢社会の実情に対応させるべく，1999（平成11）年に民法が改正され，新たに**制限行為能力者制度**が創設された（2000年4月1日から施行）。そして，制限行為能力者には，未成年者・成年被後見人・被保佐

人・被補助人の4種があるとされた（▶13条1項10号括弧内）。この新しい制限行為能力者制度においては，制限行為能力者の自己決定の尊重，残存能力の活用，差別的取扱の撤廃，ノーマライゼーション（障害者も家庭や地域で通常の生活ができるような社会をつくるという理念）など新しい観点が強調され，従来からの本人保護の観点との調和を目指している。もっぱら成年者についての制度改正であり，**成年後見制度**といわれる（なお，本人が契約によって自分の保護者たる後見人を選任する任意後見制度と対比して，ここでの制限行為能力者制度は**法定後見制度**といわれる）。

　なお，2006（平成18）年12月に，障害者権利条約（障害者の権利に関する条約）が国連で採択され，日本も2014（平成26）年に批准した。その結果，法律の前の平等を定める同条約12条との関係上，国内法である民法の成年後見制度の見直しが議論されている（➡ Topic 2-3）。

　公示方法　　この1999年改正と同時に「後見登記等に関する法律」が制定され，これにより，従来の戸籍簿への記載を廃止し，これに代わって新たに**成年後見登記制度**がつくられた。後見開始・保佐開始・補助開始の審判がされると，裁判所書記官の嘱託に基づいて法務局の後見登記等ファイルに本人や保護者の氏名・住所等の情報が登記される。そして，登記ファイルに記録された登記の内容につき，必要に応じて登記事項証明書の交付を受けることにし，その交付請求権者を一定の制限行為能力者や保護者らに限定することで，制限行為能力者らのプライバシーの保護が図られている。

　成年後見等の登記がされていなければ，法務局（東京法務局後見登録課）から「登記されていないことの証明書」の交付を受けることができる（▶後見登記10条1項）。そして，これにより制限行為能力者でないことを確認することができるので，取引するにあたって，相手方に「登記されていないことの証明書」の提出を求めることになる。また，かつては資格登録や許認可申請などさまざまの場面で成年被後見人であることがその欠格事由（資格登録や許認可を認められない事由）とされていたが，その場合も「登記されていないことの証明書」の提出が求められていた（➡ Topic 2-4）。

4　未　成　年　者

| 未成年者の意義 | 年齢18歳に達した者を成年者とし（▶４条・年齢計算１

項），18歳未満の者を未成年者という。2018（平成30）年
の改正前は，成年は年齢20歳とされていたが，2022（令和４）年４月１日から
は，成年年齢と婚姻年齢がともに18歳とされた。なお，成年年齢が20歳から18
歳に引き下げられ，選挙権も18歳以上の者に改められた（▶公職選挙法９条等）

✐ Topic 2-3
障害者権利条約と成年後見制度

　2014（平成26）年に批准した障害者権利条約は，障害者を法的能力に
よって区別することを禁止し，従来の「代行的意思決定」のやり方ではな
く，判断力が不足する人でも，その意思決定を支援することで，本人が法
的能力を行使することができるようにすることを締約国に求めている。代
行的意思決定から意思決定支援への転換が求められているわけで，その点
で民法の成年後見制度には国際的批判がされており，根本的な改革が求め
られている。

　2016（平成28）年には成年後見制度利用促進法が制定され，成年後見制
度の利用の促進についての基本理念や国の責務等が定められた。これに基
づいて，成年後見制度利用促進基本計画が策定され，現在は第２期計画が
実施されているが，実際には成年後見制度の利用はそれほど進んでいな
い。ここでその詳細を述べることはできないが，上記の意思決定支援の方
向への転換を含めて，より一層利用しやすい制度にすることが求められて
いる。

✐ Topic 2-4
成年後見制度適正化法

　これまでは成年被後見人や被保佐人は，医師・弁護士・司法書士・行政
書士・税理士などの資格や会社の役員，公務員などになれず，建設業や貸
金業の営業許可が得られないとされていた（欠格事由）。その地位や資格
にあっても，成年後見制度を利用すると，その地位や資格を自動的に一律
に喪失することになっていた。2019（令和元）年６月に成年後見制度適正
化法（正式名称は「成年被後見人等の権利の制限に係る措置の適正化等を
図るための関係法律の整備に関する法律」）が成立し，成年被後見人や被
保佐人を一律に欠格事由とする条項（欠格条項）が削除された。この新た
な法律によって，心身の故障について，それぞれの法律に基づいて個別に
審査し，各制度ごとに必要な能力の有無を判断する「個別審査規定」に改
められている。

が，喫煙・飲酒については従来どおり20歳未満は禁止されている（未成年喫煙禁止法・未成年飲酒禁止法）。

保護者（法定代理人）と権能　**(1)　代理権**　未成年者の保護者は，法定代理人とされている。未成年者の法定代理人とは，親権者である父母（▶818条・819条）または親権者がいないときの後見人（未成年後見人という。▶839条・840条・841条。かつては，未成年後見人は1人に限られていたが〔▶旧842条〕，2011〔平成23〕年の改正により，複数の後見人をおくことが可能となった〔▶旧842条の削除，857条の2〕）であり，これらの者は，法律上代理権を有する。したがって，法定代理人は，未成年者を代理して契約など法律行為をすることができる。

(2)　同意権と取消権　未成年者が法律行為をするには，法定代理人の同意を得ることを要する（▶5条1項本文）。法定代理人には同意権があるということである（同意権の行使につき▶818条3項・825条参照）。同意は未成年者に対しても，取引の相手方に対してもよい。

　未成年者は，法定代理人の同意がなければ単独では行為をすることはできず，その同意を得ないでした行為は取り消すことができるのが原則である（▶5条2項）。未成年者，法定代理人いずれからも取り消すことができる。未成年者は，この取消しの意思表示を法定代理人の同意がないことを理由として取り消すことはできない。取消しにも行為能力が必要だとすると，法律関係が複雑になるし，また，取消しは法律関係を元に戻すだけにすぎず，それによって未成年者が不利益になることもないからである。

法定代理人の同意を要しない行為　例外的に，法定代理人の同意を要しない行為，すなわち，未成年者が単独で行うことができる行為には，次の3つがある。

　①　**単に権利を得，義務を免れる法律行為**　未成年者が単に権利を得，義務を免れる法律行為は同意を要しない（▶5条1項ただし書）。たとえば，未成年者が贈与を受けたり（★大判大正9・1・21民録26輯9頁），債務の免除を受ける契約を締結したり，金銭債務の金利を下げる契約をしたりすることである。しかし，債務の弁済を受けることは，既存の債権を消滅させるものであり，ま

た，負担付贈与を受けることは負担を負うことであるので，いずれも法定代理人の同意を必要とする。

②　**処分を許された財産の処分**　　法定代理人が目的（たとえば学費や旅費として）を定めて処分を許した財産は，その目的の範囲内においては未成年者はこれを処分することができる。また，目的を定めないで（たとえば小遣いとして）処分を許した財産も同様である（▶5条3項）。いずれも一定の範囲での処分が許された場合であって，全財産の処分を許可することはできない。

③　**許可された営業に関する行為**　　法定代理人から一種または数種の営業を許可された未成年者がその営業に関する行為をするには，同意を要しない（▶6条1項）。営業は商業に限らず，継続的事業を指すと解されているが，より広く職業の意味とみてよいであろう（➡ **Topic 2-5**）。

営業を許可する場合には，営業の種類を特定しなければならず（▶6条1項），一切の営業を許すというような許可は認められない。営業の許可があると，その営業に関し，直接必要な行為については成年者と同一の能力を有するという扱いになり，その範囲で法定代理人の同意権が消滅するだけでなく，代理権も消滅すると解される。なお，未成年者の労働契約については，代理締結の禁止（▶労基58条1項）や賃金の代理受領の禁止（▶労基59条）など労働法上の規制がある。

営業許可があったことの立証責任は，営業許可があったことによる法律行為の有効性を主張する相手方にあると解されている。

営業を許可された未成年者が，その営業に堪えることができない事由がある

✐ Topic 2-5
未成年者の営業許可に関する判例—芸妓ももよ衣類購入事件

　判例は，法定代理人から芸妓営業をすることを許可された未成年者が，衣類（お座敷着）を購入したり，その代金支払いを目的として借金することも，その営業に関する法律行為であるとして，これらの行為を取り消すことはできないとした（★大判大正4・12・24民録21輯2187頁：芸妓ももよ衣類購入事件）。また，親権者が未成年の営業を監督しているときは，許可があったものとみてよいとされている（★大判明治34・3・22刑録7輯3巻37頁）。

ときは，法定代理人は，その許可を取り消し（遡及効がないので，正確には撤回の意味である）またはこれを制限することができる（▶6条2項）。営業の許可が取り消された後，未成年者が法定代理人の同意を得ないで営業に関する行為をした場合には，相手方が営業の許可の取消しを知らなかったときでも，未成年者は取り消すことができる（ただし，未成年者の営業の登記につき▶商5条・10条・9条1項前段参照）。

5　成年被後見人

**成年被後見人
の意義**　精神上の障害により事理を弁識する能力を欠く常況にある者については，家庭裁判所は，本人，配偶者，4親等内の親族などの請求により，後見開始の審判をすることができる（▶7条）。この審判を受けた者が成年被後見人である（▶8条）。旧「禁治産者」に対応する。

**後見開始の
審判の要件**　**(1)　実質的要件**　精神上の障害により事理を弁識する能力を欠く**常況**にあることが必要である（▶7条）。これは，旧禁治産者における「心神喪失の常況」に対応し，精神上の障害により判断能力を通常欠く状態にあるという意味である。一時的には判断能力を回復することがあっても構わない。精神上の障害とは，身体上の障害を除くすべての精神的障害を意味し，認知症，知的障害，精神障害のほか，自閉症，事故による脳の損傷または脳の疾患に起因する精神的障害が含まれる（一例として，筋萎縮性側索硬化症〔ALS〕により意思の表明が困難な状態にある事例につき後見開始の審判の原因があると認めた★東京高決平成18・7・11判時1958号73頁）。後見開始の審判をするためには，明らかにその必要がないときを除いて，医師その他適当な者による鑑定が必要であるとされているが（▶家事119条），実務上多くは，かかりつけ医等の診断書（および本人情報シート）での運用がされていて，提出された診断書で鑑定の要否が判断されることになるが，実際に鑑定が実施されることは少ないようである（最近の司法統計によれば鑑定が実施されるのは全体の約5％前後である。診断書等の内容については，2019（平成31）年4月に最高裁事務総局家庭局が公表した「成年後見制度における診断書作成の手引・本人情報シートの手引き」参照）。ここでいう事理を弁識する能力（**事理弁識能力**）とは，法律行為の利害得失を

判断する能力，すなわち，法律行為が自己にとって利益か不利益かを判断する能力という意味での判断能力と考えられる。一般には意思能力と同義で考えられている（通説）。

(2)　**形式的要件**（申立権者）　　本人，配偶者，4親等内の親族，未成年後見人，未成年後見監督人，保佐人，保佐監督人，補助人，補助監督人または検察官が家庭裁判所に後見開始の審判を申して立てることが必要である（▶7条）。民法には定めがないが，市町村長（▶老人福祉32条，知的障害者福祉28条，精神保健及び精神障害者福祉に関する法律51条の11の2）や任意後見受任者・任意後見人または任意後見監督人（▶任意後見10条2項）にも申立権が認められている。未成年後見人が申立権者になっていることからもわかるように，未成年者についても，後見開始の審判をすることができる。

なお，後述の補助開始の審判とは異なり，成年被後見人となる本人の同意は必要がない。規定上は，「することができる」（▶7条）と定めているが，審判は必然的であり，要件を具備したときは，審判を要すると解すべきである（旧来からの通説）。

後見開始の審判が請求されたが，事理弁識能力を欠く常況にはなく，事理弁識能力が著しく不十分であるという場合には，保佐開始の審判をすることが許される。反対に，保佐開始の審判が請求されたが，事理弁識能力を欠く常況にあると認められた場合については，旧法下から学説が対立している。本人の利益を配慮しつつ，いずれの審判も行うことができると解すべきであろう。

**後見開始の
審判の登記**　　後見開始の審判は，法務局の登記ファイルに**後見の登記**として記録される（▶後見登記4条）。

**後見開始の
審判の効果**　　(1)　**保護者**（成年後見人）　　成年被後見人には，その保護者として**成年後見人**が付される（▶8条）。成年後見人は，家庭裁判所が職権で選任する（▶843条1項）。旧制度では，本人に配偶者がいる場合には，その配偶者が当然に後見人になるとの規定があったが，削除された。配偶者自身も高齢などで成年後見人に適任とは限らないからである。成年後見人は，1名に限られず，複数おくことができ（▶859条の2），また，法人でもよい（▶843条4項）。法人の例としては，社会福祉法人などが考えられるが，

信託銀行のような営利法人でもよい（ただし，適任であるかは一切の事情を考慮して家庭裁判所が判断することになる。▶843条4項参照）（➡ **Topic 2-6**）。

　なお，未成年者についても後見開始の審判を受けることが可能であるので（▶7条参照），未成年者に成年後見人が選任されることもありうる。その場合，未成年後見人と成年後見人が併存することもありうる（なお，この点は未成年後見人と保佐人または補助人との関係でも同様である）。

　(2)　**成年後見人の職務権限**　　成年後見人は，成年被後見人の法定代理人である。すなわち，後見人は，被後見人の財産を管理し，また，その財産に関する法律行為について被後見人を代表（代理）する権限を有する（▶859条1項）。ただし，成年後見人が，成年被後見人に代わって，その居住の用に供する建物または敷地について，売却，賃貸，賃貸借の解除または抵当権の設定その他これに準ずる処分をするには，家庭裁判所の許可を得なければならない（▶859条の3）。また，遺言や身分行為（婚姻・認知等），臓器提供の意思表示など一身専属的行為は，成年後見人が代理で行うことはできない。

✐ Topic 2-6

成年後見人の選任と問題点

　成年後見関係の状況については，毎年の司法統計年報の「成年後見関係事件の概況」に掲載されていて，申立件数，申立人と本人の関係，本人の男女別・年齢別の割合，鑑定の有無，成年後見人等と本人との関係，成年後見監督人等が選任された事件数等について知ることができ，インターネットでもみることができる。

　成年後見人に誰が選任されているかについて，2022（令和4）年の統計でみると，後見開始の審判全体3万9564件のうち，親族では子が多く（親族が選任された約19.1％のうち53.4％（件数では4037件），親族以外が選任されるのが全体の80.2％で，そのうち多い順に，司法書士（親族以外のうち36.8％で1万1764件），弁護士（同27.1％で8682件），社会福祉士（同18.3％で5849件）が選任されている。専門家とはいえ，本人をよく知らない弁護士や司法書士が（たいていの場合）一生成年後見人としてつくことになり，本人1人では契約も預金もおろすことができなくなってしまうことや金銭の保管管理等が任されてしまうことから横領されてしまう危険があること（実際にこれまで多数の横領事件が発生している）など問題点も少なくない。

　成年後見人が行う代理行為には，財産管理を目的とする法律行為（たとえば，預貯金の管理や払戻し，不動産その他重要な財産の処分，遺産分割等）だけでなく，生活または療養看護など身上看護を目的とする法律行為（たとえば，介護契約，施設入所契約，医療契約など）も含まれ，重要である。そこで，成年後見人には，**意思尊重義務・身上配慮義務**が課されている。すなわち，成年後見人は，成年被後見人の生活，療養看護および財産の管理に関する事務を行うにあたっては，成年被後見人の意思を尊重し，かつ，その心身の状態および生活状況に配慮しなければならない（▶858条）。

　(3)　**成年後見人の取消権**　　成年被後見人のした法律行為は，原則としてつねに取り消すことができる（▶9条本文）。しかし，日用品の購入その他日常生活に関する行為については，取り消すことはできない（▶9条ただし書）。食料品とか衣料品等の購入のような日常生活に関する行為については，本人の残存能力と自主性を尊重すべきだからである。**日常生活に関する行為**とは，本人が日常生活を営む上において通常必要な法律行為を指す。たとえば，電気・ガス・水道料等の支払い，それらの経費の支払いに必要な範囲の預貯金の引き出し等である。もっとも，成年後見人の代理権の対象からはずされるわけではないので，成年後見人もなお，成年被後見人の日常生活に関する行為について代理することができる。

　成年被後見人が成年後見人の同意を得てした行為であっても，取り消すことができる。成年被後見人に事前の同意を与えても，適切な行動をすることがそもそも期待できないし，また，相手方にとってもできるだけ画一的定型的な処理ができるほうがよいからである。たとえ行為の当時意思能力を有していたとしても，取り消すことができる。成年後見人には同意権はなく，代理して行為するほかない。

　成年被後見人は，自ら取り消すこともでき，この取消権の行使には同意を要しない（▶120条）。

　なお，従来は，公職選挙法上，成年被後見人は選挙権を有しないとされていたが，東京地裁の違憲判決（憲法15条1項および3項違反とした★東京地判平成25・3・14判時2178号3頁）を受けて，同法が改正され，選挙権が認められるこ

とになった。

(4) **後見監督人** 家庭裁判所は，必要があると認めるときは，成年被後見人，その親族もしくは成年後見人の請求によって，または職権で，成年後見監督人を選任することができる（▶849条）。たとえば，不動産の売却が見込まれるときや親族間との利益相反やトラブルが予想されるときなどに成年後見監督人をつける「必要がある」と認められる。成年後見監督人の職務は，成年後見人の事務を監督するなどである（▶851条。欠格につき850条，辞任・解任につき852条参照）。

後見開始の 審判の取消し 成年後見開始の原因（精神上の障害により事理を弁識する能力を欠く常況）が消滅したときは，家庭裁判所は，本人，配偶者，4親等内の親族，後見人（未成年後見人および成年後見人），後見監督人または検察官の請求により，後見開始の審判を取り消さなければならない（▶10条）。

意思無能力 との関係 成年被後見人が，意思無能力の状態で行為した場合，成年被後見人であることを理由に取り消すことができると同時に，意思無能力を理由として無効を主張することができるかが問題となる。取消しと無効の**二重効**の問題である。意思能力の制度は制限行為能力の制度に昇華し転嫁されたとして，二重効を否定し，取消しのみが認められるとする説（二重効否定説）もあるが，成年被後見人は，取消しと同時に無効をも主張できるとするのが通説（二重効肯定説）である。

6 被保佐人

被保佐人の意義 精神上の障害により事理を弁識する能力が著しく不十分な者については，家庭裁判所は，本人，配偶者，4親等内の親族などの請求により，保佐開始の審判をすることができる（▶11条）。この審判を受けた者が被保佐人である。旧「準禁治産者」に対応する。

保佐開始の 審判の要件 (1) **実質的要件** 精神上の障害により事理を弁識する能力が**著しく不十分**な者であることが必要である（▶11条）。後見開始の審判における事理弁識能力を欠く常況にあるとまではいえない場合である。程度の問題であるが，「常況」にあるか否かがポイントであろう。医師そ

の他適当な者による鑑定が必要な点などは，後見開始の審判と同様である（▶家事133条・119条）。以前の準禁治産者では，心神耗弱者と浪費者が要件とされていた（以前には「聾者・唖者・盲者」も要件とされていたが，1979〔昭和54〕年の改正で削除された）が，心神耗弱者の概念は不明確であり否定的な印象があったことから，用語が改められ，また，浪費者は要件から削除された。十分な判断能力を有する浪費者を加えるのは（たとえ家族に対する扶養義務を果たさない場合であっても）妥当ではないと考えられたためである。

　(2)　**形式的要件**（申立権者）　本人，配偶者，4親等内の親族，後見人，後見監督人，補助人，補助監督人または検察官が家庭裁判所に保佐開始の審判を申し立てることが必要である（▶11条）。市町村長や任意後見受任者・任意後見人または任意後見監督人に申立権があることは，成年被後見人の場合と同様である。

　かつて，心神耗弱者または浪費者と判断されれば，必ず準禁治産宣告をしなければならないかが議論されたが，今日の制度の下では，事理弁識能力が著しく不十分と判断された者については，必ず保佐開始の審判をすべきである。なお，保佐開始の審判には，後見開始の審判と同様，被保佐人となる本人の同意を得る必要はない。

保佐開始の審判の登記　保佐開始の審判は，法務局の登記ファイルに**保佐の登記**として記録される（▶後見登記4条）。

保佐開始の審判の効果　(1)　**保護者**（保佐人）　被保佐人には，保護者として**保佐人**が付される（▶12条）。保佐人は，家庭裁判所が職権で選任する（▶876条の2第1項）。保佐人は，複数でもよいし，法人でもよいことなど，成年後見人と同様である（▶876条の2第2項）。

　(2)　**被保佐人の能力**　被保佐人は，成年被後見人の場合と同様，日用品の購入その他日常生活に関する行為は単独ですることができるが（▶13条2項ただし書），とくに重要な法律行為をするには，保佐人の同意（または同意に代わる家庭裁判所の許可）を得なければならない。保佐人の同意が必要な行為は，民法13条1項（次の①～⑩）と2項（⑪）が定めている。

　①元本を領収し，または利用すること（1号）　利息や賃料などの受領に

は同意は不要である。

②借財または保証をすること（2号）　　手形上の債務を生じさせる手形行為がここでいう借財にあたるかについては，学説が対立しているが，判例は，手形行為は債務負担行為であるから，借財にあたり，保佐人の同意を要すると解している（★大判明治39・5・17民録12輯758頁）。

③不動産その他重要な財産に関する権利の得喪を目的とする行為をすること（3号）　　判例は，土地賃貸借契約の合意解除（★大判昭和12・5・28民集16巻903頁）や電話加入権の譲渡（★大判昭和9・5・5民集13巻562頁）もここに該当するとしている。

④訴訟行為をすること（4号）　　相手方が提起した訴えに応訴するには保佐人の同意は不要である（▶民訴32条1項）。

⑤贈与，和解または仲裁合意をすること（5号）

⑥相続の承認や放棄，遺産分割をすること（6号）

⑦贈与の申込みを拒絶し，遺贈を放棄し，負担付贈与の申込みを承諾し，または負担付遺贈を承認すること（7号）

⑧新築，改築，増築または大修繕をすること（8号）

⑨602条（短期賃貸借）に定める期間（土地5年・建物3年）を超える賃貸借をすること（9号）　　同意がない賃貸借の取消しは，602条の期間を超えた部分のみである（通説）。

⑩前記①～⑨の行為を制限行為能力者の法定代理人としてすること（10号）2017年改正で追加新設された項目である。制限行為能力者であっても，成年後見人，保佐人，補助人または親権者になりうるところ（▶847条・876条の2第2項・876条の7第2項），判断力が十分でない制限行為能力者が法定代理人としてした行為をつねに有効にすると本人が害されることがあることを考慮して，被保佐人が制限行為能力者の代理人としてする行為について，保佐人の同意を得なければならないものとした。

⑪家庭裁判所の審判で同意を要する行為に定められた行為をすること（▶2項本文）　　前記①～⑩以外の行為についても，保佐開始の審判の申立権者または保佐人もしくは保佐監督人の請求により，家庭裁判所は，保佐人の同意を

得ることを必要とする旨の審判をすることができる。ただし，前述したように，日用品の購入その他日常生活に関する行為は除外される（▶2項ただし書）。

　以上の保佐人の同意を得なければならない行為について，保佐人が被保佐人の利益を害するおそれがないにもかかわらず同意をしないときは，家庭裁判所は，被保佐人の請求により，保佐人の**同意に代わる許可**を与えることができる（▶13条3項）。

　保佐人の同意か同意に代わる家庭裁判所の許可を得ていないときは，その行為は取り消すことができるものとなる（▶13条4項）。

　(3)　保佐人の職務権限　　保佐人は，保佐の事務を行うにあたっては，被保佐人の意思を尊重し，かつ，その心身の状態および生活の状況に配慮しなければならない（▶876条の5第1項）。保佐人の**意思尊重義務・身上配慮義務**である。

　保佐人は，成年後見人とは異なり，当然には代理権を有しないが，家庭裁判所は，本人，配偶者などの請求によって，被保佐人のために特定の法律行為について保佐人に代理権を付与する旨の審判をすることができる（▶876条の4第1項）。しかし，この**代理権付与の審判**が本人以外の者の請求によってされるときは，被保佐人本人の同意がなければならない（▶同条2項）。

　(4)　保佐人の同意権・取消権　　保佐人には同意権がある。取消権があるかは，1999年改正前の準禁治産者をめぐって大いに議論されたが，改正法では，保佐人に取消権が認められた（▶13条4項・120条1項）。すなわち，被保佐人が保佐人の同意を要する行為をその同意または同意に代わる家庭裁判所の許可を得ないでしたときは，保佐人はその行為を取り消すことができる。また，その行為を追認することもできる（▶122条）。

　(5)　保佐監督人　　家庭裁判所は，必要があると認めるときは，被保佐人，その親族もしくは保佐人の請求によって，または職権で保佐監督人を選任することができる（▶876条の3第1項）。

保佐開始の審判の取消し　　保佐開始の原因が消滅したときは，家庭裁判所は，本人，配偶者，4親等内の親族，未成年後見人，未成年後見監督人，保佐人，保佐監督人または検察官の請求により，保佐開始の審判を取り消すことを要する（▶14条1項）。

7　被補助人

被補助人の意義　1999（平成11）年の民法改正によって，被補助人の制度
が新設された。精神上の障害により事理を弁識する能力
が**不十分**な者については，家庭裁判所は，本人，配偶者，4 親等内の親族など
の請求により，補助開始の審判をすることができる（▶15条 1 項）。この審判を
受けた者が被補助人である（▶16条）。通常の判断能力はあるが，不動産の売却
など高度な判断を要する特定の法律行為について，事理弁識能力が十分とはい
えない者について，保護の内容や範囲を全面的に当事者の選択にゆだねつつ，
本人の保護を図ろうというものである。

補助開始の　(1)　**実質的要件**　精神上の障害により事理を弁識する能力
審判の要件　が不十分な者であることを要する（▶15条 1 項）。軽度の精神
上の障害（認知症・知的障害・精神障害等）により判断能力の不十分な者が想定
されている。後見や保佐の場合と異なり，医師の診断書（意見書）で足りると
されている（▶家事138条）。

(2)　**形式的要件**（申立権者）　本人，配偶者，4 親等内の親族，後見人，後
見監督人，保佐人，保佐監督人または検察官が家庭裁判所に補助開始の審判を
申し立てることが必要である（▶15条 1 項）。本人以外の者の請求により補助開
始の審判をするには，本人の同意が必要である（▶15条 2 項）。自己決定の尊重
の観点から，本人の申立てまたは同意を要件としている。後見開始や保佐開始
の審判と同様，市町村長や任意後見受任者・任意後見人または任意後見監督人
にも申立権が認められている。

同意権付与の審判　家庭裁判所は，補助開始の審判の申立権者または補助
人もしくは補助監督人の請求によって，被補助人が特
定の法律行為をするにはその補助人の同意を要する旨の審判をすることができ
る。ただし，その同意を得ることを要する行為は，被保佐人に関する13条 1 項
に定める行為の一部に限られる（▶17条 1 項）。本人以外の者の請求によるとき
は，本人の同意が必要である（▶17条 2 項）。

　補助人の同意を得なければならない行為について，補助人が被補助人の利益
を害するおそれがないにもかかわらず同意をしないときは，家庭裁判所は，被

補助人の請求により，補助人の**同意に代わる許可**を与えることができる（▶17
条 3 項）。

| 代理権付与の審判 |　家庭裁判所は，補助開始の審判の申立権者または補助
人もしくは補助監督人の請求によって，被補助人のた
めに，たとえば預金の払戻しや要介護認定の申請など特定の法律行為について
補助人に代理権を付与する旨の審判をすることができる（▶876条の 9 第 1 項）。
ここでも本人以外の者の請求によるときは，本人の同意が必要である（▶同条
2 項・876条の 4 第 2 項）。同意権の場合と異なり，代理権の対象となる行為には
制限がない。

| 各審判の関係 |　補助開始の審判（▶15条），同意権付与の審判（▶17条）お
よび代理権付与の審判（▶876条の 9 ）は，それぞれ別個独
立の審判であるが，補助開始の審判は，他の 2 つの審判のいずれかとともに
（あるいは双方とともに）することを要する（▶15条 3 項）。

| 補助開始の
審判の登記 |　補助開始の審判，同意権付与の審判および代理権付与の審判
は，登記ファイルに**補助の登記**として記録される。

| 補助開始の
審判の効果 |　(1)　被補助人には，保護者として**補助人**が付される（▶16
条）。補助人は，家庭裁判所が職権で選任する（▶876条の 7 第
1 項）。補助人になる資格についても，成年後見人と同様であり（▶同条 2 項），
複数でもよいし（▶876条の 8 第 2 項→859条の 2 準用），法人でもよい（▶876条の
7 第 2 項→843条 4 項準用）。補助開始の審判だけでは，被補助人の行為能力は制
限されないが，同意権付与の審判に基づき補助人の同意を得なければならない
行為につき，その同意または同意に代わる許可を得ていないときは，その行為
は取り消すことができる（▶17条 4 項）。

　(2)　**補助人の権限**　　前述したように，補助人には，同意権付与の審判では
特定の法律行為につき同意権・取消権が認められ，代理権付与の審判では特定
の法律行為について代理権が与えられる。

　(3)　**補助監督人**　　家庭裁判所は，必要があると認めるときは，被補助人，
その親族もしくは補助人の請求によって，または職権で，補助監督人を選任す
ることができる（▶876条の 8 第 1 項）。

補助開始の審判の取消し　補助開始の原因が消滅したときは，家庭裁判所は，本人，配偶者，4親等内の親族，補助人，補助監督人または検察官などの請求により，補助開始の審判を取り消さなければならない（▶18条1項）。同意権付与の審判および代理権付与の審判をすべて取り消す場合には，家庭裁判所は，補助開始の審判を取り消さなければならない（▶同条3項）。

8　審判相互の関係

　後見開始，保佐開始，補助開始の各審判の相互間の重複・抵触を回避するため，家庭裁判所は，従前の開始の審判を職権で取り消さなければならない旨が設けられている（▶19条）。後見開始の審判をする場合には，保佐開始の審判または補助開始の審判が取り消され（▶同条1項），保佐開始の審判をする場合には，後見開始または補助開始の審判が，また，補助開始の審判をする場合には，後見開始または保佐開始の審判がそれぞれ取り消されることになる（▶同条2項）。新しい審判をするには，その前にされた審判を取り消すということである。

9　任意後見制度

任意後見契約の意義　1999（平成11）年の民法改正と同時に，「任意後見契約に関する法律」（任意後見契約法）が制定され，任意後見制度が創設された（これに対比して，民法の制限行為能力者制度は**法定後見制度**といわれる）。これはあくまで本人の自主性に基づいて，本人に意思能力があるうちに，将来の判断能力の衰えを予想して，自らの信頼できる人に自己の財産の管理や療養看護を依頼する契約をしておくものである。

　任意後見契約とは，本人（委任者）が，受任者（任意後見受任者）に対し，精神上の障害により事理を弁識する能力が不十分な状況における自己の生活，療養看護および財産の管理に関する事務を委託し，その委任にかかる事務について代理権を付与する委任契約であり，後述の任意後見監督人が選任された時からその効力を生ずる旨の定めがされた契約のことをいう（▶任意後見2条1号）。後見契約それ自体は契約自由であるからそうした契約を締結するのはも

ともと自由であるのだが，任意後見契約法では，任意後見監督人を通して，任意後見人を監督するとされたことに重要な意味がある。任意後見契約を締結した時点では委任者は意思能力を有しているので，制限行為能力者ではないが，法定後見制度と関連するので，ここで任意後見制度についてもその概要を説明しておく。

任意後見契約の法的性質　任意後見契約は，任意後見監督人の選任を停止条件として代理権を付与する委任契約である。他の停止条件や期限を付すことは許されず，そうした特約は無効となる。

任意後見契約の方式と登記　任意後見契約は，公正証書によってしなければならないとされている（▶任意後見3条）。そして，任意後見契約が締結されたときは，この公正証書を作成した公証人の嘱託により任意後見契約の登記がされる（▶後見登記5条）。

任意後見監督人の選任と任意後見契約の発効　家庭裁判所は，精神上の障害により本人の事理を弁識する能力が不十分な状況になったときは，本人，配偶者，4親等内の親族または任意後見受任者の申立てによって，任意後見監督人を選任する（▶任意後見4条1項）。本人以外の者による申立ての場合には，本人がその意思を表示することができないときでないかぎり，予め本人の同意がなければならない（▶同条3項）。この任意後見監督人が選任された時に，任意後見契約は効力が生ずる（▶任意後見2条1号）。そして，この効力が生じたときは，家庭裁判所の嘱託により，登記ファイルに登記される（▶後見登記5条）。

任意後見人　任意後見監督人が選任される前における任意後見契約の受任者を**任意後見受任者**というが，任意後見監督人が選任されて契約が効力を生じると，この任意後見受任者は，**任意後見人**となる（▶任意後見2条4号）。任意後見人の資格には法律上の制限はなく，もっぱら本人の選択にゆだねられる（ただし，▶任意後見4条1項3号）。法人でも，複数でもよい。複数の任意後見人で，財産管理と身上看護を分担させることも可能である。

　任意後見人が受任した後見事務を処理することになるが，法定後見の保護者と同様に身上配慮義務を負う（▶任意後見6条）。任意後見人に不正行為など任

務に適しない事由があるときは，任意後見監督人などの請求により，家庭裁判所は任意後見人を解任することができる（▶任意後見8条）。もっとも，任意後見人の代理権の消滅はその登記（終了の登記）をしなければ，善意の第三者に対抗することができない（▶任意後見11条）。

任意後見監督人　任意後見監督人は，任意後見人の事務を監督する（その他の職務につき，▶任意後見7条1項参照）。そして，任意後見人に対していつでも事務の報告を求めたり，その事務や本人の財産状況を調査することができる（▶同条2項）。

任意後見監督人に不正行為など任務に適しない事由があるときは，家庭裁判所は，職権で解任することができる（▶同条4項，民846条）。

任意後見契約の終了　委任契約はいつでも解除できるのが原則である（▶651条1項）が，任意後見契約については，本人保護および当事者の真意の担保の観点から特則が設けられている。

任意後見監督人が選任される前は，本人または任意後見受任者は，公証人の認証を受けた書面によって契約を解除するものとしている（▶任意後見9条1項）。当事者の真意に基づく解除であることを担保するためである。

任意後見監督人が選任された後は，正当な事由がある場合にかぎり，本人または任意後見人は，家庭裁判所の許可を得て契約を解除することができるとされている（▶同条2項）。家庭裁判所の後見的な関与により，本人を保護するためである。

任意後見契約は本人が死亡すると終了することになるが，任意後見契約の締結とともに，本人の死亡に備えて，死後の財産の管理・処分を依頼する契約（死後事務委任契約という）が締結されることもある（こうした委任者の死亡を前提とした死後事務委任契約は，通常の委任契約とは異なり（▶653条1号参照），委任者の死亡で終了せず，有効と解されている。★最判平成4・9・22金法1358号55頁）。また，任意後見人が本人の遺言執行者に指定・選任されることもあり，その場合に遺言執行者としての職務の範囲で，本人の死後も財産管理が継続することになる。

法定後見との関係　任意後見契約が登記されている場合には，それと競合する法定後見（補助・保佐・後見）の開始の申立てがされても，その審判

は原則としてされない。本人の自己決定（本人の意思）を尊重するためである。しかし，本人の利益のためにとくに必要があるときには，法定後見の開始の審判ができることとされている（▶任意後見10条1項）。たとえば，本人が任意後見人に付与した代理権では本人の保護として不十分であって，さらに法定代理権の付与が必要な場合や，本人のために同意権や取消権による保護が必要な場合などである。任意後見監督人が選任された後に，後見が開始されれば，任意後見契約は終了する（▶同条3項）。

10　制限行為能力者の相手方の保護

相手方の催告権　　　制限行為能力者（未成年者・成年被後見人・被保佐人・同意権付与の審判を受けた被補助人）と取引をした相手方は，その法律行為を取り消されるかもしれないという不安定な状態におかれる。相手方がそうした不安定な状態から脱することができるように，民法は，相手方に**催告権**を認めた（▶20条）。

　制限行為能力者の相手方は，制限行為能力者側に対して，1か月以上の期間を定めてその期間内に，その行為を追認するか否かを確答するよう催告することができる。追認とは取り消しうる行為を確定的に有効とする意思表示である。制限行為能力者側がこの期間内に確答をすればよいが，確答を発しないときでも，民法は，催告の相手方によって場合を分けて，制限行為能力者がした行為の追認か取消しかのいずれかに確定するものとしている。次のとおりである。

　①制限行為能力者が行為能力者となった後に，本人に対して催告がされたが，確答が発せられないときは，追認したものとみなされる（▶20条1項）。

　②制限行為能力者である間に，法定代理人，保佐人または補助人に対して催告がされたが，確答が発せられないときも，追認したものとみなされる（▶20条2項）。

　③後見人が後見監督人の同意を得なければすることができない行為のように，特別の方式を要する行為については，その方式を具備した旨の通知が発せられないときは，取り消したものとみなされる（▶20条3項）。

　④被保佐人または同意権付与の審判を受けた被補助人に対して，保佐人また

は補助人の同意を得てその行為を追認するように催告したが，その追認を得たという通知が発せられないときは，取り消したものとみなされる（▶20条4項）。

　まとめて簡単にいえば，単独で追認しうる者へ催告したのに返事がなかったときは，追認があったものとみなし，そうでない者への催告で返事がなかったときは，取り消したものとみなすことにしているのである。

　なお，いずれの場合も，期間内に確答が発せられなかったことでこれらの効果が生じるとされており（発信主義），相手方への到達は問題とされていない。これに対して，期間経過後であっても相手方への到達は必要であるとする説もある。

> ▨ **Case 2-3**　Aが保佐開始の審判を受け，Bが保佐人に選任された。Aは，Bに無断で，被保佐人であることを黙秘して，自分が所有する不動産をCに売却し，Cへの移転登記もされた。Aは，Bの同意を得ていないとして，Cとの売買を取り消し，抹消登記を求めることができるか。

**制限行為能力者
の詐術による
取消権の剥奪**

　たとえば，未成年者が戸籍謄本や身分証明書を偽造して成年者であると契約の相手方を騙した場合や未成年者・被保佐人・被補助人が保護者の同意書を偽造した場合のように，制限行為能力者が行為能力者であることを信じさせるため「**詐術**」を用いたときには，その行為を取り消すことができない（▶21条）。詐術によって相手を騙したような制限行為能力者は保護に値せず，むしろ相手方を保護すべきだからである。この場合には，制限行為能力者のみならず，法定代理人も取り消すことができない。

　ここでは詐術とは何かが問題となる。古くは，詐術とは能力者であることを信じさせるため積極的な詐欺の手段を用いることを要すると解されていたが，昭和に入ると，しだいに相手方の保護・取引の安全に重点が置かれるようになり，詐術を緩やかに解する傾向がみられるようになり，必ずしも積極的な詐欺的手段が用いられない場合でも詐術にあたるとされるようになった。たとえば，準禁治産者が相手方に準禁治産者であることを秘して，市役所や裁判所に問い合せよと述べた（★大判昭和2・11・26民集6巻622頁）とか，準禁治産者が

相手方に対して，自分はもとは準禁治産者であったが，今はその宣告が取り消され，選挙権を有しているから迷惑をかけないと明言した（★大判昭和 5・4・18新聞3147号13頁）という事案で，詐術にあたるとされた。

さらに，詐術の要件は緩和され，それが能力についてのものでなくても，詐術にあたるとされるようになった。たとえば，準禁治産者が相手方に対して，無能力者であることを隠すため，自分は相当の資産信用があるから安心して取引をされたいと述べた事案（★大判昭和 8・1・31民集12巻24頁）や，当時無能力者とされていた妻が，金銭を借用するに際し，相手方に対して，自分に夫はなく独り暮らしで保険の外交員として自活している旨を告げた事案（★大判昭和 8・10・13民集12巻2491頁）で，詐術にあたるとされた。

問題は，制限行為能力者であることを黙秘していることが詐術にあたるかである。判例は，無能力者（現在は，制限行為能力者）であることを単に黙秘していただけでは詐術があったとはいえないが，「他の言動と相俟って，相手方を誤信させ，または誤信を強めたものと認められるときは，なお詐術に当たるというべきである」とした（★最判昭和44・2・13民集23巻 2 号291頁。結論的には，準禁治産者の黙秘を詐術にあたらないとした）。ここでいう「他の言動」は能力に関するものに限らないという説もあるが，他の言動と黙秘があわさって全体で能力に関する誤信を生じたか，強めたことが必要であろう。

能力者であると誤信した相手方に過失があってもよいか，重過失ではどうかについて見解が対立している。また，詐術が用いられても，相手方が能力者であると誤信しなければ，取消権は否定されない。

かつて詐術が問題となった事例のほとんどは1999年改正前の準禁治産者（とりわけ浪費者）のケースであって，必ずしも判断能力が低いともいえず，準禁治産者の保護よりもむしろ相手方の保護を図る必要性のほうが高く，それゆえに詐術の範囲が拡大されてきたという面がある。しかし，高齢化社会の到来に対応して改正された法定後見制度の下で，判断能力の減退した高齢者が制限行為能力者となった場合については，これとは事情が大きく異なる。この場合は，詐術の有無の判断は慎重にされる必要があり，安易に詐術の成立による取消権の剥奪を認めるべきではない。

3　住　　所

1　住　　所

> **:: Case 2-4**　Aは，東京都千代田区で自営業を営んでいるが，実際に住んでいる
> のは東京都文京区の賃貸マンションで，住民票上の住所は以前住んでいたことのあ
> る千葉県白井市においたままになっている。また，本籍は宮崎県宮崎市にある。A
> の住所はどこにあるか。

住所の意義　　法律上，住所は，いろいろな基準として用いられている。た
とえば，債務の履行地が債権者の住所とされ（▶484条），民
事訴訟を提起する裁判所の管轄は被告の住所とされ（▶民訴4条2項），相続の
開始場所は被相続人の住所とされる（▶883条）。また，公職選挙法（▶公選9条
2項3項・21条など）や税法（▶相税1条の3・1条の4，所税2条）などでも住所
が基準となることがある。

生活の本拠　　民法は，各人の**生活の本拠**を住所としている（▶22条）。生活
の本拠とは主たる生活の場という意味であって，あくまで人
の実質的な生活の場所をさし（実質主義），本籍地のような単なる形式的な届出
の場所（形式主義）ではない。ちなみに本籍は，人の戸籍上の身分登録・公証
の場所にすぎず（▶戸6条），届出によって形式的に決まるものであって，住所
とは必ずしも一致しない。また，住民登録（住民票）は，行政事務処理のため
に居住関係を公証する制度であり（▶住民基本台帳1条），ここでいう住所とは
区別されるが，住所を認定する上での重要な資料となる。判例は，公職選挙法
上の住所につき，学寮（大学の学生寮）に起居する学生の住所は，帰省先では
なくて学寮にあるとした（★最大判昭和29・10・20民集8巻10号1907頁：茨城大学星
嶺寮事件）。学生らの生活の実態に即して，本件では学生らの生活の本拠を実質
的に検討して，親元の実家ではなく，寄宿舎の学寮にあるとしたものである。

　住所の決定をめぐってはいくつかの問題がある。

　まず，**定住の意思**が必要かどうかである。定住の意思が必要であるとする説

（主観説）もあるが，今日の判例・通説は，定住の意思を不要とし，もっぱら客観的な定住の事実でたりると解している（客観説。★最判昭和27・4・15民集6巻4号413頁，税法上の住所につき，★最判平成23・2・18判時2111号3頁）。近時の判例として，住所を移転させる目的で転出届が出されたとしても，実際に生活の本拠を移転していなかったときは，住所を移転したものと扱うことはできないとされ（★最判平成9・8・25判時1616号52頁），また，都市公園内に不法に設置されたテントを起居の場所として日常生活を送っている者について，社会通念上，テントの所在地が客観的に生活の本拠としての実体を具備しているとみることはできないとされたものがある（★最判平成20・10・3判時2026号11頁）。

　つぎに，住所は複数ありうるかどうかである。人の住所は1つしかないとする説（単数説。★最判昭和35・3・22民集14巻4号551頁）もあるが，社会生活の多様化に伴い，生活関係に応じた複数の住所を認めてよいとする説（複数説）が通説となっている。家庭生活についてはA地が住所で，営業はB地が住所ということがあってよい。

2　居所・仮住所

　生活の本拠とまではいえないが，生活上，多少継続して居住する場所を居所という。そして，住所が知れない場合（▶23条1項）や日本に住所がない場合（▶23条2項）には，この居所が住所とみなされる。

　ある法律行為を行うために，一定の場所を仮住所として選定したときは，その法律行為については，その仮住所が住所とみなされる（▶24条）。

4　不在者の財産管理

不在者の財産管理　従来の住所（または居所）を去って容易に帰ってくる見込みのない者を**不在者**という。不在者の財産は誰がどのように管理するかが問題となる。不在者の残した財産が散逸するのを防ぐためにも，また，債権者などの利害関係人の利益を保護するためにも，不在者の財産管理の制度が必要となる。

　①不在者が自ら財産管理人を置いた場合には，その契約に従って，管理人が不在者の財産を管理すればよい（ただし，その改任につき▶26条参照）。

　②不在者が財産管理人を置かなかった場合または不在中に財産管理人の権限が消滅した場合には，家庭裁判所は，利害関係人（相続人・配偶者・債権者など）または検察官の請求により，財産の管理につき必要な処分を命ずることができる（▶25条）。これにより，家庭裁判所は，不在者の財産管理人を選任することができる（▶家事145条・146条以下）。

管理人の職務権限　　管理人が不在者の財産管理を行うことになる。家庭裁判所によって選任された管理人は，不在者の費用で財産目録を作成しなければならない（▶27条1項。不在者が置いた管理人につき，同条2項参照）。

　不在者の財産管理人は，一種の法定代理人であって，その代理権限は，民法103条に定められた権限の範囲，すなわち**管理行為**に限られ，これを超える行為については家庭裁判所の許可を得なければならない（▶28条）。たとえば，管理人は，不在者の代理人として貸金や代金の取立てをしたり，債務（借金）を債権者に弁済したりすることができるが，不動産を売却するには家庭裁判所の許可が必要となる。また，不動産の賃貸などは，目的物の利用行為（▶103条2号）ではあるが，602条の期間を超える長期賃貸借をするのは**処分行為**となるので，家庭裁判所の許可が必要となる。

　そのほか，家庭裁判所が選任した財産管理人については，委任契約における受任者の権利義務の規定（▶644条・646条・647条・650条）が準用される（▶家事146条6項）。2021（令和3）年の改正で，管理人は，財産管理や処分で生じた金銭を供託所に供託することができることとなった（▶家事146条の2）。

　また，家庭裁判所は，管理人に財産の管理および返還つき，相当の担保を立てさせることができ（▶29条1項），また，不在者の財産中から相当の報酬を管理人に与えることができる（▶同条2項）。

管理の終了
（処分の取消し）　　本人が後日，管理人を置いたときは，財産管理人の選任等家庭裁判所が命じた処分は，その管理人，利害関係人または検察官の請求によって取り消されることになる（▶25条2項）。また，本

人自ら財産管理できるようになったとき，死亡が分明になったときまたは失踪宣告があったときも，同様である（▶家事147条）。ここで述べた不在者の財産管理制度は，住所からの行方不明者が多数出た東日本大震災の復興で，規定が準用される形で利用された（なお，財産目録が作製できないなどの問題点もあった）。2021年の民法改正では，住所から行方不明となった所在不明者について，所有者不明土地管理制度・所有者不明建物管理制度が創設された（これらについては物権法で学習することになる）。ここで述べた財産管理制度とは異なり，特定の土地・建物に特化した財産管理制度で，他の財産の調査や管理が不要となり，管理期間も短縮される（予納金など費用負担も軽減される）などのメリット（違い）がある。

5　失　踪　宣　告

1　失踪宣告の意義

　不在者の生死不明の状態があまりにも長く継続し，その財産上および身分上の法律関係がいつまでも未確定のままとなることは，好ましいことではない。生きていないかもしれないのに，残された配偶者は再婚もできず，相続人は相続もできないなど利害関係人に不利益を及ぼす。そこで，民法は，家庭裁判所の宣告によってその者を死亡したものとみなす制度を設けた。死亡の扱いをすることで，法律関係を安定させようというわけである。ここでは，生死不明の状態となった不在者を**失踪者**という。

2　失踪宣告の要件

> **▪ Case 2-5**　東北地方で農業を営むＡは，毎年冬の間は東京に出稼ぎに出かけていたが，ある年から出稼ぎに出たまま，帰らず，生死不明のまま７年が経過した。次の者はＡの失踪宣告を申し立てることができるか。
>
> 　①Ａの妻Ｂ　②Ａの債権者Ｃ　③検察官　④Ａの妻Ｂと同棲を始めたＤ男

普通失踪　　不在者の生死が 7 年間明らかでないときは，家庭裁判所は，利害関係人の請求により失踪宣告をすることができる（▶30条 1 項）。これを**普通失踪**という。不在者の生存が確認できる最後の時（最後の音信があった時等）から起算して 7 年間を経過することで，失踪宣告の請求をすることができる（通説）。

　利害関係人とは，失踪宣告に法律上の利害関係を有する者を意味し，単に事実上利害関係を有するにすぎない者は含まない。たとえば，配偶者，相続人，不在者の財産管理人などはこれに該当するが，親友とか，不在者の配偶者と再婚しようとしている者などはこれにあたらない（**Case 2-5** ④の D 男。判例は，D男は，B との間にできた自分の子 E が A の子として届けられている場合において，自分の子であることを明らかにする前提として A の失踪宣告を請求することはできないとする。★大判昭和 7・7・26民集11巻1658頁）。また，不在者の死亡によって消滅する債務を負担する者，すなわち終身定期金債務者や恩給債務者（国）は，利害関係人にあたる。債権者については争いがあり，利害関係人にあたるとする説も有力であるが，単なる債権者は，不在者の財産管理人に対して債権の取立てや弁済の請求ができるので，ここでいう利害関係人には含まれないと解すべきであろう。なお，不在者の財産管理（▶25条）と異なり，検察官は失踪宣告の請求権者とされていない（相続税取得という国益から検察官を利害関係人に含ませる説もある）。

特別失踪　　戦地に臨んだ者（戦争失踪），沈没した船舶に乗っていた者（船舶失踪），地震や大火災のように生命の危険を伴う災害に遭遇した者（危難失踪）など，特別の危難があったときには，失踪期間を普通失踪の 7 年間から 1 年間に短縮している（▶30条 2 項）。死亡の蓋然性が高いからである。これを**特別失踪**または**危難失踪**という。

　特別失踪の起算点は，戦争がやんだ時，船舶の沈没した時（正確な時間が不明の場合には，最後に港を出た時や無線連絡の途絶えた時などの事故の近似時点）またはその他の危難が去った時であり，その時から 1 年間生死が明らかでないときは，家庭裁判所は，利害関係人の請求により失踪宣告をすることができる（▶30条 2 項）。

普通失踪宣告の申立てがされた場合において，その要件を満たしていないが，特別失踪の要件を満たしているときは，家庭裁判所は特別失踪の宣告をすることができるであろうか。特別失踪の宣告は許されないとするのが通説であるが，宣告を欲した請求者の意思からみて，宣告を認めてよいと思われる。

失踪宣告の手続　家庭裁判所は，普通失踪においては 6 か月以上，特別失踪においては 2 か月以上の期間を定めて公示催告をし，それでも不在者に関する情報が得られなかったときに，失踪宣告の審判をする（▶家事148条以下）。

3　失踪宣告の効果

死亡の擬制　失踪宣告を受けた者は，普通失踪では，失踪期間（7 年の期間）の満了の時に死亡したものとみなされ，特別失踪では，危難の去った時に死亡したものとみなされる（▶31条）。「みなす」は「推定する」とは異なり，反対の事実を証明してもその認定された結論は覆らないということである（これを覆すためには，失踪宣告の取消しの手続をしなければならない）。

失踪宣告からさかのぼった時に死亡したものとみなされることになるので，場合によっては，失踪期間満了時から失踪宣告時までの間に利害関係をもつにいたった善意の第三者を害する場合が生じ，立法論的な批判があるところである。

相続の開始と 婚姻の解消　失踪宣告により失踪者が死亡したとみなされ，財産関係・身分関係が整理される。

財産関係としては，失踪者に相続が開始し，相続人に権利義務が移転する（▶882条）。相続が開始するのは，失踪宣告の時ではなく，普通失踪では失踪期間満了時，特別失踪では危難の去った時であることに注意を要する。反対の約款がないかぎり，生命保険金も請求することができる。

また，身分関係で重要なのは，失踪者の婚姻は当然に解消されることである。失踪者の配偶者は再婚することができる（なお，令和 4 年改正で削除された民法733条で必要とされた待婚期間も要しない。大正 7 年 9 月13日民1735号法務省局長回答）。

生存の擬制と推定　失踪宣告がされないときは，不在者は生存しているものと推定される。

失踪者の権利能力　失踪者が死亡したものとみなされるのは，あくまで失踪者の従来の住所を中心とする法律関係においてのみであり，失踪者の権利能力を消滅させるものではない。失踪者がどこかで生存していれば，権利能力を有し，失踪者がした法律行為も有効である（有効とするために，失踪宣告を取り消す必要はない）。

4　失踪宣告の取消しと遡及効

❖ Case 2-6　(1)　失踪宣告を受けたAの相続人Bは，Aから相続した不動産を第三者Cに譲渡した後に，Aの失踪宣告が取り消された。AはCからその不動産を取り戻すことができるか。すでに，CからDが譲り受けていた場合には，AはDからその不動産を取り戻すことができるか。B・C・Dが失踪宣告を受けたAの生存を知らなかった場合（善意），知っていた場合（悪意）のそれぞれの組み合わせで，違いがあるか。
(2)　失踪宣告を受けたAの妻Bは，Eと再婚した。その後，Aの失踪宣告が取り消された場合に，A・B間およびB・E間の婚姻関係はどうなるか。

失踪宣告の取消し　失踪者が生存していたこと（生存）または宣告によって死亡とみなされた時と異なった時に死亡したこと（異時死亡）の証明があるときは，家庭裁判所は，失踪者本人または利害関係人の請求により，失踪宣告を取り消さなければならない（▶32条1項前段）。失踪宣告の請求の場合と同様，ここでも検察官は取消しの請求権者とはされていない。

取消しの遡及効　失踪宣告が取り消されると，宣告に基づく死亡の効果は，はじめから生じなかったことになる（遡及効）。その結果，従来の法律関係は復活する。したがって，婚姻は解消せず，相続によって得た財産は返還しなければならないということになる。しかし，そうすると，失踪宣告を信頼した配偶者や相続人などの利害関係人，さらにはこれらの者と取引をした相手方は，不測の損害を被るおそれがある。そこで，民法は，2つの例外を設けた。

(1)　**現存利益の返還**　失踪宣告の取消しによって返還する財産の範囲は「現に利益を受けている限度」（**現存利益**）でよいとした（▶32条2項ただし書）。全部の利益を返還しなくてよく，現に残っている利益のみでよいわけである。

したがって，浪費など費消した分は返還しなくてよいし，滅失損傷していても
そのまま返還すればよい。しかし，生活費にあてた場合には，必要な出費を免
れたという利益が現存しており，返還義務がある。また，ここでいう財産を得
た者とは，失踪宣告を直接の原因として財産権を取得した者，つまり，相続
人・生命保険金受取人・受遺者等である（たとえば，相続人から相続財産を譲り受
けた者はここにいう取得者ではない）。

　現存利益の返還でたりるのは善意者（失踪宣告が事実に反することを知らない
者）に限るかどうかについて学説は対立している。規定上は区別がなく，失踪
宣告が法律関係を画一的に処理すべきものであることなどから，善意・悪意を
問わないとする説もあるが，通説は，現存利益の返還でたりるのは善意者のみ
であって，悪意者は704条の場合と同様全部の利益の返還をしなければならな
いと解している。また，この財産の返還義務は，不当利得返還義務の性質を有
するので，宣告の取消し時（受益の時ではなく）から起算して10年の消滅時効に
かかると考えられる。

　(2)　**善意でした行為**　　失踪宣告後，その取消し前に「善意でした行為」
は，取消しにかかわらず，その効力に影響を及ぼさない，すなわち有効である
とされている（▶32条１項後段）。善意でした行為の効力を覆さず，善意者の保
護を図る趣旨である。**善意**とは失踪宣告が事実に反することを知らないこと，
すなわち，失踪者の生存または異時死亡を知らないことである。善意であれば
たり，無過失である必要はないというのが通説であるが，無過失も必要とする
説もある。財産上の行為と身分上の行為を分けて，考える必要がある。

　(a)　財産上の行為の場合　　　　**Case 2-6**(1)では，まず誰の善意が必要かが問
題となる。判例・通説は，ここでいう善意とは行為者双方の善意，すなわち
Ｂ・Ｃ双方の善意を要求する（★大判昭和13・２・７民集17巻59頁）。いずれかが
悪意であれば，失踪宣告の取消しによってその行為は無効となるということで
ある。失踪者の利益を重視するものである。これに対して，取引の安全（取引
の相手方保護）を重視して，双方が善意でなくても相手方が善意であればたり
るとする説も有力である。これによれば，Ｂが悪意であってもＣが善意であれ
ば，Ｃは保護されるということになる。

　かつては前説が支配的であったが，近時は後説が有力になってきている。規定の文言（文理解釈）からも，また，ここでは他の善意者保護規定の場合と違って，失踪者の利益保護の要請が強いとみられたことなどから，立法論としてはともかく，解釈論としては**双方善意要求説**を支持すべきものと考える。

　つぎに，悪意の転得者がいる場合が問題となる。善意のCから悪意のDが譲り受けたような場合である。善意者Cが介在することにより，Cの権利取得は確定的となり，その後の転得者Dの善意・悪意は問題とならないとする説（**絶対的構成説**）と，悪意者を保護する必要はないことから，B・C間は有効でC・D間は無効というように個別的相対的に効力を決めればよいとする説（**相対的構成説**）とが対立している。前説では，失踪者AはDから財産を取り戻せないが，後説では悪意のDから財産を取り戻せることになる。取引の不安定さを避けるための画一的処理の要請，法的処理の簡明さ，善意者保護の徹底などから絶対的構成説を支持すべきものと考える。

　(b)　身分上の行為の場合　　**Case 2-6**(2)では，Eとの再婚は無効となるであろうか。この場合にも，32条1項後段の適用があるかどうか。その適用を肯定する説と，婚姻については当事者の意思を尊重すべきであるとして，その適用を否定する説とがある。いずれの説に立っても，後婚（再婚）が有効であって，前婚は復活しないとする説（後婚有効説）と前婚も復活して重婚となるとする説（重婚説）とが対立している。32条1項後段の適用を肯定し，双方善意を要求して，後婚有効とする説が従来からの通説であり，実務の立場である（昭和25年2月21日民甲520民事局長回答）が，近時は，一方の善意でもって後婚を有効とする説が有力になってきている。財産法の処理との一貫性，法文の趣旨，身分関係の安定などから，通説・実務の立場が支持されてよいだろう（**➡ Topic 2-7**）。

✒ Topic 2-7
再婚後の失踪宣告の取消しについての立法案

　立法論としては，身分関係の安定という観点から善意・悪意を問わず，後婚の効力を認め，維持することが望ましいと考えられている。1996（平成8）年2月に公表された民法改正要綱の立法案においても「再婚後にされた失踪宣告の取消しは，失踪宣告による前婚の解消の効力に影響を及ぼさないものとする」とされている。

☑ *Exam 1*

　Aは，認知症が進行して，後見開始の審判を受け，Aの妻Bが成年後見人とされたが，Aは，日によっては調子のよいときもあって，一時的に正常に判断できる精神状態のときもあった。たまたま正常に判断できる状態のときに，Aを訪問したCは，Aが所有する貴重な骨董品を100万円で売ってほしいと申込み，Aはこれを承諾した。

(1)　後日，Aは，この契約の無効または取消しを主張することができるか。

(2)　契約の際，Cは，Aが後見開始の審判を受けたことは知らなかったが，Aの認知症のうわさは聞いていたので，念のため，Aに対して，「奥さんに相談しなくてよいのか」と尋ねたところ，「自分の物を売るのにどうして女房に相談しなくてはいけないか。私は自分で何でもできるので，いちいち相談する必要はない」と答えた。Bは，この契約を取り消すことができるか。

▶ 解答への道すじ

　成年被後見人であっても，一時的に正常な判断ができることはあって，意思能力がある状態で契約をすることはありうる。小問(1)は，この場合に，契約の無効や制限行為能力を理由とした取消しができるかどうかを検討してもらいたい。小問(2)は，本問のような場合に，制限行為能力者の詐術にあたるかどうかを検討してもらいたい。

第3章　法　　人

1　序　　説

はじめに　2006（平成18）年6月2日に公布された「**一般社団法人及び一般財団法人に関する法律**」（以下「一般法人（法）」という）は，民法の公益法人制度を改め，剰余金の分配を目的としない社団または財団について，その行う事業の公益性の有無にかかわらず，一定の組織を備え登記することにより法人格を取得できる制度を創設し，その設立・機関等について定めた。また，同日に公布された「**公益社団法人及び公益財団法人の認定等に関する法律**」（以下「公益法人（法）」という）は，内閣総理大臣または都道府県知事が，独立した民間有識者の「公益認定等委員会」または「都道府県に置かれる合議制の機関」の意見に基づき，一般社団法人または一般財団法人の「公益性」を認定するとともに，認定を受けた法人の監督を行う制度を定めた。さらに，同日公布された「**一般社団法人及び一般財団法人に関する法律及び公益社団法人及び公益財団法人の認定等に関する法律の施行に伴う関係法律の整備等に関する法律**」（以下「一般法人整備（法）」という）は，関係法律についての規定の整備を行い，一般法人法の施行に伴って中間法人法を廃止したほか，民法の公益法人の規定も削除した。そこで，本章では，2008（平成20）年12月1日に施行された一般法人法・公益法人法の内容も解説することとする。

法人の意義　法人とは，自然人以外のもので，権利・義務の帰属主体となりうる（権利能力を有する）ものである。法人は，一定の目的の下に結集した人の組織体としての社団法人と，一定の目的のために提供された財産の集合体としての財団法人とからなる。こうした制度を利用することにより，自然人の社会的活動は飛躍的に拡大された。

　法人制度の機能としては，第1に，権利・義務の帰属者を単一に決定しうる
ことから，団体財産を全構成員の共有とする不便を回避することができる。す
なわち，契約書に全構成員の名前を書いたり，全構成員で訴えたり，全構成員
の名義の登記をすることは，不要となる。第2に，法人の財産と構成員の財産
が遮断されることから，法人の債権者は構成員の財産を差し押さえることがで
きないし，構成員の債権者は法人の財産を差し押さえることができなくなる。
その意味で，法人制度は，有限責任制度を確立する法技術でもある。

法人の本質　　自然人以外の法人に何故に権利能力を与えるのか，法人はい
かなる社会的実体を有するものであるのかという法人論に関
し，多くの学者によって従来論争がなされてきた。以下の説が主要な説として
唱えられてきた。

　(1)　**法人擬制説**　　権利・義務の主体は自然人に限られ，法人はその主体に
本来なりえないが，法人は国家によって法律上自然人に擬制されて権利・義務
の主体とされたものであるとする。団体結成の自由が原則として禁じられ，例
外的に法人が認められる場合でも君主の特許を必要とした時代の産物である。

　(2)　**法人否認説**　　法人擬制説の一種であるが，法人の実体は自然人または
財産にすぎないと主張する説の総称である（法人格の非現実性を力説しすぎたため
法人否認説とよばれた）。法人擬制説は法人の外被（形式）を問題にしたにすぎな
いが，法人否認説は，法人の実体（内容）を解明することに力点があり法人理
論を一歩前進させたものと評価されている。以下の説がある。①**享益者主体説**
（法人の実質上の主体は社団・財団を通じて現実に利益を享受する受益者である）。②**無
主財産説**または**目的財産説**（法人の実体は一定の目的に捧げられた無主体の財産に
すぎない）。③**管理者主体説**（法人の実体は法人財産の管理者である）。

　(3)　**法人実在説**　　法人は，法律によって擬制されたものではなく，実質的
に法的主体たりうる実体を有する1つの社会的実在であると主張する説の総称
である。この説が通説であるとされる。以下の説がある。①**有機体説**（自然人
が自己の意思と行為を有する自然的有機体であるように，法人も団体の意思と行為を有
する社会的有機体であり「固有の生命」を有するとする）。②**組織体説**（法人は，権利
主体たりうる法律上の組織体であるとするもので，法人は，社会で一定の利益をもちそ

れを実現するための機構を備えている集団が，法秩序の価値づけにおいて法的組織体であると評価されたものであるとする）。③**社会的作用説**（法人は，個人以外に，これと同様に1個独立の社会的作用を担当することによって，権利能力の主体たるに適する社会的価値を有するものであるとする）。

　(4)　**法人学説に対する評価**　これらの法人学説は，同じ平面上の議論でなく，歴史的にそれぞれの時代の法政策・価値判断を反映したものであり，現在では実益に乏しい議論であるとの指摘もなされている。しかし，法人を成り立たせるところの**技術的契機**（法人は自然人でない存在を権利義務の統一的な帰属点たらしめる技術であること）・**実体的契機**（社会的・経済的観点からみて取引の主体となるのに適した実体が存在しなければならないこと）・**価値的契機**（政策的見地から価値判断を加え，その社会の歴史的・社会的事情の下で取引の主体となるに値すると判断したものにかぎって法人格を付与すること）という観点でみたとき，法人擬制説は技術的契機を，法人否認説と有機体説は実体的契機を，組織体説は実体的契機と価値的契機を重視するものと評価されている。

2　法人の種類

|社団法人と
財団法人|　**社団法人**は，一定の目的の下に結集した人の組織体で構成員が必要である。そして，構成員の意思を総合して団体意思を構成しこれに基づいて自律的活動を行い，団体が自主的に活動する意思の組織として社員総会が存在する。これに対し，**財団法人**は，一定の目的のために提供された財産の集合体であり，構成員は不要である。そして，設立者の意思によって与えられた一定の目的と組織の下に他律的活動を行い，社員総会は存在しない。社団法人には非営利法人と営利法人とがあるが，財団法人は非営利法人しか認められていない。

|財団法人と
公益信託|　財団法人は，法人という特別の権利主体をつくって財産の管理・運営を行うのに対し，**信託**は，英米で発達した制度で，信託者が目的財産（信託財産）の管理・所有を受託者に移転し，受託者は受益者の利益のために，財産管理の義務を負うとする制度である。わが国では，当

初大陸法系にならって財団法人制度を移植したためか，その後信託法（1922〔大正11〕年）で**公益信託**が導入されたものの（▶2006年改正前信託66条以下），公益活動に関しもっぱら公益財団法人が利用され，公益信託はあまり利用されてこなかった。しかし，公益信託は設立が簡便なことから，近年，増加の傾向にある。なお，公益信託は，公益法人制度の改革を踏まえ本格的な検討が必要であることから，2006（平成18）年の信託法改正（2007年9月30日に施行）では次の改正の課題とし，2006年改正前信託法の公益信託に関する規定を「公益信託ニ関スル法律」と改め存続することとなった。現在，法制審議会信託法部会で公益信託法制の見直しに関する議論を終え，法務省は公益信託法改正案を国会に提出する準備をしている。

公益法人・営利法人・中間法人　　**(1)　公益法人**　　公益法人は，学術，技芸，慈善その他の公益に関する種類の事業であって，不特定かつ多数の者の利益の増進に寄与する事業（▶公益法人2条4号）を実施する社団法人または財団法人である。公益法人は，従来，民法により設立されてきたが，近時の改正で2008（平成20）年施行の公益法人法により認定されることになり，内閣総理大臣または都道府県知事により公益認定を受けた一般社団法人・一般財団法人が公益法人とされることになった。公益目的事業とは，**図表3−1**に示したものである。

　これ以外に特別法により設立されるものとして，宗教法人（宗教法人法），学校法人（私立学校法），社会福祉法人（社会福祉事業法）がある。

　また，市民のボランティア活動をはじめとする自由な社会貢献活動を促進させようとして，1998（平成10）年12月1日に**特定非営利活動促進法（NPO法）**が施行され，NPO（非営利組織）やNGO（非政府組織）とよばれる市民団体に法人化への途が開かれた。特定非営利活動法人は，数次の改正を経て，①保健，医療または福祉の増進，②社会教育の推進，③まちづくりの推進，④観光の振興，⑤農山漁村または中山間地域の振興，⑥学術，文化，芸術またはスポーツの振興，⑦環境の保全，⑧災害救援，⑨地域安全，⑩人権の擁護または平和の推進，⑪国際協力，⑫男女共同参画社会の形成の促進，⑬子どもの健全育成，⑭情報化社会の発展，⑮科学技術の振興，⑯経済活動の活性化，⑰職業能力の開発・雇用機会の拡充の支援，⑱消費者の保護，⑲以上の活動を行う団

図表 3-1　公益目的事業

①学術，科学技術の振興	⑭男女共同参画社会の形成等のより良い社会の形成の推進
②文化，芸術の振興	⑮国際相互理解の促進・開発途上にある海外地域に対する経済協力
③障害者，生活困窮者，事故・災害・犯罪による被害者の支援	⑯地球環境の保全，自然環境の保護・整備
④高齢者の福祉の増進	⑰国土の利用・整備・保全
⑤勤労意欲のある者に対する就労支援	⑱国政の健全な運営確保
⑥公衆衛生の向上	⑲地域社会の健全な発展
⑦児童・青少年の健全育成	⑳公正・自由な経済活動の機会の確保・促進，その活性化による国民生活の安定向上
⑧勤労者の福祉の向上	㉑国民生活に不可欠な物資，エネルギー等の安定供給の確保
⑨教育・スポーツ等による国民の心身の健全な発達，豊かな人間性の涵養	㉒一般消費者の利益の擁護・増進
⑩犯罪防止，治安維持	㉓前記事業のほか公益に関する事業として政令で定めるもの
⑪事故・災害の防止	
⑫人種・性別等による不当な差別，偏見の防止・根絶	
⑬思想・良心の自由，信教の自由，表現の自由の尊重・擁護	

公益社団法人及び公益財団法人の認定等に関する法律の別表より作成

体の運営または活動に関する連絡・助言・援助の活動，⑳以上の活動に準ずる活動として都道府県または指定都市の条例で定める活動を行うことを目的とするものであり，その主たる事務所の所在地を管轄する都道府県知事または一つの政令指定都市の区域のみに事務所を置く場合には政令指定都市の長の認証を経て登記することにより成立することとされている（▶非営利活動2条別表・9条・10条・13条）。そして，特定非営利活動法人は，営利を目的とせず，また，宗教の布教，政治上の主義の推進・支持・反対を主たる目的とせず，さらに，特定の公職候補者・公職にある者・政党への推薦・支持・反対を目的としない団体でなければならない（▶非営利活動2条2項）。また，10人以上の社員が必要とされ，3人以上の理事および1人以上の監事を置かなければならないとされる（▶非営利活動12条1項4号・15条）。

　(2)　**営利法人**　　営利法人は，営利を目的とする法人，すなわち，構成員に利益を分配することを目的とする法人である。構成員の利益追求を目的とするものであるから，営利法人は社団法人に限られる。営利法人である会社には，株式会社，持分会社（合名会社・合資会社・合同会社）がある（▶会社2条1号）。

　なお，2005（平成17）年に成立した会社法においては，社員の剰余金配当請求権か残余財産分配請求権のいずれか一方が確保されていることを営利性ととらえている点は（▶会社105条 2 項），注意を要する。

　（3）　**中間法人**　　営利も公益も目的としない団体，すなわち同業者や同一の社会的地位にある者の間の相互扶助ないし共通利益の増進を目的とする団体は，公益法人や営利法人になることはできず，従来個別の特別法によって法人とされてきた。労働組合，農業協同組合，消費生活協同組合，中小企業等協同組合，自治会（地縁による団体），政党などはこうした例にあたる（▶労組11条，農協 5 条，生協 4 条，中協 4 条，自治260条の 2 ，政党法人格 4 条）。しかし，こうした個別の特別法がないと法人格を取得できず権利能力のない社団として活動せざるをえないことから，こうした団体にも法人化の途を開く立法が求められてきた。

　2002（平成14）年 4 月 1 日から施行された**中間法人法**は，こうした長年の懸案を解決すべく成立した法律といえる。中間法人は，社員に共通する利益を図ることを目的とし，かつ，剰余金を社員に分配することを目的としない社団であって，この法律により設立されたものをいう（▶中間法人 2 条 1 号）。そして，準則主義を採用し，法律の定める組織を備え登記をすれば法人格を取得することとした（▶中間法人 6 条）。中間法人には，社員が債権者に責任を負わない有限責任中間法人（そのため最低300万円の基金制度がある）と，社員が債権者に責任を負う無限責任中間法人とがあった。2008（平成20）年に施行された**一般法人法**は，剰余金の分配を目的としない社団または財団について，その行う事業の公益性の有無にかかわらず，準則主義により法人格を取得できる非営利法人制度として，一般社団法人（設立時の財産保有規制なし）と一般財団法人（300万円以上の財産の拠出必要）とを設け，中間法人法は一般法人整備法で廃止された。

権利能力のない
社団・財団，組合

　（1）　**権利能力のない社団**　　(a)　意　義　　**権利能力のない社団**とは，実体が社団であるにもかかわらず法人格をもたない団体をいう。こうした団体が生まれる理由としては，①非公益・非営利の団体は2002（平成14）年施行の中間法人法が制定されるまで特別

法がないかぎり法人格を取得できなかったこと，②法人格をとるのが面倒である，官庁の監督を受けたくない，少人数で法人格の規制に適する規模の団体ではないなどから，法人格を取得できるのに法人格を取得しようとしないこと，③法律の定める組織を備えることができないなど，法律の要件を充足できないため法人格を取得できないこと，④法人設立の手続中の団体であることがあげられる。たしかに，従来は権利能力のない社団として存在していた団体が，近時，立法により法人格を具備できるようになったことから，多くの団体は一応は法人格の取得の途が開かれたといえる。しかし，法律で特別に強制されていないかぎり法人格の取得は義務ではないので，団体が法人でなく権利能力のない社団として活動する自由は認めざるをえない。したがって，権利能力のない社団がなくなることはなく，その理論的解明の重要性は依然として残されている。

　ドイツ民法54条が権利能力のない社団に組合の規定を準用してきたことから，わが国においても，かつては権利能力のない社団に組合の規定を準用すべきとの説が主張された。しかし，研究が進むにつれ，組合でなく権利能力のない社団として特別に扱うべきとの説が主張されるようになり，そして，社団法人の規定の中には社団たることに基づく規定と法人たることに基づく規定とがあるが，前者は権利能力のない社団に適用されるとの説が有力になった。その後，権利能力のない社団は可能なかぎり法人の規定を類推すべきとの説が有力になり，現在にいたっている（なお，ドイツ民法は2024年より非営利を目的とする法人格のない社団に非営利社団法人に関する規定を準用する旨の規定が施行されることになっている）。

　(b)　成立要件　　判例は，権利能力のない社団の成立要件として，①団体としての組織を備えていること，②多数決の原則が行われていること，③構成員の変更にかかわらず団体自体が存続していること，④代表の方法・総会の運営・財産の管理その他団体としての主要な点が確定していることという点をあげる（★最判昭和39・10・15民集18巻8号1671頁：百選Ⅰ-7）。この要件が具備されていれば，同窓会・PTA・学生自治会・学会・クラブ・互助会・サークルなどは，権利能力のない社団にあたるといえる。判例で認められたものとして，市の特定地域に居住する住民の福祉のため各般の事業を営むことを目的と

して結成された任意団体たる区（★最判昭和42・10・19民集21巻8号2078頁），門中と称する沖縄の血縁団体（★最判昭和55・2・8民集34巻2号138頁），入会団体（★最判平成6・5・31民集48巻4号1065頁：百選Ⅰ-74），預託金会員制ゴルフクラブ（★最判平成12・10・20判時1730号26頁）などがある。

　(c)　財産の帰属形態　　権利能力のない社団の財産は，誰にどのように帰属するかが問題となる。判例は，構成員の共同所有の一種である総有と解している（★最判昭和32・11・14民集11巻12号1943頁）。判例のいう「総有」は，ドイツ法制史上の「総有」の概念とは異なり，①権利能力のない社団は法人でないから権利の主体たる地位を占めることができず，実質上はともかく法律上は構成員全員で所有すると構成せざるをえないこと，②全員の共同所有だと構成しても各自が持分をもつと解することは実情にあわないので，共有・合有ではなく総有と考えるほかないこととして，消去法により総有説が採用されたと解される。

　　学説には，**総有説**以外に，**合有説**，社団自体に帰属するとする**単独所有説**，法人格を欠くので形式的には会長等に信託的関係として帰属するとする**信託説**，種々の利益を比較衡量して各種の団体につき各個の効果を考えればたり，財産の帰属形態を云々する必要はないとする**利益衡量説**が有力に主張されている。

　(d)　不動産の登記方法　　権利能力のない社団の財産である不動産の登記方法が問題となる。判例は，代表者の個人名義で登記するか，社団構成員全員の共有名義で登記するほかないとする説（**代表者個人名義説**）に立っている（★最判昭和47・6・2民集26巻5号957頁，登記実務）。その理由としては，①不動産登記法18条，不動産登記令3条1号・2号が権利能力のない社団に登記能力を認めていないこと，②登記官が登記申請の受理につき形式的審査権を有するにとどまり実質的審査権を有しないから，実体にそわない虚無の登記を生ずる危険（強制執行や滞納処分を免れるため権利能力のない社団を僭称する）があることがあげられる。なお，規約等に定められた手続で代表者でない構成員を登記名義人にすることも可能としている（前掲★最判平成6・5・31）。

　　しかし，代表者個人名義説では実体と登記の不一致が存続し，権利能力のない社団または不動産取引の相手方に不利益を与えるという弊害が生じるので，学説からは反対が強い。学説には，①権利能力のない社団の名義で登記するこ

とを認める**社団名義説**，②社団名義の登記は認められないが，法人に準じて社団の名称と事務所とを記載するとともに，権利能力のない社団の財産であることを示すため代表者の肩書・氏名を併記する方法を認める**準社団名義説**，③社団代表者であることを示す肩書付きでの代表者個人名義の登記を認める**代表者肩書説**がある。③説が通説である。なお，銀行預金については肩書付きの代表者名義が認められている。

　(e)　**権利能力のない社団が有する不動産に対する強制執行**　　権利能力のない社団を債務者とする金銭債権を表示した債務名義を有する債権者が，構成員の総有不動産に対して強制執行をしようとする場合において，前記不動産につき，当該社団のために第三者がその登記名義人とされているときは，前記債権者は，強制執行の申出書に，当該社団を債務者とする執行文の付された前記債務名義の正本のほか，前記不動産が当該社団の構成員全員の総有に属することを確認する旨の前記債権者と当該社団及び前記登記名義人との間の確定判決その他これに準ずる文書を添付して，当該社団を債務者とする強制執行の申立てをすべきであると解されている（★最判平成22・6・29民集64巻4号1235頁）。なお，債権者が社団不動産に対して仮差押えをする場合には，強制執行の場合と異なり，添付書面は，対象不動産が当該社団の構成員全員の総有に属する事実を証明するものであれば足り，必ずしも確定判決等であることを要しないと解されている（★最決平成23・2・9民集65巻2号665頁）。

> **✂ Case 3-1**　権利能力のない社団Ａの代表者はＢであったが，Ｂ個人の債権者Ｃが代表者個人名義に登記されている不動産甲を差し押さえた場合，権利能力のない社団ＡはＣに対し第三者異議の訴え（▶民執38条）を提起しうるか。また，社団不動産乙を代表者Ｂが個人名義で登記されているのを奇貨として自己の財産と称し第三者Ｄに譲渡した場合，Ｄはその不動産を取得しうるか。

　(f)　**権利能力のない社団の財産を代表者の個人財産と信頼した第三者**　　この点に関し，通説は，①唯一の可能な方法の登記をした権利能力のない社団を第三者に対する関係で保護するのでなければ，権利能力のない社団としての活動は保障されえないこと，②代表者個人名義説が登記実務である以上，真正な登記をすることができたのにあえて個人名義の登記をしていた場合にはあたら

ず，虚偽の外観作出に対する帰責性が存在しないから，94条2項を類推適用しえないこと，③代表者に不動産の所有権を移転せしめて一定の目的に従い財産の管理または処分をなさしむる信託関係（▶信託2条1項）は存在しないから，信託法27条を類推適用しえないことを理由に，権利能力のない社団Aは，Cに対し第三者異議の訴えを提起でき，また，Dに対し不動産の引渡請求をすることができるとしている。判例（★大津地判昭和47・10・16判時696号220頁，東京地判昭和59・1・19判時1125号129頁）も，通説と同様の見解に立つものがある。

　しかし，2002（平成14）年に中間法人法が，2008（平成20）年に一般法人法が施行されたことから，近時，社団が所有する不動産を安全に管理したければ一般社団法人を設立してその名義の登記にすることも可能であるという状況下で，第三者の利益を犠牲にして権利能力のない社団を保護するのは不当であるとして，こうした通説を批判する見解もある。とりわけ，2008年の一般法人法の施行に伴い，非営利法人は一定の組織を備え登記することにより法人格を取得できることになり，一般社団法人においては設立時の財産保有規制は存在しないことから，非営利法人の法人格取得がいっそう容易になった状況下においては，第三者の利益を犠牲にするのは許されないと考える。このケースに関し，善意無重過失の第三者を保護する見解（信託法27条の類推適用〔★東京地判昭和35・4・21法曹新聞152号18頁〈06改正前信託31条の事案〉〕）や，善意無過失の第三者を保護する見解（▶94条2項またはこれと110条との類推適用）が有力に主張されている。Bの債権者Cが差し押さえた場合には，権利能力のない社団Aの帰責性を認めることはできないから，AはCに第三者異議の訴えを提起できると考えるが，Bが自己の不動産と称してDに売買した場合には，背任行為を行う代表者を選んだ点でAの帰責性を肯定できる（登記を，数人の共有名義にしたり，法人格を取得し法人名義にすることで防止できる）から，94条2項と110条を類推適用して善意無過失のDを保護すべきと考える。

Case 3-2　権利能力のない社団Aの代表者Bが社団の名においてした取引上の債務に関し，社団の構成員Cらは取引の相手方Dに対し直接個人的債務を負うか。

　(g)　構成員の責任　　判例・通説は，権利能力のない社団の債務が社団の構

成員全員に1個の義務として**総有**的に帰属し，社団の総有財産だけがその責任財産となり，CらはDに対し直接個人的債務ないし責任を負わないとしている（★最判昭和48・10・9民集27巻9号1129頁：百選Ⅰ-8）。これに対し，近時の学説では，利益配当や脱退に際しての持分の払戻しが認められる営利団体の場合には，Cらの無限責任を認める説や，Cらが有限責任しか負わない場合，Dを保護するため，契約をした代表者Bに社団債務について責任を負わせる説も有力に主張されている。

　（h）　取引行為および不法行為責任　　取引行為により社団として享有しうる権利の範囲，なしうる行為の範囲については，34条が類推適用され，代表機関の権限とその行為の形式については，99条が類推適用され，代表機関の不法行為による社団の損害賠償責任については，一般法人法78条，会社法350条・600条が類推適用される。法人の不法行為責任の場合に理事個人の責任が認められるのと同様に，社団の不法行為に関し代表者も不法行為責任を負うと解してよい。また，社団の不法行為責任に関し，近時の有力説は，営利団体の場合には構成員も無限責任を負うべきと解している。

　（i）　訴訟上の当事者能力　　権利能力のない社団で代表者の定めがあるものは，訴訟上の当事者能力を有する（▶民訴29条）。なお，登記請求権に関しても，権利能力のない社団は，構成員全員に総有的に帰属する不動産について，その所有権の登記名義人に対し，当該社団の代表者の個人名義に所有権移転登記手続をすることを求める訴訟の原告適格を有するとされる（★最判平成26・2・27民集68巻2号192頁）。もっとも，代表者が登記請求権を有するので，代表者も原告になることができる（前掲★最判昭47・6・2）。

　（j）　内部関係　　社団の内部関係に社団法人の規定が類推適用される（通説）。

　（2）　**権利能力のない財団**　　寄附者・管理者の個人財産から分離独立している一定の目的に寄附された基本財産を有し，かつ，その運営のための財団としての組織を有しているにもかかわらず，法人格を取得していないものを**権利能力のない財団**という（★最判昭和44・6・26民集23巻7号1175頁，最判昭和44・11・4民集23巻11号1951頁）。権利能力のない財団の権利・義務の帰属に関しては，

構成員が存在しないため財団自体に帰属すると解されている（前掲★最判昭和44・6・26）。また，判例は財団の債権者に対し財団のみの責任を認め代表者の個人責任を否定しているが（前掲★最判昭和44・11・4），近時の有力説はこれに反対し，代表者の責任を認めるべきと主張している。

(3) **組 合**　組合員相互間の組合契約（▶667条）によって結成される団体に**組合**がある。団体という点では社団に似ているが，組合は構成員の個性が相対的に強く認められしかも構成員間の契約に基づいた人的結合体であるのに対し，社団は社会関係において単一体として存在し構成員が団体の内部に埋没した人的結合体である。したがって，組合が第三者と法律行為を行う場合，組合員全員が共同で行うか，もしくは組合員全員から代理権を与えられた者が組合を代理して行い，法律効果も組合員全員に帰属する。また，組合財産は組合が法人格を有しないから組合員の共同所有（合有）となり，組合の債権・債務も組合員に合有的に帰属するが，組合の債務については組合員も併存的に責任を負うとされる。なお，2005（平成17）年8月1日に有限責任事業組合契約に関する法律が施行され，共同で営利を目的とする事業を営む組合契約で，組合員の責任を出資の価格の限度とする**有限責任事業組合（LLP）**が認められるにいたっている。企業どうしのジョイント・ベンチャーや専門人材の共同事業を振興し創業を促進する効果が期待される。

法人格否認の法理　法律の規定や契約上の義務を回避するため，または債権者を害するために法人形式を濫用した場合（法人格の濫用），あるいは，法人形式の利用者と法人とが実質的・経済的に同一とみられる場合（法人格の形骸化），当該法律関係にかぎって法人格を否認し，その背後にある社会的実体に基づいて法的に取り扱う法理を**法人格否認の法理**という。この法理は，明文はないものの，1条3項の権利濫用の禁止，正義・公平の理念などを根拠として，判例・学説で承認されている。この法理を用いた判例としては，①居室の明渡し・延滞賃料などの債務を負った会社が，賃貸人の履行請求の手続を誤らせ時間と費用を浪費させる手段として，新会社を設立して法人格を濫用した場合に，新会社の法人格を否認した判例（★最判昭和48・10・26民集27巻9号1240頁）や，②株式会社の形式をとっているが実質的には個

人企業に等しい会社が賃借している店舗に関し，家主と代表取締役個人との間で合意解除の和解が成立し，これに基づいて家主が会社に明渡請求を行った場合に，和解の効力は形骸化している会社に及ぶとした判例（★最判昭和44・2・27民集23巻2号511頁）がある。

3 法人の設立

意　義　絶対君主制時代にあっては，団体形成の自由がなく，団体の設立は絶対君主の特許が必要であった。この特許があって初めて，当該団体の形成が許され法人格を取得した（特許主義）。ところが，近代国家になると，各国が基本的人権と所有権の自由を憲法で保障し，団体形成の自由，財団設立の自由を認めるに及んで，君主の特許は否定されるにいたり，法人の設立は，もっぱら取引関係や社会一般の利益になるかという観点から判断されることとなった。

法人設立の諸主義　法人は民法等の法律の規定によってのみ設立できる（法人法定主義〔▶33条1項〕）。法人を認める基準としては，以下の諸主義がある。

（1）**特許主義**　法人を設立するために特別の法律の制定を必要とする主義である。日本放送協会・日本銀行などであり，特殊法人とよばれている。

（2）**許可主義**　法人の設立を許可するか否かを主務官庁の自由裁量にゆだねる主義である。2006年改正前の公益法人がこれに属していた（▶06改正前34条）。また，特別法によって設立される医療法人・社会福祉法人・学校法人は，認可主義に属している。

（3）**認可主義**　法人の設立にあたっては，法律の定める要件を備え主務官庁等の認可を受けることが必要であるとする主義である。主務官庁等に裁量権がなく，認可の要件が充足されているのに認可を与えなかった場合には，違法となる。消費生活協同組合（▶生協57条～59条の2），農業協同組合（▶農協59条～61条），医療法人（▶医療44条・45条），社会福祉法人（▶社福31条・32条），学校法人（▶私学30条・31条）などがこれに属する。

　(4)　**認証主義**　　法人の設立に際し所轄庁の認証（確認行為）を要するとする主義である。「規則の認証」を必要とする宗教法人（▶宗法12条〜14条）や，「設立の認証」を必要とする特定非営利活動法人いわゆる NPO 法人（▶非営利活動10条・12条）がこれに属する。前者は憲法で保障された信教の自由の尊重の見地から，後者は市民活動への国家の過度の干渉を抑止するという政策的見地から，認証主義が採用されている。

　(5)　**準則主義**　　法律の定める一定の組織を備え，一定の手続により登記したときに，法人の設立が認められる主義である。要件の充足は法人登記に際し審査（形式審査）されるが，所轄庁が関与することはなく認証主義より自由度は大きい。一般社団法人・一般財団法人（▶一般法人３条・22条・163条），会社（▶会社３条・49条・579条），労働組合（▶労組11条），弁護士会（▶弁護31条２項・34条・50条）などがこれに属する。

　(6)　**自由設立主義**　　社団または財団が社会に成立すれば法人の設立を認める主義（▶スイス民法52条２項・60条）である。わが国では採用していない。

　(7)　**強制主義**　　団体が国家・社会にとり重大な利害関係がある場合，国家が法人の設立または法人への加入を強制する主義である。弁護士会（▶弁護32条・36条・36条の２・45条・47条），司法書士会（▶司書52条・57条・58条・62条）などがこれに属する。

　(8)　**当然主義**　　法律上当然に法人とされる主義である。地方公共団体（▶自治２条１項），相続人不存在の場合の相続財産（▶951条）などがこれに属する。

4　法人の能力

　序　説　　法人の能力の問題として，①法人はいかなる範囲の権利・義務をもつことができるか（**権利能力**），②法人はいかなる種類の行為を行うことができ，何人がいかなる形式でいかなる行為をしたときに法人の行為となるか（**行為能力**），③法人は何人のいかなる不法行為について損害賠償責任を負担するか（**不法行為能力**）という点が問題となる。こうした法人の能

力の問題は，法人全般にわたって問題となる。34条は，法人一般に適用される根本理論であることから通則的規定として民法に置かれている。また，一般法人法78条も，法人一般に通用する理論であることから，社会福祉法人（▶社福45条の17第3項），労働組合（▶労組12条の6），医療法人（▶医療46条の6の4），学校法人（▶私学29条），税理士会（▶税理士49条の20），司法書士会（▶司書52条4項），政党（▶政党法人格8条），特定非営利活動法人（▶非営利活動8条）などで準用され，また，これと同旨の規定を置くものもある（▶会社350条・600条，なお，会社法350条を準用するものとして，消費生活協同組合〔▶生協30条の9第5項〕がある）。そこで，法人全般にわたって問題となる34条と一般法人法78条に関し，ここで考察することにする。

法人の権利能力

　(1)　**法人の性質に基づく制限**　法人は，その性質上享有することができない権利がある。法人は，自然人と異なり，生命・肉体を有せず性による区別もないことから，性・年齢・親族関係に関する権利・義務（たとえば，親権，婚姻・養子縁組・扶養の権利・義務）などは法人に帰属させることができない。しかし，法人といえども，氏名権，名誉権などの人格権を保有することはできる。判例に，法人の名誉が侵害され金銭評価の可能な無形の損害を被ったと認められるときは，その損害賠償を請求できるとしたものがある（★最判昭和39・1・28民集18巻1号136頁）。

　(2)　**法令による制限**　法人の権利能力は法律の規定により認められるのであるから，その権利能力の範囲についても法令によって制限される。「法人は，法令の規定に従い，……権利を有し，義務を負う」（▶34条）のである。たとえば，法人は他の一般法人の役員（理事・監事）や評議員になることはできないし（▶一般法人65条1項1号・173条1項・177条），法人は株式会社の取締役や監査役になることはできないとされる（▶会社331条1項1号・335条1項）。

　(3)　**法人の目的による制限**　34条の「目的の範囲」は法人の何を制限し，「目的の範囲」外の行為の効力はどうなるか，学説上の争いがある。第1説は，**権利能力・行為能力制限説**で，定款に定められた目的により法人は権利能力・行為能力の制限を受けるとする。その根拠としては，①34条が法人は定款その他の基本約款で定められた「目的の範囲内において，権利を有し，義務を

負う」としていること，②法人はある目的のために組織され活動し社会的作用
を営むものであるから，その権利能力・行為能力もその範囲に制限されるこ
と，③「目的の範囲」外の行為により法人の財政的基礎を損なうことを防止
し，法人が本来の目的のために財産を使用するように図る（公益法人の場合は公
益目的の実現を図り，営利法人・中間法人の場合は構成員の利益を図る）ことがあげ
られる。判例も，法人の権利能力が法人の目的により制限されることを肯定す
る（★最大判昭和45・6・24民集24巻6号625頁）。この立場では，法人の「目的の
範囲」外の行為は絶対的に無効となり，表見代理（▶110条）や追認（▶113条）
により有効とされる余地はないことになる。第2説は，**行為能力制限説**で，法
人は一般的な権利能力を有し（性質上・法令上の制限があるにすぎない），ただ法
人の目的により法人の行為が制限を受けるにすぎないとする説である。しか
し，この説は，理事が「目的の範囲」外の行為を行った場合，第1説と同じく
絶対的に無効となるとする立場と，第3説と同じく無権代表（無権代理）にな
るとして表見代理ないし追認の余地を認める立場とが対立する。第3説は，**代
表権（代理権）制限説**で，法人は一般的な権利能力を有し（性質上・法令上の制
限があるにすぎない），法人の目的は理事が法人を代表（代理）してなしうる行為
の限界（理事の活動およびその結果としての権利義務の帰属の範囲）を定めたもの，
すなわち理事の代表権（代理権）を制限したものとする説である。したがっ
て，理事が「目的の範囲」外の行為を行った場合，無権代表（無権代理）にな
るとして表見代理ないし追認の余地を認める。なお，2006年改正前の43条にお
いては，商法学者を中心に，**内部的義務説**が主張されていた。すなわち，この
説は，営利法人に関し主張され，法人の目的は内部的に業務執行権を制限した
ものにすぎず，対外的には「目的の範囲」外の行為でも有効（もっとも，相手方
が悪意・重過失のときは無効とする）であるとし，「目的の範囲」外の行為を行っ
た代表者は，対内的な責任として損害賠償責任や懲戒の責任が追及されるとし
ていた。しかし，2006（平成18）年に成立した一般法人整備法により，民法に
法人の通則規定のみを置くことになり，旧43条は現34条に移動し，民法の規定
として存続することになったことから，立法論として会社に34条を適用するこ
とを否定すべきと主張することはできても，解釈論として会社に34条を適用す

ることを否定すべきと主張することは困難になったと解される。

| 法人の行為能力 | **(1) 法人の行為能力の有無** 法人の本質論をめぐる法

人擬制説と法人実在説とで，その見解を異にする。法人擬制説は法人の行為能力を否定し，法人実在説は法人の行為能力を肯定する。すなわち，法人擬制説によれば，自然人に擬制された法人にはそれ自体の行為は存在しえず，存在するのは法人の代理人であるところの理事の行為であると

Further Lesson 3-1
►►►►► 営利法人の政治献金

　判例は，営利法人の政治献金に関しては，「目的の範囲」内としている（前掲★最大判昭和45・6・24）。これに対し，非営利法人の政治献金に関しては，労働組合（中間法人）が政治的活動をし「そのための費用を組合基金のうちから支出すること自体は，法的には許されたものというべきである」としてその財産からの政治献金を容認するが，徴収決議に基づき組合員から個別に政治献金のための資金を強制徴収することは協力義務の限界を超え許されないとする（★最判昭和50・11・28民集29巻10号1698頁）。そして，特殊公益法人で強制加入団体である税理士会の政治献金に関しては，税理士会が政党や政治資金団体ならびに資金管理団体に対して政治献金をすることを禁止した条文が政治資金規正法にないにもかかわらず，その政治献金を「目的の範囲」外の行為とする（★最判平成8・3・19民集50巻3号615頁：百選I-6）。ところで，この税理士会最高裁判決は，「政党など規正法上の政治団体に対して金員の寄附をするかどうかは，選挙における投票の自由と表裏を成すものとして，会員各人が市民としての個人的な政治的思想，見解，判断等に基づいて自主的に決定すべき事柄であるというべきである。なぜなら，……これらの団体に金員の寄附をすることは，選挙においてどの政党又はどの候補者を支持するかに密接につながる問題だからである。」とした上で，税理士会の政治献金を「目的の範囲」外の行為と判断している。この判決は，構成員の思想・信条の自由（▼憲19条）が法人の「目的の範囲」を通じて私人間に間接適用される（人権の私人間効力）ことを認めたものと解されるが，判決が指摘する政治献金は投票の自由と表裏の関係にあるから構成員が自主的に決定すべき事柄であるという点を強調するならば，強制加入のみならず任意加入の公益法人，労働組合などの中間法人，会社などの営利法人の政治献金の場合にも，「目的の範囲」外になると解すべきである。営利法人の政治献金を「目的の範囲」内とした最高裁判決は見直すべき時期がきていると思われるが，その後の最高裁で，相互会社（中間法人）および会社（営利法人）の政治献金を「目的の範囲」内とする判決が確定している（★最決平成15・2・27商事1662号117頁以下，最決平成18・11・14商事1783号56頁）。

する（機関や代表の観念は認めない）。法人は，単なる権利・義務の帰属点にすぎず，代理人である理事の代理行為によって権利・義務を取得する。これに対し，法人実在説によれば，法人は1個の社会的な実在であるとすることから，自然人と同じく法人にも，法人の行為が存在することを認める。そして，代表者はあたかも法人の手足のごとき機関とみて，法人の代表機関の行為を法人の行為と扱う。

(2) **法人の行為と機関論**　法人実在説は，法人の行為を肯定するが，現実には自然人の行為が法人の行為とされる。そして，その自然人の行為が法人の行為とされるためには，法人の代表機関としてなされた行為でなければならないとする。もちろん，法人の代表権を有する者（一般社団法人・一般財団法人の場合は代表理事，持分会社の場合は業務執行社員，株式会社の場合は代表取締役）の行為でなければならないが，それがいかなる法形式であれば法人の代表機関の行為とされるかが問題となる。この点に関し，民法は別段の規定を設けていないので，形式・要件・効果は代理の規定に準拠して妨げないとされる。したがって，代表機関の代表行為の形式は，代理行為と同様に法人のためにすることを示して行わなければならない（▶99条）。もっとも，代理の規定に準拠するからといって，法人実在説は代表と代理を同一視するわけではない。代表機関と法人との関係は，代理人のように本人と対立した地位にあるのではなく，はるかに密接なものであり，機関の行為自体を法人の行為とみるのである。

(3) **法人の行為能力の範囲**　(a)「目的の範囲」　通説は，法人の「目的の範囲」により，法人の権利能力・行為能力が制限されるとする。そこで，英米法の **Ultra Vires（能力外）の理論**に従って起草された34条の「目的の範囲」をどのように解するかが問題となる。

もし，権利能力・行為能力制限説の立場において，「目的の範囲」を厳格に解するならば，「目的の範囲」外の行為が絶対的に無効となることから取引の安全を害することになる。そこで，判例は，営利法人に関しては，定款の目的自体に包含されない行為であっても目的遂行に必要な行為は法人の「目的の範囲」に属するものと解し，その目的遂行に必要か否かは，問題となっている行為が，定款記載の目的に現実に必要であるかどうかの基準によるべきではなく

して，定款の記載自体から観察して，客観的に抽象的に必要であるかどうかの基準（**客観的抽象説**）に従って決すべきものと解している。これに対し，非営利法人に関しては，定款の目的自体に包含されない行為であっても目的遂行に必要な行為は法人の「目的の範囲」に属すると解するものの，比較的厳格に「目的の範囲」を解釈し，具体的事情を考慮して判断（**具体的事情説**）しているといえる。公益法人にあっては公益目的の達成，中間法人にあっては構成員の利益保護という後見的保護主義の思想が背後にあるといえよう。そして，「目的の範囲」は，営利法人・公益法人・中間法人の種類に応じて，法人の構成員の利益と第三者の利益を適当に調整するための一般条項的なものとして，巧みに活用されてきたといえる。

　（b）具体例　　（i）営利法人　　営利法人に関する判例を見てみると，会社が他人の債務を引き受ける行為（★大判昭和10・4・13民集14巻523頁），倉庫業・運送業を営む会社が重油を買い入れる行為（★大判昭和13・2・7民集17巻50頁），不動産その他の財産の保存，運用，利殖を目的とした会社の不動産売却（★最判昭和27・2・15民集6巻2号77頁），木工品等の製造・加工・販売を目的とする会社が他人の借地契約上の債務を連帯保証する行為（★最判昭和30・10・28民集9巻11号1748頁），食肉等の販売を目的とする会社が取引先の債務のために抵当権設定等の担保を提供する行為（★最判昭和33・3・28民集12巻4号648頁），鉄鋼の製造・販売・附帯事業を目的とする会社の政治献金（前掲★最大判昭和45・6・24）などが「目的の範囲」内とされるにいたっていて，「目的の範囲」の判断がほとんど機能していないといえる。

　（ii）非営利法人　　非営利法人に関する判例を見てみると，農業協同組合の非組合員への貸付け（★最判昭和33・9・18民集12巻13号2027頁），信用協同組合が法定の除外例にあたらない非組合員から預金を受け入れる行為（★最判昭和35・7・27民集14巻10号1913頁）は，比較的緩やかに解して「目的の範囲」内とする。しかし，信用組合の員外貸付け（★大判昭和8・7・19民集12巻2229頁），信用組合が単に他人の債務を引き受ける行為（★大判昭和16・3・25民集20巻347頁），農業協同組合の理事長が自分が関係している土建業者の人夫賃支払いのために組合を代表してなした資金貸付行為（★最判昭和41・4・26民集20巻4号

849頁），労働金庫の員外貸付け（★最判昭和44・7・4民集23巻8号1347頁：百選 I -80），病院を経営する財団法人が病院の敷地・建物・動産をすべて売却する行為（★最判昭和51・4・23民集30巻3号306頁）などは「目的の範囲」外とされ，比較的厳格に解されている。協同組合等の員外貸付け無効の事例に関しては，国家から税法上・金融上の保護が与えられている協同組合等が，員外貸付けのような一般金融市場へ進出することは国家の政策として禁止されており，こう

Further Lesson 3-2
▶▶▶▶▶ 非営利法人の災害救援資金の寄附

　　近時，非営利法人の災害救援資金の寄附が「目的の範囲」内といえるか問題となった。すなわち，群馬司法書士会が，阪神・淡路大震災の被災者の相談活動等を行う兵庫県司法書士会ないしこれに従事する司法書士への経済的支援を通じて司法書士の業務の円滑な遂行による公的機能の回復に資することを目的として，兵庫県司法書士会に3000万円の復興支援拠出金を拠出する旨（公的支援金），および，会員から復興支援特別負担金を登記申請事件1件あたり50円徴収する旨の決議をした場合が問題とされた。最高裁（★最判平成14・4・25判時1785号31頁）は，次のような判断を示した。すなわち，司法書士会は，「その目的を遂行する上で直接又は間接に必要な範囲で，他の司法書士会との間で業務その他について提携，協力，援助等をすることもその活動範囲に含まれる」とし，その金額も「目的の範囲」を逸脱するものではないとして，本件寄附は司法書士会の権利能力の範囲内にあるとした。また，本件負担金の徴収は，会員の政治的・宗教的立場や思想信条の自由を害するものではなく，本件負担金の額も，会員に社会通念上過大な負担を課するものではないとして，会員の協力義務を肯定した。なお，金額が相当な範囲を超えるとして「目的の範囲外」とする反対意見がある。この事案は，特殊公益法人で強制加入団体である司法書士会の寄附の事案であったことから，一審判決は，税理士会最高裁判決（前掲★最判平成8・3・19）の論法を用いて，災害救援資金の寄附は「各人が自己の良心に基づいて自主的に決定すべき事柄であり，他から強制される性質のものではない」と解して「目的の範囲」外とする判決を言い渡していた（これを支持する見解として，内田貴『民法 I 総則・物権総論第2版』238頁など）。しかし，構成員の思想信条の自由を侵害する政治献金とこれを侵害しない災害救援資金の寄附とは質的に異なるというべく，「目的の範囲」を厳格に考える非営利法人であったとしても，災害救援資金の寄附は司法書士会の「目的の範囲」内と解すべきである。この訴訟は，法人の社会的責任という問題を提起する重要な訴訟で，公的支援金に関するものではあるが「目的の範囲内」とされた意義は大きいといえよう。

した政策が34条の「目的の範囲」を通じ実現されていると評価できよう。

法人の不法行為能力　**(1) 序 説**　一般法人法78条は，「一般社団法人は，代表理事その他の代表者がその職務を行うについて第三者に加えた損害を賠償する責任を負う。」と定めている（なお，同様の規定を置くものとして，会社350条・600条参照）。法人擬制説によれば，法人は法律によって擬制された権利の主体とみるから，法人に不法行為能力は認められず，本条は被用者の行為についての使用者責任と同じく他人の行為による責任を政策的に認めた創設規定と解することになる。そして，法人は「代表理事その他の代表者」の行為によって自己の活動を広げ，利益を得ているのであるから，その過程で生じた不法行為については責任を負うべきであるとする報償責任の原理に基づき，他人の行為による責任が認められたとする。これに対し，法人実在説によれば，代表機関の行為＝法人の行為となり，法人自ら不法行為をなすことができるので，本条は法人の不法行為能力を認めた当然の規定（注意規定）と解することになる。

　(2) 法人の不法行為の要件　**(a) 法人の「代表理事その他の代表者」の行為であること**　「代表理事その他の代表者」とは，「代表機関」の意味である。代表機関は，理事（▶一般法人77条１項），一時代表理事の職務を行うべき者（▶同79条２項），理事の職務を代行する者（▶同80条１項），清算人（▶同214条）である。代表権なき理事，監事（▶同99条），社員総会（▶同35条），支配人・使用人（▶会社10条以下）などは代表機関に含まれない。被用者が第三者に加害行為をしたときは，使用者責任（▶715条）が法人に認められる。

　(b) 「職務を行うについて」第三者に損害を加えたこと　**「職務を行うについて」**は，職務を「行うために」と職務を「行うに際し」との中間にある観念であるが，その意義が問題となる。判例は，715条１項の成立要件である「事業の執行について」の解釈において**外形標準説**を採用した判決（★大連判大正15・10・13民集５巻785頁）以来，2006年改正前44条１項（▶一般法人78条）の「職務を行うについて」の解釈についても外形標準説を採用してきた。すなわち，職務行為でなくても職務行為と適当な牽連関係に立ち，外形上法人の目的を達成するために行われると認められるような行為も含むとされる。そして，

当該行為の外見上代表者の職務行為とみられる行為であればたり，その行為が法人の有効または適法な行為であることを要しないとされる（★最判昭和37・9・7民集16巻9号1888頁）。もっとも，外形上職務行為に属する行為について，当該行為がその職務行為に属さないことを相手方が知りまたはこれを知らないことにつき重大な過失のあるときは，法人は不法行為責任を負わないとしていて，相手方の悪意・重過失を，過失相殺事由でなく，法人の不法行為責任の成立自体を否定する一事由として斟酌している（★最判昭和50・7・14民集29巻6号1012頁）。判例は，外形標準説を**取引的不法行為**（たとえば，村長が村議会の議決が必要であるにもかかわらず，勝手に約束手形の振出をした場合）のみならず**事実的不法行為**（たとえば，理事が勤務中に私用で会社の車を運転して人をひいた場合）にも及ぼしているが，学説からは，外形標準説は，取引の相手方の信頼を保護し取引の安全を確保するためのものであるから，取引的不法行為にのみ用いるべきで事実的不法行為にまで用いるべきではないとの批判がある。そして，事実的不法行為の場合には，「理事の職務行為と適当な関連がある行為によって損害が生じたか否か（関連性判断）」で判断する説などが主張されている。

　(c)　「代表理事その他の代表者」の行為が一般的不法行為の要件を具備すること　　具体的には，①その行為者に故意または過失があること，②その行為が違法性を有すること，③被害者に損害が発生すること，④違法な行為と損害との間に因果関係があること（▶709条）が必要である。

> **▓ Case 3-3**　一般社団法人Ａの代表理事Ｂが権限を逸脱して不正な取引行為をした場合，取引の相手方ＣはＡ法人に対し，110条と一般法人法78条のいずれの責任を追及すべきか。

　(3)　**代表者の越権行為と法人の責任**（110条と一般法人法78条との関係）　　この問題を考えるに際し，両責任の差異を整理しておく必要がある。すなわち，①一般法人法78条は「代表理事その他の代表者」の行為に限られるのに対し，110条は基本代理権を有している者の行為であれば足りる。②110条は「本人のためにすることを示して」（▶99条1項）行うこと（顕名）が必要であるのに対

し，一般法人法78条は顕名が必要でない。③被害者の主観的事情に関し，一般法人法78条は代表機関の職務行為に属さないことにつき善意無重過失であることが必要であるのに対し，110条は代理権の不存在につき善意無過失であることが必要である（軽過失の場合に，110条は成立しないが，一般法人法78条は成立しうる）。④被害者が直接の相手方でない場合，判例は110条の「第三者」を無権代理行為の直接の相手方に限っているため（★最判昭和36・12・12民集15巻11号2756頁），取引行為の直接の相手方以外は110条を追及できないが，一般法人法78条の場合には，取引行為の直接の相手方でなくても「第三者」に該当し追及しうる。⑤一般法人法78条の場合には，取引行為のみならず事実行為へも適用が認められるのに対し，110条はその適用が取引行為に限られる。⑥一般法人法78条の効果は，損害賠償請求であるのに対し，110条の効果は履行請求である。⑦一般法人法78条は過失相殺の適用があるので（▶722条2項）中間的な解決ができて柔軟性があるのに対し，110条は過失相殺の適用がなく，all or nothingの解決となる。⑧一般法人法78条は損害および加害者を知った時から3年または不法行為の時から20年の消滅時効にかかる（▶724条）のに対し，110条は債権者が権利を行使することができることを知った時から5年，または権利を行使することができる時から10年の消滅時効にかかる（▶166条1項）とされている。

　こうした110条と一般法人法78条の適用に関し，①法人の代表機関の越権行為が法律行為による場合には，取引法の原則に基づいて，110条のみが適用されるべきであるとする説（110条適用説），②110条と一般法人法78条の適用要件はほとんど差異がなく（いずれも行為の外形によって判断し，かつ相手方が代表者の不正な意思を知っているときには要件は満たされない），いずれを適用してもよいが，不正な行為が法律行為である場合には，取引の安全を保護するために取引行為としての維持に努めるべきであるから，まず110条の適用を考慮し，その適用要件が否定された場合に一般法人法78条を適用すべきとする説（110条優先適用説），③法人の取引行為については，110条，一般法人法78条のいずれを適用してもよいとする説（重畳適用説）がある。判例は，2006年改正前44条1項（▶一般法人78条）を適用したもの（市長が自己の負債の弁済資金を得るため市議会の

議決を経ないで市長名義の約束手形を振り出した事案〔★最判昭和41・6・21民集20巻5号1052頁〕）と，110条を適用したもの（条例により町長に一定の価格以下の町有不動産を売却する権限を認めている場合に，その制限を超える町有不動産の売却がなされた事案〔★最判昭和39・7・7民集18巻6号1016頁〕）とがあり，重畳適用説に立つと解される。

(4)　**理事個人の責任**　　理事個人の責任に関しては，法人擬制説に立つならば，理事の不法行為を政策的に法人にも責任を負わしめたと解するから，理事個人が責任を負う（▶709条）のは理論上当然のこととなる。これに対し，法人実在説に立つならば，理論上代表機関である理事の行為は法人の行為となり，理事個人の不法行為責任は生じないようにも思われる。しかし，①機関の行為は，法人の機関としての行為と個人の行為との二面性を有し，後者の行為によって理事個人の責任を肯定しうること，②法人のみならず理事個人の責任も認める方が被害者保護に資すること，③理事個人の責任を追及すれば理事の不法行為の抑止力となることに鑑み，法人実在説の立場からも理事個人の不法行為責任が肯定されている（▶709条）。判例も，代表者個人の責任の追及を肯定し，法人および代表者個人の責任は（不真正）連帯債務の関係に立つとしている（★大判昭和7・5・27民集11巻1069頁〔株式会社の事例〕）。また，法人が損害を賠償した場合には，法人は理事個人に対して求償権を有することになる。

(5)　**企業責任論**　　企業組織が発達し，大規模な企業活動に伴う不法行為がなされるに及んで，代表者個人や従業員の過失を媒介として企業責任を論じるのでなく，直截に組織体としての企業自体を不法行為者として捉えて企業責任を論じていく見解が有力となっている。代表者や従業員を特定しその者の過失を立証するのが困難な場合に有益な議論で，公害事件で多く主張されてきた。下級審ではあるが熊本水俣病事件でこの見解が採用されている（★熊本地判昭和48・3・20判時696号15頁）。もっとも，多数の判例は，こうした見解に消極的である（たとえば，★東京高判昭和63・3・11判時1271号3頁，大阪地判平成11・3・29判時1688号3頁など）。

5　一般法人法

序　説　この法律は，**一般社団法人**および**一般財団法人**（以下，「一般社団法人等」という）の設立，組織，運営および管理について定めている。一般社団法人等は，その事業の公益性の有無にかかわらず，その主たる事務所の所在地において設立の登記をすることによって成立し（▶一般法人22条・163条），その法人格を取得する（▶同3条）。一般社団法人等は，定款の定めにより社員または設立者に剰余金または残余財産の分配を行うことはできないし，剰余金の分配を，社員総会で社員に，評議員会で設立者に行う旨の決議をすることはできない（▶同11条2項・35条3項・153条3項2号）。ただし，一般社団法人等は，残余財産の帰属に関し，社員総会の決議で社員に，評議員会の決議で設立者に分配することは認められている。また，一般社団法人等が行いうる事業については制限する規定はなく，収益事業を行うことも可能である。

一般社団法人　**(1)　設　立**　一般社団法人を設立するには，その社員になろうとする者（設立時社員）が共同して一般社団法人の根本規則である**定款**を作成し，公証人の認証を受けなければならない（▶一般法人10条・13条）。定款作成による一般社団法人の設立行為は，2人以上の設立者が合同して法人設立という目的のために協力する行為であり，相互の間に債権債務を発生させることを目的とする行為でないから，合同行為と解されている。また，一般社団法人の設立行為は，定款という書面の作成が必要な要式行為である。なお，定款の公証人による認証は，会社設立時の定款認証と同じく実質審査を受けるものではない。

　定款で設立時理事等を定めなかったときは，定款の認証後，設立時理事等を選任し（▶同15条），設立時理事等は，選任後遅滞なく，一般社団法人の設立の手続が法令または定款に違反していないことを調査しなければならない（▶同20条1項）。こうした調査が終了した日または設立時社員が定めた日のいずれか遅い日から2週間以内に，主たる事務所の所在地において設立の登記を行い（▶同301条1項），これにより一般社団法人は成立する（▶同22条）。したがっ

て，設立の登記は法人の成立要件である。

　なお，有限責任中間法人は設立に最低300万円の財産保有規制があったが（▶中間法人12条），一般社団法人は設立時の財産保有規制が設けられていない。

　(2)　**定　款**　　定款には，以下の事項を必ず記載しなければならない（これを**必要的記載事項**という）。すなわち，①目的，②名称，③主たる事務所の所在地，④設立時社員の氏名または名称および住所，⑤社員の資格の得喪に関する規定，⑥公告方法，⑦事業年度である（▶一般法人11条１項）。この中の１つを欠いても定款は無効である。従来，社団法人は，資産に関する規定を定款の必要的記載事項としていたが（▶06改正前37条４号），一般社団法人においては，何ら資金を拠出しなくても設立できるため，資産に関する規定は必要的記載事項とされていない。また，このほかの事項（たとえば，社員総会招集の手続，理事の職務権限など）も法律に違反しないものであれば，定款に記載することができる（▶一般法人12条）。これを**任意的記載事項**といい，定款に記載されれば必要的記載事項と効力に差はなく，その変更は定款変更の手続による。なお，社員に剰余金または残余財産の分配を受ける権利を与える旨の定款の定めは，効力を有しないとされる（▶同11条２項）。

　(3)　**社　員**　　社員の資格は定款で定めることができ，法律上の制限はない。法人が社員になることも可能である。定款に別段の定めがないかぎり，社員は各１個の議決権を有する（▶一般法人48条１項）。社員は，定款で定めるところにより一般社団法人に対し経費を支払う義務を負うが（▶同27条），基金を拠出する義務は負わず，また一般社団法人の債権者に対しても責任を負わない（有限責任）。社員は，理事の法令・定款違反の行為等についてその差止めを請求できたり（▶同88条），社員総会等の決議取消しの訴えを提起できたり（▶同266条），また，役員等の責任を追及する訴え（代表訴訟）を一般社団法人に提起するよう請求できたり（▶同278条），一般社団法人の計算書類等の閲覧を請求できたりする（▶同129条３項）。一般社団法人は，社員の氏名または名称および住所を記載した社員名簿を作成し，主たる事務所に備え置かなければならない（▶同31条・32条１項）。なお，設立時社員の氏名または名称および住所は，定款に署名する者を明らかにするため定款記載事項とされているが，法人成立

後に社員の変動があっても，定款変更は要せず，社員名簿を変更すればよい。

　(4)　**機　関**　(a)　機関の設置　　一般社団法人は，社員総会と理事が必要
的機関であり，定款で定めることにより，理事会，監事，会計監査人を任意に
設置することもできる（▶一般法人60条2項）。もっとも，理事会設置一般社団
法人および会計監査人設置一般社団法人では，監事も必要的機関である（▶同
61条）。規模の小さな一般社団法人では，社員総会に権限をもたせ，規模の大
きな一般社団法人では理事会に権限をもたせている。

　(b)　役員等の選任・任期・権限・責任　　理事，監事，会計監査人（以下「役
員等」という）は，社員総会の決議により，選任され，また，解任される（▶同
63条1項・70条1項）。なお，会計監査人に職務違反等があれば，監事が解任す
ることができる（▶同71条）。任期は，理事が2年（定款または社員総会の決議で
短縮可能），監事が4年（定款で2年まで短縮可能），会計監査人が1年で（▶同66
条・67条・69条），再任は妨げない。理事は，一般社団法人に1人または2人以
上置かなければならず，理事会設置一般社団法人においては3人以上置かなけ
ればならない（▶同60条1項・65条3項）。そして，理事は，内部に対しては法
人の業務を執行し，外部に対しては法人を代表するが，理事が2人以上ある場
合には，法人の業務は定款に別段の定めがないかぎり理事の過半数で決する一
方，法人の代表は各理事が行い，代表理事を定めた場合にはその代表理事が法
人を代表する（▶同76条1項・2項，77条1～3項）。代表理事は，一般社団法人
の業務に関する一切の裁判上または裁判外の行為をする権限を有する（▶同77
条4項）。また，理事会設置一般社団法人の場合には，各理事には業務執行権
限はなく，代表理事および理事会の決議で業務執行権限を与えられた理事のみ
が業務執行権限を有する（▶同91条1項）。

　代表理事の**代表権に制限**を加えても，代表権に加えた制限は善意の第三者に
対抗することができない（▶同77条5項）。代表権の制限の例として，他の理事
と協議しなければ組合を代表して借入れができない旨の定款による制限（★大
判大正9・10・21民録26輯1561頁）がある。ここで「善意」とは，代表理事の代
表権に制限が加えられていることを知らないことをいい，その主張・立証責任
は第三者にある。もっとも，相手方が代表理事の代表権に制限を加える定款の

規定を知っていた場合であっても，110条により保護される可能性はある。判例に，漁業協同組合の理事が定款の定めに反して理事会の決議を経ないで組合所有の不動産を他に売却した場合に関し，相手方が定款の規定の存在について善意であるとはいえなくても，相手方において，理事が前記不動産の売却行為につき理事会の決議を経て適法に組合を代表する権限を有するものと信じ，かつ，そのように信じるにつき正当の理由があるときは，110条の類推適用により組合はその行為の責任を負うとしたものがある（★最判昭和60・11・29民集39巻7号1760頁：百選Ⅰ-30〔正当の理由を否定〕）。また，一般社団法人が代表理事以外の理事に理事長その他一般社団法人を代表する権限を有するものと認められる名称を付した場合には，当該**表見代表理事**がした行為について一般社団法人は，善意の第三者に対しその責任を負うものとしている（▶同82条）。

　なお，理事が代表権の範囲に属する行為を自己または第三者の利益を図るために行った場合（代表権濫用），判例は，93条を類推適用してきたが，2017年改正で，相手方が理事の目的を知っているかまたは知ることができたときに無権代理とみなしている（▶107条。➡220頁以下参照）。

　監事は，理事の職務の執行を監査し，計算書類および事業報告ならびにこれらの附属明細書を監査するのに対し，会計監査人は，計算書類およびその附属明細書を監査して会計監査報告を作成し，理事の不正や法令・定款違反を発見したときは監事に報告する（▶同99条・107条・108条・124条）。また，監事は，理事の法令・定款違反の行為等についてその差止めを請求したり（▶同103条），社員総会等の決議取消しの訴えを提起できる（▶同266条）。なお，監事は，一般社団法人またはその子法人の理事または使用人を兼ねることができない（▶同65条2項）。

　役員等がその職務を行うについて悪意または重大な過失があったときは，当該役員等はこれによって第三者に生じた損害を賠償する責任を負う（▶同117条1項）。また，役員等は一般社団法人と委任関係に立ち（▶同64条），民法644条により善管注意義務を負う。そのため法令・定款・社員総会の決議を遵守し，一般社団法人のため忠実にその職務を行わなければならないが（▶一般法人83条），役員等がその任務を怠ったときは，一般社団法人に対し，当該役員等は

これによって生じた損害を賠償する責任を負う（▶同111条1項，責任の免除・軽減につき同112条以下）。忠実義務を具体化したものとして，理事が競業取引または利益相反取引をしようとするときは，理事会非設置一般社団法人であれば社員総会の承認が，理事会設置一般社団法人であれば理事会の承認が必要であり（▶同84条・92条），こうした承認なしに理事がこれらの行為を行った場合には，当該理事は法人に対して任務違反の損害賠償責任を負うことになる（▶同111条1項）。また，こうした承認なしに行われた利益相反行為は無効とされる（▶同108条参照）。なお，役員等が一般社団法人または第三者に生じた損害を賠償する責任を負う場合において，他の役員等も当該損害を賠償する責任を負うときは，連帯債務とされる（▶同118条）。

　(c)　理事会非設置一般社団法人　　社員総会は，この法律に規定する事項および一般社団法人の組織，運営，管理その他法人に関する一切の事項について決議をすることができる（▶同35条1項）。

　(d)　理事会設置一般社団法人　　社員総会は，法人の合理的運営という見地から，この法律に規定する事項および定款で定めた事項にかぎり決議をすることができる（▶同35条2項）。理事会は，法人の業務執行の決定，理事の職務の執行の監督，代表理事の選定および解職を行う（▶同90条2項）。とりわけ，理事会は，①重要な財産の処分および譲受け，②多額の借財，③重要な使用人の選任および解任，④重要な組織の設置・変更・廃止，⑤理事の職務の執行が法令および定款に適合することを確保するための体制の整備，⑥役員の責任免除について，理事に委任することができず，大規模一般社団法人では，理事会は⑤の事項を決定しなければならない（▶同90条4項・5項）。なお，法律が要求する理事会の決議を欠く代表理事の行為の効力について，法律による代表権の制限なので一般法人法77条5項は適用されず，権限外の行為として無効となるが，理事会の決議を経ていると相手方が信じた場合には，110条の類推適用により有効となる余地があると解する。

　(5)　計　算　　一般社団法人は，会計帳簿，および，計算書類・事業報告ならびにこれらの附属明細書を作成・保存しなければならず，貸借対照表等を公告しなければならない（▶一般法人120条・123条・128条）。理事は，計算書類（貸

借対照表および損益計算書を指す）と事業報告を定時社員総会に提出し，計算書類についてはその承認を受けなければならない（▶同126条）。

(6)　基　金　一般社団法人は，定款で定めるところにより，**基金制度**（一般社団法人に拠出された金銭その他の財産であって，当該一般社団法人が拠出者に対して，一般法人法および当事者の合意に従い返還義務を負う制度）を設けることができる（▶一般法人131条）。この制度は，資金調達および財産的基礎の維持を図る制度で，株式会社の資本制度に代わるものである。一般社団法人は，一般法人法に従い，基金を募集するに際し，募集事項を定めて，基金の引受の申込みをしようとする者に対し通知をし，申込者の中から基金の割当てを受ける者および割り当てる基金の額を定め，基金の引受人に基金の拠出を履行させる（▶同132条以下）。基金の返還は，定時社員総会の決議により行われ，純資産額が基金の総額等を超える場合にその超過額を限度として行うことができる（▶同141条1項・2項）。そして，基金を返還する場合，利息を付すことはできないし，また，返還をする基金に相当する金額を代替基金として計上しなければならず，この代替基金は取り崩せない（▶同143条・144条）。破産時には，基金の返還にかかる債権は，劣後的破産債権及び約定劣後破産債権に後れる（▶同145条）。また，清算時，他の債権者への弁済が行われた後でなければ，基金の返還を行うことはできない（▶同236条）。

(7)　解　散　一般社団法人は，①定款で定めた存続期間の満了，②定款で定めた解散事由の発生，③社員総会の決議，④社員が欠けたこと，⑤合併（合併により当該一般社団法人が消滅する場合），⑥破産手続開始の決定，⑦解散を命ずる裁判により解散する（▶一般法人148条）。

(8)　大規模一般社団法人　貸借対照表の負債の部に計上した額の合計額が200億円以上の一般社団法人を**大規模一般社団法人**という（▶一般法人2条2号）。大規模一般社団法人は，監事の設置が義務づけられ，会計監査人の設置も義務づけられる（▶同15条2項・61条・62条）。また，大規模一般社団法人は，理事の職務の執行が法令および定款に適合することを確保するための体制の整備も義務づけられる（▶同76条4項・90条5項）。

一般財団法人

(1) **設 立** 一般財団法人を設立するには，設立者が財団法人の根本規則である**定款**を作成し，公証人の認証を受けなければならない（▶一般法人152条・155条）。また，設立は，遺言によっても行うことができ，この場合に定款作成は遺言執行者が行う（▶同152条2項）。

設立者は，合計300万円以上の財産の拠出が必要とされ（▶同153条2項），事業年度2期連続して純資産額が300万円未満となることは解散事由とされているから（▶同202条2項），純資産が300万円以上であることは存続要件でもある。目的財産の拠出は一種の財産処分行為であり，拠出者（設立者ないし遺言執行者）が単独でなしうるから，一般財団法人の設立行為は相手方なき単独行為である。また，一般財団法人の設立行為は，定款という書面の作成が必要であるので要式行為であり，財産の拠出が現実に必要な要物行為である。また，一般財団法人の設立は無償で財産を拠出する行為を含んでいるから，生前処分の財産の拠出の場合は贈与の規定が，遺言による財産の拠出の場合は遺贈の規定が準用される（▶同158条）。さらに，設立者またはその相続人は，一般財団法人の成立後は，財産の拠出に関し，錯誤取消し（▶95条）や詐欺・強迫による取消し（▶96条）を主張することができないとされる（▶一般法人165条）。

定款で設立時理事等を定めなかったときは，定款の認証後，設立時理事等を選任し（▶同159条），設立時理事等は，選任後遅滞なく，財産の拠出の履行が完了していることと一般財団法人の設立の手続が法令または定款に違反していないことを，調査しなければならない（▶同161条1項）。こうした調査が終了した日または設立者が定めた日のいずれか遅い日から2週間以内に，主たる事務所の所在地において設立の登記を行い（▶同302条1項），これにより一般財団法人は成立する（▶同163条）。

(2) **定 款** 定款には，以下の事項を必ず記載しなければならない（これを**必要的記載事項**という）。すなわち，①目的，②名称，③主たる事務所の所在地，④設立者の氏名または名称および住所，⑤設立に際して設立者が拠出をする財産およびその価額，⑥設立時評議員，設立時理事，設立時監事（および設立時会計監査人）の選任に関する事項，⑦評議員の選任および解任の方法，⑧公告方法，⑨事業年度である（▶一般法人153条1項）。この中の1つを欠いても

定款は無効である。なお，理事または理事会が評議員を選任または解任する旨の定款の定めや，設立者に剰余金または残余財産の分配を受ける権利を与える旨の定款の定めは，効力を有しないとされる（▶同153条3項）。一般財団法人の定款の場合も，**任意的記載事項**を記載することが，一般社団法人の定款の場合と同様に可能である（▶同154条）。また，定款の変更は，評議員会の特別多数決の決議により行うが，設立者が原始定款に定めた「目的」および「評議員の選任および解任の方法」は，原則として変更することはできないとされる（▶同189条2項3号・200条）。

　(3)　**機　関**　(a)　機関の設置　一般財団法人は，評議員，評議員会，理事，理事会，監事が必要的機関であり，定款で定めることにより，会計監査人を設置することもできる（▶一般法人170条）。

　(b)　評議員等の選任・任期・権限・責任　評議員は，定款で定めた方法（理事・理事会が選任することはできない）により3人以上選任される（▶同153条1項8号・3項1号・173条3項）。評議員の任期は，4年を原則とするが，定款により6年まで伸長でき（▶同174条1項），再任も妨げない。なお，評議員は，一般財団法人またはその子法人の理事，監事または使用人を兼ねることができない（▶同173条2項）。評議員会は，すべての評議員で組織され，一般法人法に規定する事項および定款で定めた事項にかぎり，決議をすることができるが，同法により評議員会の決議を必要とする事項について，理事・理事会その他の評議員会以外の機関が決定できる旨の定款の定めは効力を有しないとされる（▶同178条）。評議員および評議員会は一般社団法人における社員および社員総会に代替する機関であって，評議員会は一般財団法人の基本的な事項を決定する意思決定機関であり，業務執行機関を監督する機関である。理事，監事，会計監査人は，評議員会の決議により選任する（▶同177条・63条1項）。また，評議員会は，これらの機関に職務違反等があるときは，解任することができる（▶同176条）。

　理事は3人以上であり，任期は原則として2年である（▶同177条・65条3項・66条）。理事会は，すべての理事で組織し，業務執行の決定・理事の職務の執行の監督・代表理事の選定および解職を行う（▶同197条・90条1項・2項）。

そして，代表理事または理事会の決議により業務を執行する理事として選定された者が一般財団法人の業務を執行し，代表理事が一般財団法人の業務に関する一切の裁判上または裁判外の行為をする権限を有する（▶同197条・91条1項・77条4項）。また，一般財団法人が，代表理事の**代表権の制限**に関し善意の第三者に対抗できない点，および，**表見代表理事**の行為に関し善意の第三者に責任を負う点は，一般社団法人の場合と同様である（▶同197条・77条5項・82条）。

監事は，理事の職務の執行，計算書類・事業報告・附属明細書を監査する機関であり（▶同197条・99条1項・199条・124条），任期は原則4年である（▶同177条・67条1項）。なお，監事は，一般財団法人またはその子法人の理事・使用人を兼ねることができない（▶同177条・65条2項）。会計監査人は，計算書類とその附属明細書を監査して会計監査報告を作成し（▶同197条・107条1項），その任期は1年である（▶同177条・69条1項）。

役員等と一般財団法人との関係，役員等の一般財団法人に対する損害賠償責任，役員等の第三者に対する損害賠償責任は，一般社団法人の場合と同様である（▶同172条1項・198条・111条1項・117条1項）。また，理事が競業取引または利益相反取引をしようとするときは，理事会の承認が必要である（▶同197条・84条）。

(4)　**計　算**　　一般財団法人の計算については，一般社団法人の規定が準用される（▶一般法人199条）。

(5)　**解　散**　　一般財団法人は，①定款で定めた存続期間の満了，②定款で定めた解散事由の発生，③法人の目的である事業の成功の不能，④合併（合併により当該一般財団法人が消滅する場合），⑤破産手続開始の決定，⑥解散を命ずる裁判，⑦事業年度2期連続して純資産が300万円未満となることにより解散する（▶一般法人202条）。

(6)　**大規模一般財団法人**　　貸借対照表の負債の部に計上した額の合計額が200億円以上の一般財団法人を**大規模一般財団法人**という（▶一般法人2条3号）。大規模一般財団法人は，会計監査人の設置が義務づけられる（▶同171条）。また，大規模一般財団法人は，理事の職務の執行が法令および定款に適合することを確保するための体制の整備も義務づけられる（▶同197条・90条5項・同条4項5号）。

6　公益法人法

| 序　説 |

一般社団法人および一般財団法人の中から行政庁の公益認定を受けることにより**公益社団法人**および**公益財団法人**になることが認められるが，公益法人法は，こうした手続，公益法人の事業活動，監督などについて定めた法律である。公益法人法に基づいて公益法人であると認定されれば，公益目的事業を実施しなければならず，公益目的事業財産について公益目的を行うために使用等をしなければならない。そして，公益法人は，計算書類等を一般人の閲覧に供することや監督官庁（内閣総理大臣または都道府県知事）に提出する義務を負担し，また，監督官庁による監督を受けることになる。

| 総　則 |

(1) 公益目的事業　公益目的事業とは，「学術，技芸，慈善その他の公益に関する別表各号に掲げる種類の事業であって，不特定かつ多数の者の利益の増進に寄与するもの」をいう（▶公益法人2条4号，➡82頁の**図表3−1**参照）。

(2) 行政庁　特定の一般社団法人および一般財団法人について，独立した民間有識者の「公益認定等委員会」（▶公益法人32条1項）または「都道府県に置かれる合議制の機関」（▶公益法人50条1項）の意見に基づき，公益性を有する法人の認定（以下「**公益認定**」という）およびその後の監督を行う行政機関（以下「行政庁」という）は，内閣総理大臣または都道府県知事である（▶公益法人3条）。2以上の都道府県の区域内で，事務所を設置していたりあるいは公益目的事業を行う旨を定款で定めている場合，または，国の事務・事業と密接な関連を有する公益目的事業を行う場合は，内閣総理大臣が行政庁となり，それ以外の場合は，都道府県知事が行政庁となる。

| 公益法人の認定 |

(1) 総　説　公益目的事業を行う一般社団法人または一般財団法人は，行政庁による公益認定（許可や認可と異なる）を受けることができる（▶公益法人4条）。行政庁は，公益認定の申請をした一般社団法人・一般財団法人が公益認定の定める基準に適合し，かつ，法

定の欠格事由が存在しなければ，公益認定をすることになる（▶公益法人5条・6条）。こうして公益認定を受けた一般社団法人または一般財団法人は，公益社団法人または公益財団法人の名称を用いなければならない（▶公益法人9条3項）。また，公益社団法人・公益財団法人になると，公益法人ならびにこれに対する寄附を行う個人および法人に関する所得課税に関し，税制上の優遇措置がとられることになる（▶公益法人58条）。

公益認定の基準に関し，以下の(2)～(5)の基準の充足が必要とされる。

(2) **法人の目的および事業に関する基準** ①公益目的事業を行うことを主たる目的とすること，②公益目的事業を行うのに必要な経理的基礎および技術的能力を有するものであること，③当該法人の関係者に対し特別の利益を与えないものであること，④営利事業を営む者等に対し特別の利益を与える行為を行わないものであること，⑤投機的な取引・高利の融資その他の事業で公益法人の社会的信用を維持する上でふさわしくない事業，または，公序良俗を害するおそれのある事業を行わないものであること，⑥当該公益目的事業にかかる収入がその実施に要する適正な費用を償う額を超えないと見込まれるものであること，⑦公益目的事業以外の収益事業等を行う場合，それを行うことにより公益目的事業の実施に支障を及ぼすおそれがないものであることが必要である（▶公益法人5条1～7号）。

(3) **法人の財務に関する基準** ①公益目的事業比率が100分の50以上となると見込まれること，②遊休財産額が一定の制限額を超えないと見込まれるものであることが必要である（▶公益法人5条8号・9号・15条・16条）。

(4) **法人の機関に関する基準** ①理事または監事について一定の親族関係等にある者の合計数がその総数の3分の1を超えないものであること，②理事または監事について他の同一の団体（公益法人等を除く）の関係者である者の合計数がその総数の3分の1を超えないものであること，③収益の額，費用および損失の額等が一定の基準に達しない場合を除き，会計監査人を置いているものであること，④理事，監事および評議員に対する報酬等について，不当に高額なものとならないような支給の基準を定めているものであること，⑤一般社団法人の場合は，（イ）社員の資格の得喪に関し不当に差別的な取扱いをする

条件等の不当な条件を付していないこと，（ロ）社員の議決権に関して，不当
に差別的な取扱いをしないものであり，かつ，社員が法人に対して提供した財
産の価額に応じて異なる取扱いを行わないものであること，（ハ）理事会を置
いているものであることが必要である（▶公益法人 5 条10〜14号）。

　(5)　**法人の財産に関する基準**　　①他の団体の意思決定に関与することがで
きる株式等の財産を保有していないものであること，②公益目的事業を行うた
めに不可欠な特定の財産がある場合，その旨ならびにその維持および処分の制
限について必要な事項を定款で定めているものであること，③公益認定の取消
しの処分を受けた場合や合併（権利義務を承継する法人が公益法人であるときを除
く）により法人が消滅する場合に，公益目的取得財産残額に相当する額の財産
を，類似の事業を目的とする他の公益法人，学校法人・社会福祉法人等，国・
地方公共団体に贈与する旨を定款で定めているものであること，④清算をする
場合に，残余財産を類似の事業を目的とする他の公益法人，学校法人・社会福
祉法人等，国・地方公共団体に帰属させる旨を定款で定めていることが必要で
ある（▶公益法人 5 条15〜18号）。

**公益法人の
事業活動**　　　(1)　**公益目的事業の実施**　　公益法人は，①公益目的事業を
行うにあたり，当該公益目的事業の実施に要する適正な費用
を償う額を超える収入を得てはならないこと，②毎事業年度における公益目的
事業比率が100分の50以上となるように公益目的事業を行わなければならない
こと，③毎事業年度の末日における遊休財産額が一定の制限額を超えないもの
であること，④寄附の募集に関する禁止行為を行わないことを遵守するように
事業活動を実施しなければならない（▶公益法人14〜17条）。

　(2)　**公益目的事業財産**　　公益法人は，**公益目的事業財産**（①公益認定を受け
た日以後に寄附を受けた財産，②公益認定を受けた日以後に交付を受けた補助金その他
の財産，③公益認定を受けた日以後に行った公益目的事業にかかる活動の対価として得
た財産，④公益認定を受けた日以後に行った収益事業等から生じた収益に一定割合を乗
じて得た額に相当する財産，⑤以上の財産を支出することにより取得した財産，⑥定款
で公益目的事業を行うために不可欠な財産である旨を定めている財産，⑦公益認定を受
けた日の前に取得した財産であって同日以後に公益目的事業の用に供するものである旨

✐ **Topic 3-1**

一般法人整備法

この法律は，一般法人法および公益法人法の施行に伴って，中間法人法を廃止し（▶一般法人整備1条），民法等の関係法律の規定の整備を行うとともに所要の経過措置を定めている。

一般法人整備法施行の際に現に存在していた2006年改正前43条により設立された公益法人は，同法により一般法人法の規定による一般社団法人または一般財団法人として存続することとされたが（▶同40条），5年間の移行期間（2008年12月1日から2013年11月30日）内に，公益法人法に規定する公益法人に移行するか（▶同44条），あるいは，通常の一般社団法人または一般財団法人に移行することになった（▶同45条）。この移行の登記をしていない法人を，一般法人整備法では，「**特例社団法人**」，「**特例財団法人**」（これらを総称して「**特例民法法人**」）とよんでいる（▶同42条1項・2項）。

公益法人法に規定された公益目的事業を行う特例民法法人は，移行期間内に，移行の認定の申請を行い，行政庁の認定を受けて移行の登記をすることにより，公益法人法上に規定する公益法人になることができる（▶同44条・99条・106条1項・107条）。日本相撲協会は，力士暴行死事件や大麻事件，暴力団観戦，野球賭博，八百長など不祥事が相次いで改革を迫られ，認定申請が5年の移行期間が切れる2か月前までずれ込んだものの，公益財団法人への移行が認められたが，2017（平成29）年の横綱による力士暴行事件があり，暴力廃絶への体質改善が求められている。なお，旧公益法人（特例民法法人）は2万4317法人が存在したが，新公益法人への移行認定を受けたのは37％にあたる9054法人にとどまっている。

また，特例民法法人は，移行期間内に，移行の認可の申請を行い，行政庁の認可を受けて移行の登記をすることにより，通常の一般社団法人または一般財団法人になることもできる（▶同45条・115条・121条1項）。なお，旧公益法人（特例民法法人）として存在した2万4317法人のうち，一般法人への移行認可を受けたのは48％にあたる1万1682法人であった。

しかし，移行期間内に，公益法人に移行するか，通常の一般社団法人または一般財団法人に移行するかをしなかった特例民法法人は，移行期間の満了の日に解散したものとみなされた（▶同46条）。

さらに，中間法人法は廃止されたが，同法に基づく有限責任中間法人・無限責任中間法人は，一般法人法の規定による一般社団法人とみなされて存続することとなった（▶同2条・24条）。しかし，無限責任中間法人は社員が無限責任を負担する点で（▶中間法人97条），一般社団法人と法的形態を基本的に異にすることから，特例無限責任中間法人については，一般法人法施行日後1年（2009年11月30日）以内に通常の一般社団法人への移行の登記をしなければ解散したものとみなされた（▶一般法人整備37条）。

を表示した財産，⑧これ以外の当該公益法人が公益目的事業を行うことにより取得し，または公益目的事業を行うために保有していると認められる財産）を，公益目的事業を行うために使用し，または処分しなければならない（▶公益法人18条）。

　（3）**公益法人の計算等の特則**　　公益法人は，①収益事業等に関する会計を，公益目的事業に関する会計から区分して特別会計として経理をし，②理事・監事・評議員に対する報酬等を，公表された支給基準に従って支給をし，③事業計画書，収支予算書，財産目録，役員等名簿，理事・監事・評議員に対する報酬等の支給基準を記載した書類等を作成して事務所に備え置き，④前記書類，定款，社員名簿，計算書類等を一般の者の閲覧に供し（正当な理由がある場合を除く），これら（定款を除く）を事業年度ごとに行政庁に提出しなければならない（▶公益法人19～22条）。

公益法人の監督　　（1）**報告および検査**　　行政庁は，公益法人の事業の適正な運営を確保するために必要な限度において，公益法人に対し，その運営組織および事業活動の状況に関し必要な報告を求め，または公益法人の事務所に立ち入り，その運営組織および事業活動の状況もしくは帳簿・書類その他の物件の検査・質問をすることができる（▶公益法人27条）。

　（2）**勧告および命令**　　行政庁は，公益法人について，①公益認定の基準に適合しない，②公益法人の事業活動の規制を遵守していない，③法令または法令に基づく行政機関の処分に違反しているといった事由に該当すると疑うに足りる相当な理由がある場合には，当該公益法人に対し必要な措置をとるべき旨の勧告をすることができ，公益法人が正当な理由がなくその勧告に係る措置をとらなかったときは，勧告にかかる措置をとるべきことを命ずることができる（▶公益法人28条）。

　（3）**公益認定の取消し**　　行政庁は，公益法人が，①法定の欠格事由に該当するにいたったとき，②偽りその他不正の手段により公益認定・変更の認定・合併による地位の承継の認可を受けたとき，③正当な理由がなく勧告にかかる措置をとるべき旨の行政庁の命令に従わないとき，④公益法人から公益認定の取消しの申請があったときのいずれかに該当するときは，その公益認定を取り消さなければならない（▶公益法人29条1項）。また，行政庁は，公益法人が，

①公益認定の基準に適合しなくなったとき，②公益法人の事業活動の規制を遵守していないとき，③法令または法令に基づく行政機関の処分に違反したときは，その公益認定を取り消すことができる（▶同条2項）。公益認定の取消しの処分がなされると，公益社団法人または公益財団法人という文字をそれぞれ一般社団法人または一般財団法人と変更する定款の変更をしたものとみなされ，行政庁は登記所に公益法人の名称の変更の登記を嘱託しなければならない（▶同条5項・6項）。さらに，公益認定の取消しを受けた公益法人は，定款の定めに従い，公益目的取得財産残額に相当する額の財産を，類似の事業を目的とする他の公益法人，学校法人・社会福祉法人等，国もしくは地方公共団体に贈与することになるが，公益認定の取消しの日から1か月以内にその旨の贈与にかかる書面による契約が成立しないときは，国または都道府県が同額の金銭の贈与を受ける旨の書面による契約が成立したものとみなされる（▶同30条1項）。

7　外国法人

外国法人の意義　外国法に準拠して成立した法人が，**外国法人**である。これに対し，日本法に準拠して成立した法人を，**内国法人**ないしは**日本法人**という。

外国法人の権利能力　外国法人は，①外国，②外国の行政区画，③外国会社，④外国の非営利法人で法律または条約の規定により認許されたものにかぎって，成立が認許される（▶35条1項）。そして，外国法人は，日本に成立する同種の法人と同一の権利能力を有するが，外国人が享有できない権利および法律・条約中に特別の規定がある権利については外国法人も享有できないとされる（▶同条2項）。

外国法人の登記　外国法人は，登記を要し（▶36条），日本に事務所を設けた場合には，3週間以内にその事務所の所在地において，①外国法人の設立の準拠法，②目的，③名称，④事務所の所在場所，⑤存続期間を定めたときはその定め，⑥代表者の氏名および住所を，登記しなければならない（▶37条1項）。これらの登記事項に変更が生じた場合や，代表者の

職務執行の停止・職務代行者の選任の仮処分命令またはその仮処分命令を変更ないし取り消す決定がなされた場合も，3週間以内に登記しなければならず，登記前にあってはそれを第三者に対抗できない（▶同条2項・3項）。なお，その登記すべき事項が外国で生じた場合，登記期間は，その通知の到達日から起算する（▶同条4項）。また，外国法人が初めて日本に事務所を設けたときは，その事務所の所在地において登記を行うまで，第三者はその法人の成立を否認することができる（▶同条5項）。さらに，外国法人が事務所を移転したときは，旧所在地においては3週間以内に移転の登記をし，新所在地においては4週間以内に設立登記と同一内容の登記をしなければならないが，同一の登記所の管轄区域内において事務所を移転したときは，その移転を登記すればたりるとされる（▶同条6項・7項）。こうした登記を外国法人の代表者が怠ったときは，50万円以下の過料に処せられる（▶同条8項）。

☑ *Exam 1*

　法人格を取得していない甲大学の同窓会Aがその財産である不動産をAの代表者であるBの個人名義で登記していたところ，Bは，私利を図る意図の下に自己の名でその不動産を第三者Cに売り渡し，移転登記をした。この場合におけるA・B・C間の法律関係について論じなさい。

(1)　権利能力のない社団の成立要件・財産の帰属形態（判例は総有説）・不動産の登記方法（判例・登記実務は代表者個人名義説）
(2)　権利能力のない社団保護（静的安全）vs　第三者保護（動的安全ないし取引の安全）
　　通　説　Aを保護しCは権利を取得しえない
　　有力説　94条2項（これと110条）の類推適用を主張してCを保護する
(3)　CがBから権利を取得できない場合　　CからBに対し債務不履行責任（415条）の追及

☑ *Exam 2*

　法人の「目的の範囲」（34条）は法人の何を制限するもので，「目的の範囲」外の行為の効力はどうなるかを論じなさい。また，「目的の範囲」の判断基準を論じた上で，①会社の政治献金，②信用組合の員外貸付け，③税理士会の政治献金，④司法書士会の災害救援資金の寄附が「目的の範囲内」となるか否かを論じなさい。

(1)　法人の「目的の範囲」
　　(a)　権利能力・行為能力制限説（判例）
　　(b)　行為能力制限説
　　(c)　代表権（代理権）制限説
　　(a)説…「目的の範囲」外の行為は絶対的無効　　表見代理・追認の適用の余地なし
　　(c)説…「目的の範囲」外の行為は無権代表　　表見代理・追認の適用の余地有り
(2)　「目的の範囲」の判断基準
　　(a)説　営利法人………取引の安全を考慮し客観的抽象説の基準で判断
　　　　　非営利法人……公益目的の達成ないし構成員の利益保護という見地から具体的事情説の基準で判断
　　(c)説　表見代理ないし追認の適用により取引の安全を図ることが可能であるから，客観的抽象説の基準をあえて用いる必要性は少なくなる。
(3)　具体的事例　　判例　①④を「目的の範囲内」，②③を「目的の範囲外」と判断

☑ *Exam 3* ‒‒‒

　自分の借金の返済にあてるため，Ａ市の市長Ｂは，市議会の議決を経ずに約束手形の振出人欄に市長の公印を押印し，Ｃに手形を振り出した。ＣはＡ市に手形の支払いを求めることができるか。また，ＣはＢ市長に不法行為責任を追及することができるか。

▷ 解答への道すじ ▷

(1) 取引的不法行為の類型
(2) 110条類推適用の表見代理の主張と一般法人法78条類推適用の不法行為の主張
　　両者の要件・効果の差異を踏まえた上で，両者の関係を検討
　　　　①110条適用説，②110条優先適用説，③重畳適用説
　　両者の要件とも行為の外形によって判断し，かつ相手方がその職務行為に属さないことを知っているときには要件は満たされないという点で，両者が接近してきていること，および，取引の安全を保護するためにまず取引行為としての維持に努めるべきであることを強調→②説
　　両者の要件・効果の差異を強調→被害者に有利な方を自由に選択させる③説
(3) 代表者個人（Ｂ市長）の不法行為責任　　肯定（判例・通説）
　　　　代表者の行為の二面性（法人の機関としての行為と代表者個人の行為）
　　　　被害者の保護
　　　　代表者の不正に対する抑止力

第4章　物

1　権利の客体

序　説　「**物**」が法律上問題とされるのは，権利の客体としてである。人が権利の主体とされていることに対応する。「物」は物権において，とくに重要な意味を有している。物権は，物を直接に排他的に支配する権利であるからである。もっとも，権利の客体は，「物」に限られない。たとえば，物権においても権利質（▶362条）のごとく権利の上に物権が認められるものもあるし，また債権は人の行為を目的とし，さらに人格権のごとく人の生命・身体・自由・名誉などを目的とする権利もある。したがって，民法典は，権利の客体一般について規定を置いたのではなく，ただ権利の客体の1つである「物」について規定を置いているにすぎない。なお，近時，AIや自然や動物の法的地位に関し，権利主体性を認めるべきかの議論がなされており，今後の立法論の課題である。

有体物　(1)　**有体物・無体物**　「物」とは**有体物**をいう（▶85条）と民法は定めている。有体物とは，空間の一部を占めて，有形的な存在を有するものである。有形的な存在であるから，液体・気体・固体は「物」であるが，エネルギー（電気・熱・光など）・情報・データ・発明・著作権などの無体物は「物」ではないことになる。そこで，無体物にも所有権の成立を認めるために，物概念を拡張して有体物を「法律上の排他的支配の可能」なものと解する説が有力に主張されるが，伝統的見解は無体物をそれぞれ特別法で処理すればよいと反対する。

(2)　**非人格性**　人は「物」ではないから，所有権は成立しない。もっとも，切り離された身体の一部，たとえば歯，毛髪などは「物」である。また，

死体は，埋葬・供養・解剖をなす権利の対象として認められる（**➡ Topic 4-1**）。

(3) **排他的支配可能性**　　法律上「物」として扱われるためには，人が支配しうるものでなければならない。太陽・月・星などは「物」ではない。また，空気や海洋のように，自由に誰でも利用することが予定されているものも，「物」ではない。もっとも，国が一定範囲を区画し，他の海面から区別して排他的支配を可能にした上で，公用を廃止し，私人の所有に帰属させた場合には，その区画部分は所有権の客体たる土地にあたるとされる（★最判昭和61・12・16民集40巻 7 号1236頁）。

(4) **独立性**　　「物」は商品として取引の対象となっていることからも明らかなように，1 個の物としての独立性が要求される。したがって，原則として物の一部は独立の権利の客体とはならない。もっとも，建物の区分所有（建物の区分所有等に関する法律），付合物（▶242条ただし書）など若干の例外がある。

2　動産・不動産

意　　義　　民法は土地およびその定着物を**不動産**としている（▶86条1項）。不動産は，動産に対立する概念である。両者が区別される理由は，第1に，不動産は経済的価値において動産より高いこと，第2に，不動産は動産と異なって所在が一定しており容易に場所を変えることができないこと，第3に，法的取扱いが異なることがあげられる。しかし，第1の理由

✐ Topic 4-1

医療技術の発達と物の定義

　医療技術の発達は，生殖補助医療（人工授精，体外受精，代理母，試験管ベイビー）や臓器移植を可能にし，「物」の「人」化（体外受精の受精卵は胎児か）や，「人」の「物」化（臓器移植のための臓器）をもたらしている。人由来物である血液・臓器・受精卵などを「物」と扱うかについては，個人の尊厳の観点から慎重に検討する必要があろう。また，医療技術の発達が，男女の区別を困難にしたり（性転換），父母の確定を困難にして親権の問題を提起する（人工授精・体外受精・代理母）など難しい問題を提起していることも注意を要する。

は，今日では有価証券が登場し経済的重要性はそれほどではない。今日におい
て両者を区別する主な理由は，第3の理由にある。たとえば，物権変動の対抗
要件（▶177条・178条，なお，動産債権譲渡特3条1項），即時取得の適用（▶192
条）等で両者は重要な相違がある。

不　動　産 ▶ **(1) 土　地** (a) **意　義** 土地は不動産の典型であり，
一定の範囲の地面に，その上下（空中・地下）を含めたものを
いう（▶207条参照）。したがって，地中の岩石・土砂などは，分離しないかぎ
り土地の構成部分である。ただし，鉱業法は，国家経済上の観点から一定の種
類の未採掘の鉱物を土地所有権から分離して，その採取・取得する権能を国家
の手に留保している（▶鉱業2条）。

(b) **単　位** 土地は，自然的に区分されていないが，人為的に区分して一
筆ごとに地番をつけて，登記される。これを一筆の土地という。したがって，
分筆手続をしないかぎりなお一筆の土地であるが，判例は，分筆手続未了の土
地の一部が売却された事案で，一筆の土地の一部が当事者間で特定していれば
所有権は買主に移転するとしている（★大連判大正13・10・7民集3巻476頁：百
選Ⅰ-9，最判昭和30・6・24民集9巻7号919頁）。

(2) 定着物 (a) **意　義** 定着物は継続的に土地に固着され，取引通念
上固着されて使用される物をいう。建物はその代表的なものであり，樹木・石
垣・沓脱石も定着物である。また，土地・建物に据え付けられた機械も固着性
の如何によっては定着物となる（★大判明治35・1・27民録8輯1巻77頁）。しか
し，石灯籠・仮小屋・仮植中の植物（★大判大正10・8・10民録27輯1480頁），工
場内にボルトで固着された機械類（★大判昭和4・10・19新聞3081号15頁），土地
に砂を盛っておかれた石油タンク（★最判昭和37・3・29民集16巻3号643頁）な
どは定着物ではない。もっとも，定着物であるといっても，そのなかには，土
地から独立している物（建物），土地の構成部分とされている物（石垣・岩石），
中間的な物（立木・未分離の果実）がある。

(b) **建　物** 建物はつねに土地とは別個独立の不動産とされ，土地とは別
の登記簿が設けられている（▶不登44条以下）。建物の個数は，土地と異なり登
記簿によって定まるのではなく，社会通念により決まる。一般には1棟の建物

をもって１つの物と数えるのが原則である（建物の区分所有等に関する法律は例外）。ところで，建築中の建物はどの程度に達したら建物となるか。判例は，屋根を葺き上げただけでは建物とはいえないが，屋根および囲壁ができれば，床や天井をまだ張らなくとも建物として登記しうるとしている（★大判昭和10・10・１民集14巻1671頁：百選Ⅰ-10）。結局は取引の実際に即して社会観念により決すべきである。

　(c)　立木・未分離の果実　　立木や未分離の果実（稲立毛・みかん・桑葉）は，元来土地の構成部分にすぎないが，わが国では古くからこれらの定着物を土地とは別個独立の物として取引する慣行があった。そこで，立木については立木法（1909〔明治42〕年）を制定して，立木登記をした樹木の集団を土地とは別個独立の不動産とした。この方法をとらない立木や未分離の果実については，「明認方法」を施せば土地とは別個独立の物となるとするのが，通説・判例である。

| 動　産 |

(1)　意　義　　不動産以外の物が**動産**である（▶86条２項）。土地に付着する物でも，定着物でない物は動産である（たとえば，仮植中の植木）。また，動産の個数は，社会通念によって決まる。米・醤油などは容器により個数が決まる。また，船舶・自動車・建設機械・農業用動産などは動産であるが，特別法（船舶については▶商686条・687条・848条，自動車については道路運送車両法・自動車抵当法，建設機械については建設機械抵当法，農業用動産については農業動産信用法など）により不動産に準じた取扱いがなされている。

(2)　**特殊な動産である貨幣**　　貨幣は特殊な動産で，物としての個性がなく抽象的な価値そのものである。そこで，判例（★最判昭和29・11・５刑集８巻11号1675頁，最判昭和39・１・24判時365号26頁：百選Ⅰ-73など）・学説は，価値としての金銭にあっては，「占有のあるところに所有あり」と解されるから，192条を適用すべきではないとする。なお，電子マネーや仮想通貨は金銭ではない。

3　主物・従物

意　義　ある物の経済的効用を完全にするため，他の物を結合させて補助的に利用しなければならないことがある。たとえば，鞄と鍵，家屋と畳・建具，母屋と納屋などで，前者を**主物**といい，後者を**従物**という。判例では，石灯籠および取外しのできる庭石等は，宅地の従物とされ（★最判昭和44・3・28民集23巻3号699頁：百選I-81），地下タンク，ノンスペース型計量機，洗車機等は，ガソリンスタンド用建物の従物とされた（★最判平成2・4・19判時1354号80頁）。

要　件　主物・従物関係が認められるためには，次の要件が必要である。すなわち，①両者はともに独立の物であること，②従物が継続して主物の経済的効用を助けること，③従物が主物に付属されているという場所的関係にあること，④両者は同一の所有者に属すること（もっとも，所有者が同一であればよいので，主物の所有者が付属させなくてもよい）である。これらの要件が備われば，主物・従物は，動産であっても不動産であってもよい。

効　果　主物と従物を区別する実益は，従物が主物の処分に従うということにある（▶87条2項）。すなわち，両者の法律的運命を結合せしめることによって，経済的な主従の結合関係をより強固ならしめた。したがって，主物について売買契約がなされれば，当事者の別段の意思表示がないかぎり，従物も包含される。また，主物の上の抵当権も，とくに従物を除くという意思表示がないかぎり，当然にその効力は抵当権設定前の従物に及ぶが，抵当権設定後に付属された従物については，議論がある（▶370条参照）。

主たる権利と従たる権利　主物・従物は，物の相互間の関係であるが，判例は主従のある権利相互間も，主物・従物と同じように扱うことを認めている。たとえば，元本債権と利息債権（★大判大正10・11・15民録27輯1959頁），建物とその敷地の借地権（★大判昭和2・4・25民集6巻182頁，最判昭和40・5・4民集19巻4号811頁：百選I-82）などである。

4　元物・果実

意　義　物から生ずる経済的収益を**果実**といい，果実を生ずる物を**元物**という。民法は，果実に**天然果実**と**法定果実**の 2 種類を認めている。両者は物から生ずる経済的収益であるという点では共通しているが，法律的取扱いは異にする。

天然果実　(1)　**意　義**　物の用法に従って収益される産出物が，天然果実である（▶88条 1 項）。米・果物・牛乳などのように自然的・有機的に産出された物に限らず，鉱物・石材・土砂などのように人工的・無機的に収取される物も天然果実である。天然果実は，元物から分離される前は元物の構成部分であるが，分離によって独立の物となる。それでは，分離した場合，天然果実は誰に帰属するか。民法は，分離の時にこれを収取する権利を有する者に帰属すると定めている（▶89条 1 項）。こうした収取権者は，原則として所有権者（▶206条）であるが，例外として善意占有者（▶189条），地上権者（▶265条），永小作権者（▶270条），売主（▶575条），賃借権者（▶601条）などの場合もある。

(2)　**未分離の天然果実**　未分離の天然果実は，一般に元物の一部であって独立の物ではないが，慣習上未分離のままで取引の客体とされることがある。たとえば，みかん，桑葉，稲立毛などがそれである。この場合に，判例は，その独立性を認め，取得者の所有権を認めている（対抗要件として明認方法は必要）。

法定果実　(1)　**意　義**　物の使用の対価として受ける金銭その他の物が法定果実である（▶88条 2 項）。たとえば，不動産使用の対価である家賃・地代・小作料や，元本債権の収益である利息（★大判明治38・12・19民録11輯1790頁）などがそれである。

(2)　**帰　属**　法定果実の帰属については，民法は，これを収取しうる権利の存続期間に応じて日割をもって取得するとした（▶89条 2 項）。たとえば，賃貸中の家屋が他人に譲渡されると，譲渡の日以前の家賃は旧家主が取得し，それ以後の家賃は新家主が取得する（これと異なる特約があるときはそれに従う）。

第5章　法　律　行　為

1　法律行為の意味

**法律行為と
法律関係**　法律行為は，私法上の権利義務を発生させる私人の行為，すなわち，法律効果を発生させようとする人の行為をいう。契約のように，合意によって権利や義務を発生させる人の行為が代表的であるが，契約の取消しや解除のように，一方的な意思表示で行われる法律行為もある（単独行為）。**契約**は，当事者間の意思表示の合致によって成立する。

　法律行為は，法律上の効果を発生させようとする当事者の意思表示を要素として成立する。権利義務の発生，変更，消滅という法律上の効果を発生させる原因を**法律要件**といい，その中で，とくに重要な役割を果たしているのが，法律行為である。これにより，私法上の権利義務の発生という**法律効果**が生じる。ただし，法律要件には，不法行為の場合のように単なる事実も含まれる。このような法律効果を発生させる生活関係を，**法律関係**という。

**法律行為の自由
とその制限**　私的自治が肯定されるとの原則から，法律行為による権利・義務の発生も自由である。**契約の自由**はその一部である。契約の自由には，①締結の自由，②相手方選択の自由，③内容決定の自由，④方式の自由があるとされている。

　しかし，今日，契約当事者の地位の不均衡が増大した結果，契約の自由を放置しておくことは，企業の自由を不当に優遇することになり，反面で相手方の自由は害される。とくに独占的供給事業の法律関係では，事業者側の作成する約款や約定書により，消費者側の契約の自由が事実上否定され，一方的な契約が押しつけられることが多い。たとえば，銀行取引，保険，電気・ガスの供

給，運送などについてである。契約を締結する自由も，相手方選択の自由も，内容決定の自由も，方式の自由も，事実上制限される。法律行為の当事者間に力関係の相違があり，一方の当事者が従属的立場に立ち，相手方の意思に事実上拘束されざるをえない契約を，**付合契約**（contrat d'adhésion，サレイユ〔Saleilles, 1855-1912〕の用語）または**普通取引約款**（allgemeine Geschäftsbedingungen）という。

このような契約については，契約の締結を義務づけたり，内容や方式についても，法律で特則を定める必要が生じる。そのための方途は多様であるが，最も強力なのは，立法的に約款に対する国家の規制が行われる場合である（ドイツにおける1976年の約款規制法など。2002年の債務法現代化法により民法典に統合）。ほかに，間接的に，約款制定に際して国家の承認や関与が行われたり，約款制定の過程で，業界団体や当該企業のほか，第三者の意見が聴取されたり関与されることもある。また，相手方に著しく不利な契約については，司法的な制限解釈が行われることがある。約款の抑制的解釈（★最判平成18・1・13民集60巻1号1頁：百選消-56参照）や公序良俗による制限である（➡第4巻 契約総論の部分参照）。

従来，約款が契約内容になるかどうかについては争いがあったが，2017年改正では，定型約款の個別の条項が契約内容になるとし（▶548条の2第1項），他方で，相手方の権利を制限し，または相手方の義務を加重する条項で，第1条2項の基本原則に反して相手方の利益を一方的に害するものは，合意しなかったものとみなしている（同条2項）。また，定型約款の表示と変更を定めた（▶548条の3・548条の4。➡第4巻 債権各論参照）。

なお，**消費者契約法**は，民法上の詐欺や強迫の要件を緩和して，事業者のした行為で消費者が誤認，困惑により締結した契約には，取消権を認めているが（▶消費契約4条以下），8条以下には，不当条項規制を定めている。

経済的に優位の者の自由が尊重され，これと契約関係に立つ者の利益が害されることに対しては，多くの特別法が制定されているほか（**借地借家法，労働基準法，消費者契約法**），信義則や権利の濫用の禁止，公序良俗による制限がありうる。

> **✂ Case 5-1**　Aが有料で経営している駐車場に，Bは無断で3日間自動車を停めた。1か月の利用料が3万円の場合に，Bはどのような義務を負うか。

事実的契約関係　法律行為を補充する概念が必要かが問題となることがある。契約がなくても，契約類似の効果を認めるべき場合があるからである。**事実的契約関係**（faktisches Vertragsverhältnis）は，契約がなくても社会で類型的に行われる行為については契約類似の法律関係に基づき契約同様の効果が発生しうるとする理論であり，ドイツ法において，ハウプト（Haupt, 1904-1946）によって提唱された。たとえば電気やガスの供給契約，運送契約などにおいて，料金につき合意が成立していなくても，社会で類型的に行われる契約である以上，料金債務が発生する，という考え方である。たとえば，有料の駐車場に，契約して車をおく場合に月額の料金が1万円であるとすると，契約なしで1か月駐車した場合にも，同額を請求できるかである。

　黙示の意思表示という構成でも，事実的契約関係の大部分はカバーしうる（制限行為能力者を除く）。また，契約の成立を否定しても，賃料相当額の不当利得の返還義務は発生するとするかぎりでは，事実的契約関係という概念は，必ずしも必要とはならない（なお，契約があると思っていたが無効であった場合，土地を利用だけして乗り逃げしようと思った場合には，賃料相当額が利得額となる。前者は給付利得であり，後者は侵害利得＝704条である。ただし，侵害利得でも，近くにある無償の駐車場と間違えた場合には，利得の軽減＝703条適用の余地がある）。

　1999（平成11）年の成年後見法の制定により，成年被後見人，被保佐人は日用品の購入その他日常生活に関する法律行為は単独で有効にできることとなった（▶9条ただし書，13条1項ただし書）。この限度では，契約時の行為能力の問題は解消した。

2　法律行為の分類

　法律行為には，以下のような種類や区別がある。

契約，単独行為，合同行為　**契約**は，2つ以上の意思表示の合致により成立する法律行為である。実例も多く，法律行為の中で最も重要な機

能を果たしている。

　単独行為は，単一の意思表示により構成される法律行為である。これは，さらに，取消し（▶123条），解除（▶540条）のように**相手方のある単独行為**と，遺言（▶960条以下）のように**相手方のない単独行為**に区別される。一方的な行為で権利関係が変動（形成）することを認めるから，相手方のある単独行為には，権利のあることが予め法定されていることが通常である（**形成権**）。単独行為は，このような形成権の行使による場合が多い。たとえば，相殺（▶505条）は単独行為（形成権）であり，免除（▶519条）も単独行為である。

　合同行為は，社団設立行為を説明するために用いられる。2つ以上の意思表示の合致によって成立するが，契約のように意思表示が相対立するのではなく，団体設立という同一目的に向けられているところに特色がある。

債権行為と物権行為　賃貸借契約や消費貸借契約のように債権的効果を発生させる法律行為を**債権行為**，抵当権設定のように物権的効果を発生させる法律行為を**物権行為**という。売買，贈与などの，所有権移転を目的とする契約の場合には，債権行為のほかに，物権行為が必要かどうかについては争いがあり，物権変動の重要問題となる。売買という債権行為があると，所有権移転という物権行為もされたとみるのが一般であるが，所有権移転には物権行為（物権的意思表示）を必要とする見解もある（物権行為の独自性説。➡第2巻　物権参照）。

　物権以外の権利の処分の効果を発生させる法律行為を**準物権行為**という。債権譲渡（▶466条以下），債務免除（▶519条）が典型例であり，無体財産権の譲渡もこれにあたる。

有因行為と無因行為　**有因行為**は，法律行為が原因と関係づけられ，原因が無効であれば法律行為も無効となる場合をいう。逆に，原因が無効でも法律行為だけが有効となる場合の法律行為を**無因行為**という。たとえば，**手形行為**は原因行為と独立した無因行為である。物権行為の無因性を認めるべきか否かには争いがあり，物権行為の無因性は，売買のような原因行為の無効が所有権移転という物権行為の無効をもたらさないこと（買主保護）を目的として主張される。

**有償行為と
無償行為**　　給付が対価を伴うかどうかによる区別である。寄託の場合に，無償受寄者の**注意義務**は軽減される（▶659条）。有償の場合については，400条参照。

**要式行為と
不要式行為**　　法律行為に一定の方式を必要とするかどうかによる区別である。法律行為は**原則として不要式行為**であるが，例外として，定款の作成（▶一般法人10条・152条），遺言（▶960条・967条以下）は，要式行為である。任意後見契約（▶任意後見3条）や，定期借家契約（▶借地借家38条1項）は，公正証書を必要とする要式行為である（なお，事業債務の保証につき，▶465条の6）。2004年改正で，保証契約は書式を要するとされた（▶446条2項）。

　ほかに，生前行為と死因行為，財産行為と身分行為などの区別がある。

3　法律行為の成立

> **Case 5-2**　(1)　Aは，自分の姪であるBの入学祝いに，高級ハンドバックを与えると約束したが，いまだに履行していない。Bはどのような請求ができるか。
> (2)　ベンチャー企業のAは，月の土地を分譲すると称して，顧客Bに，一区画を売却した。売買契約は有効か。

法律行為の成立　　法律行為のうち，契約は，当事者の意思表示の合致により成立する。何らの形式を必要としないものを，**諾成契約**という（改正法では，契約自由との関係で，522条2項に明文が置かれた）。これに対し，手形の振出のように，一定の方式を必要とする**要式行為**，単純な消費貸借のように，物の授受を必要とする**要物契約**がある。贈与契約は，わが国では諾成契約であるが，書面のない場合には，解除することができる（▶550条）。

**法律行為の
有効要件**　　法律行為が有効なためには，その内容の確定，可能，適法を必要とする。

　①法律行為の内容は**確定**可能でなければならない。さもないと権利を確定し，強制的に実現できないからである。もっとも，当初から確定している必要はなく，確定可能であればたりる（★大判大正5・3・14民録22輯360頁）。

②法律行為は，可能な内容を目的としなければならず，不能を目的とする法律行為は，無効であり（★大判大正8・11・19民録25輯2172頁），履行を請求することができない。国家が効力を付与してその実現に協力することができないからである。履行請求権の限界を意味し，当然ではあるが，2017年の改正法で明示された（▶412条の2）。そこで，売却した物が契約時に滅失していた場合にも，売買契約は不能で履行請求できない。これを原始的不能という。しかし，それでは買主の利益を妨げるために，伝統的には過失により無効な契約を締結させた者には，契約締結上の過失の責任が生じ，損害賠償の請求も可能とされた。改正法は，契約の成立時に債務の履行が不能であったことは，不能によって生じた損害の賠償を請求することを妨げないとした（▶同条2項）。履行請求権そのものは，不能である。

条件に関する諸規定は，原始的不能の考え方を当然の前提とし，たとえば，解除条件がすでに成就した法律行為，成就しないと確定した停止条件を付した法律行為，不能の停止条件を付した法律行為は無効であるとする（▶131条1項後段・同条2項前段・133条1項）。

これに対し，契約時に，法律行為は可能で有効であるが，後にそれが不能に帰する場合もある（**後発的不能**，▶412条の2第1項）。後発的不能は，当然に無効ではなく，法律行為の効力の問題として処理される。たとえば，売却した物が契約後に滅失していた場合である。すなわち，債務不履行・解除（▶415条・542条1項1号など）の問題となる。

また，**法律的不能**と**事実的不能**は，不能を生じる原因による区別である。**全部不能**と**一部不能**は，不能の範囲による区別であり，全部不能は法律行為の無効を生じるが，一部不能の場合は，一部無効を生じ，必ずしも全部の無効を生じるわけではない。もっとも，形式的に一部不能でも，社会経済的に全部不能とみるべき場合もある（たとえば，賃貸借の目的である家が地震で一部崩れた場合である。残部があっても，全部不能とみるべき場合もあろう。▶611条2項参照）。

③法律行為は**適法**かつ**社会的に妥当**なものでなければならない。公序良俗に反する行為（▶90条），強行法規に反する法律行為は無効である。

④法律行為の対象となる給付は，経済性をもつ必要はない（▶399条）。

⑤なお，法律行為をする債務は，債務者が現実に意思を表示する必要はなく，それがあったのと同じ法律効果が生じればたりる。判決代用は，そのような意思表示をせよという判決で，現実の意思表示に代えるとした（▶民執177条）。これは，次の準法律行為にも，適用される。

4 準法律行為

意　義
法律行為と区別するべきものに，**準法律行為**もしくは**法律的行為**がある。意思表示を要素としない点で法律行為と異なる。民法がその内容を定めていないので，法律行為に関する規定をどこまで類推適用すべきかは，解釈の問題とされる。形式論理というよりは，法律行為の規定をそのまま適用するかどうかについて実質的考慮の余地を与えるための概念と考えるべきである。たとえば，弁済の性質について，法律行為説と準法律行為説の対立がある。法律行為説は，弁済には弁済意思が必要であるとし，その効果として債務が消滅すると説明する。しかし，それによると，制限行為能力者が，労務を提供するような弁済行為をすることも，単独では有効にできず，取消しの問題を生じる。しかし，準法律行為説によれば，弁済のために給付行為をするという弁済意思を必要とせず，債務の内容に適した給付行為があればたり，取消しの問題を回避できるのである（➡第3巻 債権総論参照）。

準法律行為の分類
その中には，意思の通知，観念の通知，感情の表示（表現行為）がある。

第1に，**意思の通知**は，催告（▶20条・150条・412条3項・541条），受領の拒絶（▶493条・494条）など，意思の発表であっても（▶541条では，解除の前提としての催告），意思が法律効果の発生（契約の解除）を内容としないことから，意思表示とは区別される。ただし，このような意思の通知でも，解除の前提として，法によって一定の効果が付与されている。

第2に，**観念の通知**は，社員総会の通知（▶一般社団39条），代理権授与の表示（▶109条）など，一定の事実の通知にすぎず，意思の発表という要素を含まない。債権譲渡の通知（事実の通知）およびこれに対する承諾も（譲渡の事実についての認識）同様である（▶467条1項）。譲渡は一方的に行われ，意思に依存

しない。

　第 3 に，**感情の表示**は，意思，事実と区別された感情を発表する行為をいう。明治民法の旧814条 2 項の離婚原因に対する宥恕がその例とされたが，現行法では削除された。

　なお，意思の発表であって，とくに法律が特定の効果を付与することはないが，事実上相手方の行為を許容する場合を「宥恕」と称する場合がある。たとえば，解除のために相当の期間を定めて催告し，期間が徒過された後でも，債権者がなお履行の請求をしたり，期限の利益喪失条項があっても，債権者がこれによらず，個別の請求をするにとどめる場合である。債権者がより有利な主張をしないという意味で，債務者に有利であるが，事実上の効果にすぎない。

2　法律行為の解釈

1　は じ め に

> **Case 5-3**　Aは，Bとの間で，5 回甲商品の取引をしたことがある。信用のある取引相手であることから，Bの注文に応じて，また甲商品を引渡したが，急な取引だったことから，とくに価格を確認するようなことをしなかった。前回までは時価より値引きした額によっていたが，今回の売買契約上の代金額はどうなるか。

法律行為解釈の意義　契約など法律行為は，紛争解決の基準となる。しかし，契約を締結しても，必ずしもその内容が明確ではないことが多く，とくに裁判官は，裁判上法律行為の内容を確定しなければならない。また，法律行為が紛争を解決するには不完全であれば，合理的判断により内容を補充しなければならない（**補充的契約解釈**）。さらに，法律行為が完全であっても，その内容が不合理なときには，単に法律行為を補充することを超えて，法律行為の内容を変更することもある（**矯正的契約解釈**，★最判平成15・7・18民集57巻 7 号895頁のように，貸付の一連性が事実認定の次元で争われることもある）。

　典型契約のように民法典が比較的詳しく内容を定めている場合には，無意識的にも当事者の間にこれを前提とする解釈が行われ，事実上典型性が強制され

ることもある。わが国のように詳細な契約法の規定を有する場合には，これを前提とすることが多いから（規定のあることはことさらに書かないまま，当事者に前提とされる），必然的に契約書面そのものは薄くなる可能性がある（とくに英米法との比較で。もっとも，ドイツやフランスの契約書も厚いから，契約意識をぬきにして，これだけでは彼我の違いを説明するのは十分ではない）。

　このような法律行為の内容の確定・補充を，**法律行為の解釈**という。**Case 5-3** では，売買代金について，前回と同じとする黙示の合意があるとみるか，通常の価格とする意思であったのかが，解釈の問題となる。もっとも，無理な合意による方法は，弊害をもたらすこともある。かねて敷引特約について，最判平成17・12・16判時1921号61頁（百選消-23）は，建物の賃貸借契約において，通常の損耗の回復は基本的に賃貸人が負担するものとし，明確な合意がない限り，賃借人の負担とすることはできないとしていた。しかし，最判平成23・3・24民集65巻2号903頁（百選消-47。➡前述37頁参照）は，逆に，敷引の特約をもって，通常の損耗の回復の特約とし，ただちに明確な合意があるものとしている。合意の拡大による原則と例外の転換であり問題がある。

法律行為解釈の性質　法律行為の解釈が事実問題か法律問題かについては，争いがある。法律行為の解釈が事実問題なら，その認定の違法を理由とする**上告**は認められず，法律問題だとすれば上告や上告受理の対象となる。そこで，両者の区別は，民事訴訟法上，上告や上告受理の理由（▶民訴318条・312条3項，旧394条）になるか否かの点で重要な問題である。判例（★大判大正2・11・20民録19輯983頁，大判大正10・5・18民録27輯939頁）は，事実問題とし，解釈の基準が実験則，取引の通念等に反するときにのみ，法律問題となるとする。学説は，法律行為の解釈はつねに法律問題になるとする。かつて，判例がこれを事実問題としたのは，上告制限の趣旨であったが，後者の点は別個に解決するべき問題である（現行民訴法＝1996年では，上告が制限されている）。

　法律行為の解釈が法律行為の補充や矯正を包含する場合には，その作業は規範の創造であり法律問題となる。また，法律行為の確定も，単なる事実の確定ではなく，法律行為の客観的・合理的意義を探ることを目的として価値判断を含むから，法律問題となることは避けられない。

2　当事者の真意の探究と信義則

解釈と意思，信義則　法律行為の補充にあたっては，当事者が意図したところを探る必要がある。しかし，人の真意は，外部からは必ずしも明確ではなく，また，単に一方当事者の主観的意図をいうのではたらず，客観的・合理的な意図を意味する。そこで，真意の探究のプロセスで，当事者の実際の意図とは異なった内容が導かれることもある。

　信義則は，**法律行為の補充**の基準ともなる。契約は，信義則や取引慣行を考慮して解釈されなければならない（▶ド民157条参照）。紛争の合理的解決のために，信義則や真意の探究が口実となりうるのである。たとえば，当事者間で差し入れられた「証」の文言の解釈に関して，信義誠実の原則は「ひろく債権法の領域に適用されるものであって，ひとり権利の行使，義務の履行についてのみならず，当事者のした契約の趣旨を解釈するにもその基準となる」とされる（★最判昭和32・7・5民集11巻7号1193頁）。

例 文 解 釈　**例文解釈**とは，当事者の法律行為の文言が単なる例として掲げられたにとどまり，当事者が真にこれに拘束される意思はないとして，契約上の文言を無視する解釈をいう。印刷された書面をそのまま用いる契約や一方的な付合契約において用いられ，とくに不動産の賃貸借契約においては，例文解釈がとられることが多い。例文解釈という名目で契約文言を無視するのは，実質的には，解釈の名をもってする契約条項の修正・矯正である。当事者の真意の探究や信義則を適用して法律行為の文言を修正するのと同様であるが，文言が信義則から逸脱する程度が高く，個別的な修正ではたりない場合に行われる。公序良俗により法律行為を無効とする場合とほとんど隣り合わせの解釈ともいえる。

3　事実たる慣習

Case 5-4　Aは，Bに対し肥料を売却したが，価格は決定したものの，業界の慣例に従い引渡場所は単に「深川渡し」とし，深川のどこかまでは定めておかなかった。引渡場所の不明確さから，契約の無効をもたらすと考えるべきか。

慣習の効力 ▶ 慣習の存在は，法律行為の前提となるから，法律行為の内容が不明確な場合には，**慣習**によって法律行為を補充し解釈することが当事者の意図にかなう。そこで，法の適用に関する通則法3条（▶旧法例2条）や民法92条が，慣習の効力に言及している（➡137頁参照）。慣習に従う旨を明示する条文もある（▶228条・263条・294条など物権法に多い）。

法令中の公の秩序に関しない規定に異なる慣習がある場合で，法律行為の当事者がこれによる意思を有するものと認めるべきときには，その慣習に従う（▶92条）。これは，慣習を任意規定よりも優先させる趣旨である。人は慣習を前提に活動するから，慣習を基準とすることが妥当だからである。このような法律行為の解釈の基準となる慣習を**事実たる慣習**という（信義則と慣習の効力に関し，★大判大正14・12・3民集4巻685頁：深川渡し事件）。

事実たる慣習は，それが公の秩序に関しないこと，および当事者が慣習による意思を有することが必要である。しかし，当事者が任意規定と異なる意思表示を積極的にしている場合に意思が優先することは当然であり（▶91条），また，慣習の果たす一般的な役割に意味があって，慣習は意思によるものではないから，当事者がとくに慣習を排斥する意思を示さないかぎり，慣習が当然に適用されると解されている。そして，当事者が慣習の存在を知りながら反対の意思を表示しないときには，これによる意思を有するものと推定される（★大判大正10・6・2民録27輯1038頁：百選Ⅰ-18：塩釜レール事件）。

当事者が慣習による意思を表示していなくても，土地の賃貸借につき，公租公課の増加，地価の騰貴，近隣借地料の高騰などの事情があるときには，地主が借地人に対し相当の借地料増額の請求をなしうる慣習があれば，「特ニ反対ノ意思ヲ表示セサル限リハ之ニ依ルノ意思ヲ有スルモノト推定スル」（★大判大正3・10・27民録20輯818頁）。この地代の増額の慣習は，旧借地法を通じて，現在も借地借家法11条に受け継がれている（建物の賃料につき，▶借地借家32条）。

また，当事者が慣習の存在を知っている必要があるかにつき，必要説と不要説がある。慣習の性質上，特殊な業界の慣習でないかぎり，具体的な内容まで知っている必要はない。

慣習は明文ではなく，その存否が不明確なことが多い。「事実たる慣習」に

ついては，裁判官に公知ではないから，当事者の主張・立証をまってその存否を確定するが，慣習が法の域に達していれば，当事者の主張を必要としない。また，紛争の合理的解決のために，慣習が肯定されることもある。法律行為の解釈と同様に，その探究が，価値判断を補完するために行われる。

> **民法92条と法の適用に関する通則法３条**

民法92条と法の適用に関する通則法（以下，通則法）３条（＝旧法例２条）との関係が問題となる。通則法３条によると，「公の秩序又は善良の風俗」に反しない慣習は，法令の規定により認めたものおよび法令に規定がない事項に関して，法律と同じ効力を有する。つまり，慣習法は法規に優先しないが，民法92条では，事実たる慣習は「公の秩序に関しない規定」（任意法規）よりも優先する。そこで，両者の関係が問題となる。

　学説の多くは，通則法３条がいわゆる**慣習法**，つまり人びとの法的確信にまで達した慣習を意味するのに対し，民法92条の慣習は，確信にまでは達しない，事実上行われる慣習（**事実たる慣習**）であればたりるとする。すなわち，通則法３条（法）と民法92条の慣習（法律行為の解釈の基準）は内容を異にするとみる。しかし，この見解では，より高度の慣習法よりも事実たる慣習に高い位置づけが与えられるとの矛盾がある。そこで，両条の慣習は内容的に異ならないとする学説もあり，その場合には，法的確信の有無を問題とせず，通則法３条が一般原則を定め，ただ法律行為については92条が特則を定めたと位置づけられる。

4　任意法規

　法律の規定があっても，単に当事者の意思が不明確な場合に備えて，紛争解決の基準となる規定を置いたにすぎず，意思や慣習が優先することを前提とした規定を**任意規定**という。すなわち，「法令中の公の秩序に関しない規定」（▶91条）が任意規定であり，**強行規定**である公の秩序に関する規定と区別される。たとえば，弁済の場所は，特定物の引渡し以外は，債権者の住所とされているが（▶484条，持参債務），債務者の住所において取り立てること（取立債務）の合意を妨げるものではない。

　民法中の規定が，任意規定と強行規定のいずれであるかは，必ずしも明白ではない。明示されることは稀である。個々の法規の趣旨により判断されるが，内容が法定される**物権法**には強行規定が多く，契約自由の支配する**債権法**に任意規定が多い。また，**家族関係**の法にも，社会の倫理を基礎とする強行規定が多い。しかし，現代型の契約では，平等の当事者を前提としえないことから，**特別法による保護**は強行法規的に行われることが多い（たとえば，クーリング・オフに関する規定）。さらに，近時では，強行法規による空白を埋めるための任意法規の積極的採用，すなわち半強行法規化の傾向もみられる。

3　法律行為の限界—強行規定および公序良俗

1　法律行為の限界

　　私的自治　　法律行為は，原則として自由であり，当事者の意図した効力が認められる（法律行為自由，私的自治の原則）。そこで，その法律行為につき紛争を生じたときにも，当事者がどのような法律行為をしたかを基準として，紛争の解決が図られる。

　私的自治の原則は，私人の生活関係において自由が尊重されることをいう。契約は，法律行為の中ではとりわけ重要であるから，法律行為の自由は，契約の自由を指している。契約の自由は，具体的には，契約締結の自由，相手方選択の自由，内容決定の自由，方式の自由に分けられる（➡第4巻　債権各論参照）。

　法律行為は自由であるが，**法律行為にも限界**がある。法は，国家や社会の観点から望ましくない法律行為には効力を与えず，無効とする。公序良俗，強行規定がこの限界をなしている。近代法の当初は自由が強調されたが，しだいに**市民法原理**に対する**社会法原理**が強調され，法律行為の自由も制約を受けるにいたっている。消費者保護法規などでは，多数の強行規定が置かれている。

　　合意の限界　　民法の法律行為の部分では，当事者の**意思に欠陥**がある場合や**意思の不存在**について，詐欺，強迫，錯誤，心裡留保，虚偽表示が規定され，取消し・無効によって法律行為の効力を左右するものとされている。しかし，意思は，ほかにも，**強行法規**や**公序良俗**によっても制限さ

れ，多くの**消費者保護法規**では，クーリング・オフという撤回権が付与されることによっても，限界づけられている（▶割賦35条の３の10〜35条の３の11，特定商取引９条・24条など）。もっとも，クーリング・オフは，わが国ではもっぱら政策的なものと位置づけられることが多い。

　また，近時は，理論によって，かなり広範囲な説明義務違反が認められ，損害賠償の方法により，実質的に契約の効力をくつがえすことが行われている。

Further Lesson 5-1
▶▶▶▶▶　二重効

　たとえば，意思無能力者が詐欺によって法律行為をした場合には，その意思表示は無効であるが（▶３条の２），詐欺による取消しの問題（▶96条）を生じることがないか，が問題である。比較的古い学説は，これを否定し，より強大な効力のために薄弱な効力は併呑されるから無効となるとする。法律学の自然的理解の下では，無効のためにすでに効力のないものを重ねて取消し（意思表示により無効とする手続）の余地はないとされる。

　これに対し，1911年に，ベルリン大学教授のキップ（Kipp, 1862-1931）は，このような考え方に反対し，意思無能力により無効な法律行為でも，さらに詐欺を理由として取り消しうるとした。無効と取消しの効果が異なる場合には，取消しに結合された法律効果ゆえに，これを認める利益があり，また，法律秩序はこれを排除していないとする（訴訟のさいに立証しやすいものの主張）。そして，このような効果は，法が一定の効果を生じさせようとしている技術のみによって左右されてはならず，取消しにより保護されるべき権利が，無効があり取消しをしていないからといって，否定されるのはおかしいとした。すなわち，法律効果は，有体的・自然的ではなく，規範的に捉えられ，社会的な目的適合性から解されるべきものとしたのである。

　問題の実質は，詐欺による取消しと意思無能力による無効との間で一致しない効果の競合，調整である（無効の中にも，意思無能力，公序良俗無効，取消しの中にも，詐欺，強迫，錯誤などの競合がありうる）。そして，同様の問題は，請求権の効果が一致しない場合にも生じる。この場合には，請求権競合の問題となり，一方の効果が他方の効果を凌駕するとの法条競合との対立がある。「二重効」は，総則レベルの請求権競合の問題である。

　無効と取消しは，契約の原始的な瑕疵に基づく解消の手続であり，契約の展開プロセスからすると，いわば入口の問題となる。これと類似したものとして，契約の解除と当然終了の場合がある。これは，契約の後発的解消であり，いわば出口の問題といえる。

そこでは，詐欺に近いが，必ずしも詐欺を構成しえない，詐欺の前段階の（黙示の）不実表示や，過失でも，法律行為の効力を左右する効力が付与される場合がある（地震保険と公団住宅の値下げに関する★最判平成15・12・9民集57巻11号1887頁：百選消-20，最判平成16・11・18民集58巻8号2225頁：百選消-16参照。後者は，取引的不法行為にも，自己決定権の侵害を理由とする慰謝料請求を肯定した）。

2　公序良俗

> **✖Case 5-5**　Aは，夫の死後，生活に窮し夫の友人であるBの妾となることを約した。Bは，その履行を求めることができるか（★大判昭和4・2・13新聞2954号5頁。ただし，事案の焦点は，母親の不行跡が当然に親権喪失事由となるかである）。

公序良俗の意義　公の秩序または善良の風俗に反する法律行為は無効となる（▶90条）。**公の秩序**は，国家・社会の一般的利益を，**善良の風俗**は社会の一般的倫理を意味するが，両者は相まって社会的妥当性を欠く行為の効力を否定するから，一体的に扱われるべきで，厳密に両者を区別する実益はない。フランス民法は，公序違反に言及し，ドイツ民法は，良俗違反のみを対象とするが（立法過程でこのように限定した），基本的な内容には大差はなく，わが民法上概念的な区別にあまり意味はない。また，公序良俗に反するとして無効となるのは，たんにその法律行為がどのような事項を目的としているかという内容にのみ着目しているわけではなく，法律行為が行われた過程その他の諸事情が広く考慮される。

　民法は公序良俗を法律行為の総則として規定したが，民法の基本的理念として，法律行為以外の分野でも基準となりうる。たとえば，不法行為や不当利得の判断基準ともなるからである。なお，このような基本理念としての役割では，今日では信義則や権利濫用の禁止も定められ，かつそれらはより柔軟な規定であることから，公序良俗の果たす機能は縮小した。

　公序良俗に反する行為は，絶対的な無効であるから，追認も許されない。たとえば，**Case 5-5**のように妾契約で，AがBに対し妾になる約束をしても，現在その履行を求めることも，追認することも認められない（➡148頁参照）。

また，公序良俗違反の行為が履行された場合には，原則として原状回復が許されない。すなわち，**不法原因給付**（▶708条）となるから，給付者Bもまた，すでに給付したもの（妾とするためにAに金品を与えた場合）の返還をAに対して求めることはできない。裁判所は，不法な行為には積極的にも消極的にも協力しないのである。

> **⚡ Case 5-6**　Aは，Bに金を貸したが，Bは，麻薬の輸入をするための代金にあてるために借金したものであり，Aもそれを知っていた。Aは，Bへの貸金の返還を請求できるか。

動機の不法　法律行為の内容そのものは公序良俗に違反しないが，その法律行為によって当事者が意図した目的や動機が公序良俗に反する場合に，法律行為の効力がどうなるかが問題となる。法律行為の観点からすると，このような目的は，当事者の**動機ないし縁由**にすぎない。しかし，これを法律行為と完全に切断し，その効力に影響しないとすることも，つねに影響するとすることも妥当ではないことから，この中間に種々の基準が提唱されている。

　行為の動機が不法であっても，相手方はそれを知りえないので，動機の表示が必要とするのが通説である。判例は，動機が相手に**表示**された場合に，法律行為も不法性を帯び，公序良俗に反するとする。たとえば，AがBに金を貸す際に，Bが賭博に敗れCに対する債務の弁済にあてることをAが知っていたことから，AのBに対する貸金返還請求を否定した事例がある（★大判昭和13・3・30民集17巻578頁）。「之により借主をして賭博を為すことを容易ならしめ将来も亦其の資金の融通を受け得べきことを信頼して賭博を反復せしむるが如き弊を生ずる」おそれがあるからである。また，密航資金融資事件（★大判大正5・6・1民録22輯1121頁）では，Bの子Cが外国に密航する資金を，Aが知った上で，Bに貸し付けた事件で，貸付けが無効とされた（不法原因給付＝708条に関する）。さらに，カセイソーダの密輸事件（★最判昭和29・8・31民集8巻8号1557頁）がある。

　これに反し，公序良俗に反する動機が示されていない場合には，内心の一方

的な思い込みにすぎず，法律行為は無効とならない。これをすべて無効としていたのでは，取引の安全を害するからである。

　学説では，単に表示されただけではなく，相手方に認識あるいはその可能性がある場合をも含むとする見解が有力である。また，公序良俗違反の程度が弱いときには，動機の表示が必要であるが，強い場合には不要とする見解，相手方の観点から，不法な動機の法律行為は無効であるが，善意無過失の者に対しては無効を主張できないとする善意者保護説もある。

直接適用説・間接適用説　　**憲法規範**が，私法行為に直接適用されるかについては争いがあり，これを否定する学説では（間接適用説），憲法規範は，公序良俗規定により具体化されることによって具体的に判断される。憲法には，本来，他の法律が国民を規制するのとは異なり，国家機関を名宛人とするとの特徴があり，とりわけ基本的人権は，国家機関による権力の濫用を防止するための制度だからである。しかし，その理念は，国家機関以外にとっても重要な指針となる。たとえば，法の下の平等である。そこで，民法90条による間接適用が論じられるのである。これに対し，直接適用説は，憲法規範が直接私人間にも適用され，私法上の行為の効力の判断基準となるとする。間接適用説では，自衛隊基地に使用する土地の売買には，憲法9条は直接には適用されず，私人間の利害関係の公平な調整を目的とする私法の適用を受けるにすぎない。そこで，民法90条によって，売買契約を全体的に観察して私法的な価値秩序のもとでその効力を決することができるにすぎないとされる（★最判平成元・6・20民集43巻6号385頁は適用を否定した）。

　男女の差別につき，労働法上，女子の若年定年制（たとえば，男子は60歳，女子は55歳定年という規則）は，雇用機会均等法（▶6条4号，退職の勧奨，定年，解雇，労働契約の更新における差別的取扱の禁止。1972年施行）に違反するが，民法上も，性別のみによる不合理な差別を定めたものとして90条に違反するとされる（★最判昭和56・3・24民集35巻2号300頁：百選Ⅰ-13）。

3　公序良俗の分類

　他の一般条項と同じく，公序良俗も，抽象的規範であり，それだけでは法的

安定性を欠くことから，類型化することにより，判断・評価の客観性を図ることが必要となる。判例上，財産的秩序に反する行為，家族・倫理的秩序に反する行為，自由・人権を害する行為がみられ，学説でも，この三者に分類することが多い。

財産的秩序に反する行為　**(1)　他人の無思慮・窮迫に乗じて不当の利を博する行為，暴利行為**　暴利行為は公序良俗に反する。古くは，債務不履行に際し**過大な損害賠償の予約**をする契約がこれにあたるとされた（★大判昭和 7 ・ 4 ・ 8 民集11巻582頁）。ドイツ民法138条 2 項は，一般的に良俗違反を禁じるほかに，他人の無思慮・窮迫に乗じて不当の利を博する行為を禁じる。わが判例も，同様の基準をとり，暴利行為その他の不当な利益を得る行為を制限する（改正法の中間試案にはこれを明文化する意見もあったが，脱落した）。なお，利息制限法は，明文をもって暴利行為である高利を制限している（★最判昭和28・12・18民集 7 巻12号1470頁，消費貸借契約自体は無効とならない）。

　貸金業法の2003年改正では，年利109.5％を超える貸付けについては，**消費貸借の契約**を無効とすると定めた（▶貸金42条の 2 ）。しかし，高利対策の決め手として，元本の返還請求権を否定することは見送られた。元本の返還請求をも認めないと，借り手のモラルハザード（返すつもりなしに借りる）をもたらす可能性があるからである。そのあとは具体的な解釈の問題となるから，元本が不法原因給付となれば，その返還も制限されるが，そうでなければ，元本の返還請求は可能となる（★最判平成20・ 6 ・10民集62巻 6 号1488頁：百選消-57は，ヤミ金の貸付につき，元本の損益相殺を否定し，実質的に元本の返還請求を否定）。

　過大な損害賠償の予定，損害金支払契約についても公序良俗違反が問題となる（★最判昭和29・11・ 5 民集 8 巻11号2014頁。旧利息制限法下の商事の貸金の損害金の約定で，月 1 割とするもの。旧利息制限法 5 条の適用がなく，公序良俗違反を否定。なお，消費者契約法 9 条をも参照）。ただし，法人（産業組合）への出資過怠金（ 1 日につき払込金額の200分の 1 ）のように，債務の履行確保が強く望まれる場合につき，公序良俗違反となることを否定した裁判例がある（★大判昭和10・10・23民集14巻1752頁）。無効としてしまったのでは，かえって資本の充実を妨げるからである。

　判例上，少額の貸金債権の担保のために，高額の不動産を代物弁済として債権者が取得する契約で，**代物弁済予約**が無効とされた場合が多数ある。たとえば，債権者が，5000円の貸金債権のために，債務者の所有する土地・建物（総額で約 3 万円）の代物弁済の予約を受けたケースにおいて，債務者が契約当時経済的に困窮したことに乗じて，貸金額の数倍の価格を有する不動産を代物弁済とすることを約束させる行為が公序良俗に反し無効であるとされた（★最判昭和27・11・20民集 6 巻10号1015頁）。

　しかし，公序良俗は，all or nothing な解決であり，無効となる場合には暴利を防止することができるが，そうでない場合には暴利を放任する結果となる。また，その境界が問題となる（たとえば，100万円の債務につき，1000万円のもので代物弁済させる契約は，無効になるとしても，アンバランスが，5 倍，3 倍，2 倍と低減化されると，しだいに微妙になる）。

　そこで，昭和40年代に，代物弁済予約では，公序良俗違反と構成するよりも，**清算**の方法をとるとする判例法の進展をみた。すなわち，債権者は，代物弁済の予約の契約に従って目的物の所有権を取得しうるとしても，債権額と目的物の価値との差額を債務者に清算するべしとするものである（★最判昭和42・11・16民集21巻 9 号2430頁，最大判昭和49・10・23民集28巻 7 号1473頁）。そして，この判例法を成文化するかたちで，1978（昭和53）年に「仮登記担保契約に関する法律」が制定された（➡第 2 巻 物権法参照）。譲渡担保についても，古くは公序良俗違反が問題とされたが（★最判昭和38・1・18民集17巻 1 号25頁），その後は，代物弁済の予約と同様に，担保的性質に基づき清算義務が肯定されている（★最判昭和46・3・25民集25巻 2 号208頁：百選Ⅰ-94）。特別法がない**譲渡担保**などの非典型担保では，今日でもこの判例に意義がある。

　(2)　**他人に著しい損害を加える行為**　とくに他人の生存の基礎たる財産を失わせる行為は，自由競争の行きすぎで公序良俗に反する（★最判昭和25・4・28民集 4 巻 4 号152頁，否定例。後妻の将来を心配して所有する一切の不動産・動産を贈与することは，長子相続制の下においても公序良俗に反するものではない）。この類型では，とくに宗教団体への**全財産の贈与**が問題となる（ドイツ法は，明文でこれを無効とする）。

　わが国でも，宗教団体に帰依し生活をともにする方式で全財産を贈与した後に，団体から脱退する際に，どのような請求ができるかは問題となるが，最判平成16・11・5民集58巻8号1997頁（百選消-106）は，「無所有」を実践している団体に加入するにあたり全財産を出捐した者が，同団体から脱退したことにより，出捐した財産のうち返還を肯認するのが合理的かつ相当と認められる範囲で不当利得返還請求権を有するとした。直接の問題は，不当利得であるが，その成立には，公序良俗による契約の一部無効，あるいは契約の目的不到達があるものと考えられる。

　また，当事者の一方が，**優越的地位を濫用**して，他方当事者に過酷な内容の契約を締結させる行為は，公序良俗に違反する。たとえば，先物取引である（★最判昭和61・5・29判時1196号102頁）。後述の**消費者契約法**は，消費者を保護するために，消費者の利益を一方的に害する条項につき広く無効事由を定めた。

　また，**保証契約**は，無償の契約であるにもかかわらず，保証人に多大の負担と損害をもたらす可能性がある。従来，保証人の責任を強化する議論は盛んであったが，これを制限する議論は必ずしも十分ではない。身元保証や根保証など，期間と限度額の定めのないものの一部については法律による制限があるが（**身元保証法**，▶465条の2参照），それ以外のものについては，個別の制限理論のほか，信義則や公序良俗のような一般条項による制限が考慮される必要がある（たとえば，金融機関が債務者の未成年の親族を保証人にさせる場合である）。2004（平成16）年の民法改正に際して，**貸金等根保証契約**（さらに2017年改正で，個人根保証契約に改正）に関する規定が設けられた（▶465条の2）（➡第3巻 債権総論参照）。

　不動産の**二重譲渡**についても，公序良俗を適用した裁判例がある（★最判昭和36・4・27民集15巻4号901頁）。A・B間の山林の二重譲渡の事実を熟知していたCが，買主Bとの紛争に復讐するため低廉な価格で買い受け登記をした場合に，90条による無効を認めたものである。公序良俗は，その限界づけがむずかしいことから，むしろ物権法の枠内で解決するために，177条に関する**背信的悪意者論**によるべきであろう。

　（3）　**射倖行為**　　社会の健全な勤労の意欲を失わせ，また著しい損害を発生させる射倖行為は，健全な財産的秩序に反し公序良俗に反するものとされる

（前掲★大判昭和13・3・30）。とりわけ**賭博**行為である。賭博に勝った者は負けた者に対して賭博の金を請求することはできない（★大判大正5・8・12民録22輯1646頁，最判昭和46・4・9民集25巻3号264頁）。

　また，賭博債権の債務者が，異議をとどめずに債権の譲渡を承諾したときでも，譲受人に対して公序良俗による無効を主張することができる（★最判平成9・11・11民集51巻10号4077頁）。ただし，伝統的な相互扶助である**頼母子講**の講金を受ける契約は，講の当選の順序は射幸的であるが，全員が順に講金を受けることができるから，公序良俗に違反するものではない（★大判明治36・6・30民録9輯818頁）。

　保険契約は，保険金債権の発生が偶然の事由に依存する点で，また終身定期金契約は，定期金債務の存続期間が不確定な将来の事実（生存期間）に依存する点で，それぞれ射幸的であるが，合理的な統計的基礎に基づき，また社会扶助的な性格を有するものであることから，有効であり，法律の規定もこれを前提としている（生命保険は▶保険37条以下を，終身定期金は▶689条参照）。

　(4)　**犯罪に関する行為**　刑法上の犯罪に関する法律行為の多くは，公序良俗違反となる。入札における**談合罪**（▶刑96条の3第2項）は，同時に談合による不正行為として，民法上も公序良俗違反となる（★大判大正5・6・29民録22輯1294頁，大判昭和14・11・6民集18巻1224頁など）。**贓物（盗品）の売買**を委託する契約も公序良俗に反する（★大判大正8・11・19刑録25輯1133頁）。

　(5)　**対価と結合することが公序良俗違反となる行為**　行為自体は不法でなくても，金銭と結びつくことによって不法性を帯びることがある。犯罪・不法行為をしないという約束は対価がなくても当然であるから，**対価によって約束**する場合は（対価なしには不法行為をすることに通じ）これにあたる（★大判明治45・3・14刑録18輯337頁）。そのほか，行為の性質上対価を伴うべきでない行為や（不法行為にまではいたらないが，いやがらせをしないという場合），偽証を撤回するために対価を支払う契約も同様である（★最判昭和45・4・21判時593号32頁）。もっと明確なかたちで，不法行為をしないことを条件とする法律行為は，明文上無効とされる（▶132条）。

　私通関係をやめるために金銭的利益を得る行為は，公序良俗に違反する（★

大判大正12・12・12民集2巻668頁）。私通関係をやめると返還するものとする消費貸借も，不当な関係の存続に利用されるから公序良俗に違反する。**臓器売買**は，法律上禁止されている（▶臓器移植11条）。

(6)　**営業自由や財産権行使の過度の制限**　他人の**営業**を極端に制限する行為は，公序良俗に違反する。たとえば，被用者の退職後，使用者と同じ営業をしないという契約である。ただし，地域と期間を限る場合は違反とならない（★大判昭和7・10・29民集11巻1947頁）。永久に譲渡しない約束でした土地の贈与契約は，公序良俗に違反する（★大判明治32・3・15民録5輯3巻20頁）。ただし，不動産を贈与する際に，永久に処分を禁じるのは無効だが，贈与契約自体は無効とならない（★大判明治45・5・9民録18輯475頁）。

✍ Topic 5-1
保険買取契約（保険金の受領権を売却する死亡保険契約）

　その社会的相当性が問題となっている契約として，保険買取契約がある。たとえば，生命保険契約をしているＡが困窮し，月々の保険掛金（例として，1万円ぐらい）が支払えない状態にある。死亡すれば，かなり高額の保険金を取得できるが，生きている間に，保険金の利益を享受したいと思っても，解約した場合の解約返戻金は，スズメの涙にすぎない（3000万円の保険を**解約**しても，数十万円にしかならないことが多い）。

　そこで，買取会社Ｂが，この契約を買い取って（Ａの余命を予測して，死亡後の保険金から割引いて価格を決める），代わりに掛金を支払うことが考えられる。そのために，生保会社Ｃに対して，保険料を支払う契約者と受領者をＡからＢに変更する手続をする。その上で，Ｂは，Ａに代金を支払い，以後保険料も負担して，死亡時に保険金を受領することとするものである。

　アメリカでは，1980年代からエイズや心臓病患者の支援から一定の要件下で肯定されているが，Ａが長期間生存すると，Ｂは予測がはずれ損をし，逆にＡが早く死ぬほど，Ｂは有利になる。犯罪誘発の可能性もあり，日本の下級審の裁判例には，否定したものがある（★東京高判平成18・3・22判時1928号133頁）。

　類似のものに，高齢者の不動産のリバースモーゲージがある。Ａが家屋を売却し，死亡後に引渡すこととして，代金をＢから年金として受領する契約である。こちらの方は，一定の要件の下で，すでに活用されている。契約内容によっては，公序良俗違反が問題になる可能性もある。

(7) **消費者保護**   伝統的な公序良俗の下では，私法的な自由が尊重され，それに対する制限は，例外的なものと位置づけられる。そこで，公序良俗のように，契約の内容に立ち入って修正する場合は，せいぜい取引制度そのものを否定するような行為や，暴利行為だけである。前者は，刑法的規制に反するものであり，もともと私的自治の範囲外にあり，後者も，ときとして刑罰法規の対象であり，そうでない場合でも，私的自治を逸脱する内容と程度が求められた。すなわち，単なる数額的な暴利だけではたりず，詐欺・強迫に準じた「他人ノ窮迫軽卒若ハ無経験ヲ利用シ著シク過当ナル利益ノ獲得ヲ目的トスル法律行為」（★大判昭和9・5・1民集13巻875頁：百選Ⅰ-14）が必要とされたのである（なお，同様の文言の▶ド民138条2項がある）。

　しかし，このような限定は，公序良俗の機能に著しい制限をもたらす。西欧法の伝統の下では，「暴利」とは，古くは利息をとること自体（利率によらず）と同義であったし，利息の徴収が合法化された後にも，法定利率を超えることと同義であった。今日でも，制限利率は，わが国とは比較にならないほど低く，また刑罰規定も厳格である（比喩的にいえば，わが利息制限法違反程度でも暴利となりうる）。ここに，わが**公序良俗規定を見直す**一般的な契機が存在する。

　下級審裁判例や学説でも，消費者保護につき，比較的広く90条を活用する見解が有力となりつつあり，従来の枠内で，消費者保護に90条を活用できるとするものも，公序良俗から暴利行為あるいは**消費者公序**を分別し，反社会性を重視する伝統的な公序良俗に比べて，要件・効果を緩和しようとするものもある。また，公序良俗を全部無効型と均衡回復型に分け，後者の要件を緩和しようとするものもある。

家族・倫理的秩序に反する行為　(1)　**婚姻秩序に反する行為**　**人の倫理**に関する秩序や**一夫一婦制**を害することを目的とする法律行為は無効である。たとえば，**妾契約**である。**売春取引**も同様である（★大判昭和12・5・26民集16巻881頁）。私通関係の存続するかぎり返還の請求をせず，関係の断絶したときに請求をするとの特約をして金銭を貸し付ける行為も，消費貸借契約が妾関係の維持を目的としているから，無効である（★大判昭和9・10・23新聞3784号8頁）。法律上の妻がいるのに，離婚したら他の女性と婚姻するという予

約は，公序良俗に反する（★大判大正4・1・25評論18巻民234頁，大判大正9・5・28民録26輯773頁）。

　もっとも，不倫の相手方である女性に，遺産の3分の1を包括遺贈することは，公序良俗に違反しない（★最判昭和61・11・20民集40巻7号1167頁：百選Ⅰ-11。夫婦間が別居状態で，夫婦間の子もすでに嫁いで独立しているような事情があった場合である。離婚に関する従来の有責主義から破綻主義に移行した★最大判昭和62・9・2民集41巻6号1423頁：百選Ⅲ-15に先立つものとして注目される）。また，**妾関係を維持**するために贈与する契約は，公序良俗に反するが，私通関係をやめる際に，慰謝の趣旨で贈与することは公序良俗に違反しない（★大判昭和12・4・20新聞4133号12頁）。前述のように，私通関係の維持のための約束では，無効である。

　婚姻中の夫婦間で将来離婚する際に金銭を交付すると約する行為（**財産分与の約束**。★大判大正6・9・6民録23輯1331頁）や，不倫関係を断つ際に慰謝目的で交付される真実の**手切金**の契約は有効である（前掲★大判昭和12・4・20）。不倫な関係の存続に利用される場合は無効である。

　(2)　**親子間の道義に反する行為**　　親子間の道義に反する行為も，それが著しい場合には公序良俗に反することがある。たとえば，母と子が同居しないという父子間の契約は，公序良俗に反する（★大判明治32・3・25民録5輯3巻37頁）。

自由・人権を害する行為

　(1)　芸娼妓契約（げいしょうぎ）　　他人の自由を極度に制限し，その結果人権を害する行為は，公序良俗に反する。かねて問題となったのは，芸娼妓契約である。明治5（1872）年10月2日の太政官布告295号および同年10月9日の司法省達22号は人身売買を禁じたが（**芸娼妓解放令**），明治6年には娼妓・芸妓を公認する法令が出され，さらに明治33年の娼妓取締規則（内務省令）は，一定の制限の下で，芸娼妓を公認した（1946〔昭和21〕年廃止）。第二次世界大戦後，1956（昭和31）年に売春防止法が制定された。

　社会の倫理観念は変転しており，これをうけて判例にも変化がみられる。判例には古く芸娼妓契約を無効とするものもあったが，その後の大審院時代の判例は，おおむね芸娼妓契約を金銭消費貸借と人身拘束の2つの部分に分け，後

者を無効とし前者を有効とし，一部無効として処理してきた（★大判大正 7 ・
10・12民録24輯1954頁，大判大正10・ 9・29民録27輯1774頁）。

　しかし，戦後，最高裁は，一部無効の扱いを改め，契約を全面的に無効とし
た（事案は見方によっては，契約結合の例ともなる）。父親が前借りした 4 万円の借
金のために，16歳にも達しない娘が住み込みの酌婦稼業をし，その報酬金を弁
済にあてる契約に関する。娘が逃亡したので，貸金の返還を求めたが，請求は
棄却された（★最判昭和30・10・ 7 民集 9 巻11号1616頁）。

　戦後は，より緩和された形態の契約も問題とされる。たとえば，バーなど
で，客の飲食代金をホステスが**保証**することによって，売掛代金の確保を図る
契約の効力である。すなわち，ホステスＡが「自己独自の客としてのＢとの関

✐ Topic 5-2

マリア・ルース号事件と芸娼妓解放令

　わが国で，人身売買の禁止が明示的にうたわれたのは，明治 5 （1872）
年 7 月のマリア・ルース（Maria Luz）号事件を契機とする。ペルー船籍
のマリア・ルース号が，横浜に寄港しており，同船で苦役に服していた中
国人労働者がイギリス船に保護され，その引渡しをうけた日本側は船長を
訴追したが，ペルーの船長側は，中国人労働者に契約の履行を求めた。日
本側は，苦役や虐待の状況から奴隷の輸出行為にあたるとして，契約を無
効としたが，ペルー側は，日本では芸娼妓が重大な苦役に服していること
（つまり契約が無効ではないこと）を援用した。日本とペルーが仲裁契約
を結び，ロシア皇帝を裁判官とする**仲裁裁判**に付託したことから，この事
件は日本が当事者となった最初の国際裁判の事例としても著名である。

　明治 5 年10月 2 日の太政官布告295号は，人身売買の禁止と年期奉公人
（娼妓芸妓）の解放をうたっており，著名な同年10月 9 日の司法省達22号
「娼妓芸妓ハ人身ノ権利ヲ失フ者ニテ牛馬ニ異ナラス。人ヨリ牛馬ニ物ノ
返弁ヲ求ルノ理ナシ。故ニ従来同上ノ娼妓芸妓ヘ借ス所ノ金銀並ニ売掛滞
金等ハ一切債ルヘカラサル事」は，ペルーの主張に反駁する意味が込めら
れている。民法制定前には，このように**権利能力**を**制限**する方法によるこ
とが可能であったが，民法はすべての人に権利能力を認めるから，**公序良
俗**の問題として解決しなければならない。

　もっとも，明治 6 年には娼妓・芸妓は公認され，戦前は，一定の制限の
下で，広く芸娼妓の制度が存続した。その私法上の効果についても，本文
で述べたとおりであり，公序良俗の判断の推移を物語るものとなってい
る。

係の維持継続を図ることによりＣの経営するクラブから支給される報酬以外の特別の利益を得るため，任意にＣに対してＢに対する掛売を求めるとともに本件保証契約を締結した」場合につき，保証契約がいまだ公序良俗に反するものとはいえないとした裁判例がある（★最判昭和61・11・20判時1220号61頁）。これに対し，学説では，ホステスと顧客の間に特別の関係があるとして有効性を肯定する見解と，ホステスの歩合が売り上げのごく一部にすぎず，利益の大半は店に帰属することから，無効とする見解がある。なお，近時では，外国人女性を拘束する人身売買まがいの雇用契約が問題となっている。

(2)　**差別の契約**　　女性の**定年**を男性と差別する条項は，男女の雇用期間の均等に反し，民法上も公序良俗に違反する（★最判昭和56・3・24民集35巻2号300頁：百選Ⅰ-13。なお，▶雇用機会均等6条4号参照）。男女差別だけでなく，人種差別も同様である。

(3)　**思想・信条による差別**　　人の**思想・信条**の自由を著しく害する行為や人を差別する行為も，公序良俗に反し無効となる。ただし，企業が特定の思想を有する者の雇用を拒否しても違反しないとの最高裁判例がある（★最判昭和48・12・12民集27巻11号1536頁）。上述の性別，思想，信条のほか，出生，宗教，年齢，障害，人種，民族，遺伝子による差別の契約もその効力が問題となろう。

(4)　**生命・身体を害する契約**　　たとえば，殺人の契約である。人の生命・身体に危険を及ぼすような建築をする契約も公序良俗として無効たりうる（★最判平成23・12・16判時2139号3頁：百選消-70）。

4　強 行 規 定

> **✂ Case 5-7**　Ａは，Ｂにビルの建築設計を請け負わせたところ，Ｂは耐震強度を偽装して，軽度の地震でも倒壊する程度の強度の設計をした。設計請負契約の効力はどうなるか。設計が，当該の市の日照規制に反したため，ビルが隣家Ｃの家の日照を妨害するような場合はどうか。

強行規定の効力　　公の秩序に関する規定を**強行規定**あるいは**強行法規**という。任意規定に対し，当事者の意思に左右されずに適用

される規定である。90条の公序良俗ほど一般的ではなく，より具体化された規定である。ドイツ民法では，法律の禁止に違反する法律行為は無効と規定する。

わが民法では，91条の反対解釈から，公の秩序に関する規定は，当事者の意思よりも優先することとなり，また，92条の反対解釈から，慣習は，公の秩序に関しない規定に優先するから，公の秩序に関する規定は，慣習よりも優先することとなる。

強行規定に関する先例　契約に関する規定でも，当事者の一方を保護するべき場合には，特別法によって強行規定を定めることがある。たとえば，借地借家法は，正当の事由がある場合でなければ，賃貸借の更新を拒絶し，または解約の申入れができないとする。そして，同法30条は，この規定に反する特約で，賃借人に不利なものを無効とする。そこで，子どもが生まれたら立ち退くというような契約をしても，無効となる。こうして，借地借家法は，強行規定であることを明文で定めているが，民法の条文では，どの規定が強行規定であるかは，必ずしも明示されていないから，個々の条文の解釈による。

権利の内容が第三者に対しても一義的に明確である必要のある**物権法**では，強行法規が多く，他方，契約自由の原則の支配する**債権法**には，比較的，任意規定が多い。たとえば，所有権の内容は，使用・収益・処分を包括するものであり（▶206条），処分権のない「所有権」はありえない。そこで，A・B間で贈与する際に，他に譲渡しない契約をしても，それは，当事者間の契約にとどまり，Bがこれに反してCに譲渡しても，Cは，完全な所有権を取得するのである（A・B間の契約違反となることは別の問題となる）。**物権法定主義**（▶175条）は，単に物権の種類が限定されているだけでなく，その内容も定められていることを示している。もちろん，明文では明らかでないことも多く，たとえば，法定地上権を排除する抵当権設定者と抵当権者との特約は否定される（★大判明治41・5・11民録14輯677頁。内容は物権法を参照されたい）。

他方，債権の目的には，限定がない（▶399条参照）。しかし，無制限というわけではない。強行規定に違反した行為として無効とされたものとしては，たとえば，**名板貸契約**（★大判大正15・4・21民集5巻271頁，最判令和3・6・29民

集75巻 7 号3340頁：百選 I -15)，**斤先堀契約**（★大判昭和19・10・24民集23巻608
頁），**価格統制令違反**（★大判昭和20・11・12民集24巻115頁），有料の職業紹介の
手数料の最高額（▶職安32条 6 項）を超えた契約の部分を無効とした判例などが
ある（★最判平成 6・4・22民集48巻 3 号944頁）。証券取引法（現金融商品取引法）
の改正前の**損失保証契約**（改正により罰則が付加された）も，公序良俗に反し無
効となる（★最判平成 9・9・4 民集51巻 8 号3619頁）。これらは，後述の取締規
定との区別が問題となる。

　弁護士の資格のない者が弁護士法72条本文前段に反して締結した委任契約は
無効とされる（★最判昭和38・6・13民集17巻 5 号744頁）。しかし，司法書士が司
法書士法旧 9 条（▶現 3 条 8 号）に違反して委任を受けて締結した和解契約
は，直ちに無効とはいえない（★最判昭和46・4・20民集25巻 3 号290頁。最判平成
29・7・24民集71巻 6 号969頁，弁護士法違反）。**法の禁止の強度**，違反の社会的な
効果の差や，違反の具体的結果などを考慮する必要がある（▶678条が強行規定
であるとした★最判平成11・2・23民集53巻 2 号193頁：百選 I -16参照）。

　利息制限法に反する利率の消費貸借契約では，制限を超過した部分は無効と
なる。効果は，一部無効となる。ただし，前述のように，年利109.5％を超え
る貸付けについては，消費貸借の契約が無効となる（➡143頁参照）。

　また，利息制限法に違反した超過利息の支払いにつき，**期限の利益喪失特約**
が付されていても，文言どおりの効力を認めると，債務者が，期日に制限超過
部分を含む約定利息の支払いを怠った場合には，期限の利益を当然に喪失し，
残元本全額および経過利息を直ちに一括して支払う義務を負うことになり，そ
の不利益を避けるため，本来は支払義務を負わない制限超過部分の支払いを強
制することとなるから，期限の利益喪失特約のうち，制限超過部分の支払いを
怠った場合に期限の利益を喪失するとする部分は，無効となる。そこで，債務
者は，支払期日に約定の元本および利息の制限額を支払いさえすれば，制限超
過部分の支払いを怠ったとしても，期限の利益を喪失しない（期限の利益喪失特
約の一部無効。★最判平成18・1・13民集60巻 1 号 1 頁：百選消-56ほか。ちなみに，
このような特約の下で支払っても，債務者が自己の自由な意思によって制限超過部分を
支払ったものということはできないから，貸金業法旧43条のみなし弁済の適用は受けな

いとされた）。

5　取　締　規　定

> **▓ Case 5-8**　過剰商品を処分しようとして，Ａは，通行人Ｂに路上で電器製品を売却したが，そこは，市町村の条例で，路上販売が禁止された場所であった。Ａのした売買契約の効力はどうなるか。

取締規定の意義　　法が一定の行為を禁じている場合でも，取締規定と強行規定は異なる。一定の行為について国家が免許や資格を要求したり，取引を制限し価格を統制するなど，おもに行政上の目的によって私法上の行為を制限する規定を**取締規定**という。

取締規定違反行為の場合　　取締規定に違反した行為については，倫理的にも直ちに問題のある行為であるとはいえないから，その私法上の効果は，法規の立法趣旨によって個別に判定される。

（1）　**行政法規上の要件に違反した場合**　　一定の行為や**営業**について，警察・行政的に要求される**届出**，**登録**，**あるいは許可**を受けないで行為をした場合が問題である。行為や営業についての規制はあっても，取引行為自体には影響がなく，行為は有効と解される（**Case 5-8** の場合）。そこで，営業許可を得ていない，いわゆる白タクは，道路運送法上は処罰の対象となるが（▶道路運送4条），これに違反して客を乗せても，その運送契約は無効ではなく，運賃の請求ができる（★最判昭和39・10・29民集18巻8号1823頁）。取引の目的物につき検査を要するのに検査を受けないでした行為も同様である。

単なる**秩序的な規定**違反の場合には，罰則の適用はあっても，行為の効力は必ずしも否定されない。禁止の趣旨がそれほど強くないからである。たとえば，食肉の売主が**食品衛生法**による営業許可を得ていないというだけでは，取引は無効ではない（★最判昭和35・3・18民集14巻4号483頁）。もっとも，禁止の限界は必ずしも明確ではないから，法の趣旨と事案を考慮して効力を判定しなければならない。近時の，**規制緩和**の観点からは，参入を制限する趣旨の届出，登録，あるいは許可といった制限自体が撤廃されることがある。

（2）　**行政法規による禁止自体に違反した場合**　　行政法規が一定の**行為その
もの**を禁止している場合に，それに違反した行為は私法上有効か。農地3条7
項はその効果を明文で定めているが，多くの場合に，効果は必ずしも明確では
なく，法の趣旨により判断されなければならない。法の禁止の趣旨が強い場合
には，私法上の効力をも否定する必要がある。たとえば，人の生存・健康等に
かかわる禁止規定違反の行為である。

　いわゆる**有毒アラレ事件**は，有毒のアラレが売買され，その代金が請求され
た事件である。「アラレの製造販売を業とする者が棚砂の有毒性物質であり，
これを混入したアラレを販売することが食品衛生法の禁止しているものである
ことを知りながら，敢えてこれを製造の上，同じ販売業者である者の要請に応
じて売渡し，その取引を継続したという場合には，一般大衆の購買のルートに
乗せたものと認められ，その結果公衆衛生を害するに至るであろうことはみや
すき道理であるから，そのような取引は民法90条に抵触し無効のものと解す
る」とし，代金支払義務を否定した（★最判昭和39・1・23民集18巻1号37頁）。

　外国為替および**外国貿易管理法**の規定に違反した行為は刑事法上違法である
が，私法上有効である（★最判昭和40・12・23民集19巻9号2306頁）。また，これ
に違反して締結した保証契約も私法上有効である（★最判昭和50・7・15民集29
巻6号1029頁）。預金担保貸付である，いわゆる歩積・両建（預金を拘束しこれを
担保にする貸付け）は，**独禁法**19条に違反することがあるとしても，それが公序
良俗に違反するような特別の場合を除き，直ちに私法上無効とはいえない（★
最判昭和52・6・20民集31巻4号449頁）。

（3）　**行政法規違反の裁判例**　　行政法規違反として，とくに問題とされた以
下の裁判例がある。

（a）　名板貸契約　　**名板貸契約**は，営業者が営業上の名義を他人に貸与し，
自己の名義で営業を許すことをいう。一般的にこれを制限する理由はないか
ら，名板貸契約も無効とはいえない。もっとも，法が一定の営業につき営業者
の資格を制限して名板貸を禁じる場合には，契約の効力が問題となる。禁止し
た法の趣旨により判断されるが，このような契約は私法上も無効とされる。な
お，いずれの場合でも，名板貸人の第三者に対する責任が生じるのは当然であ

る（▶109条，商14条）。金融商品取引法は，証券会社は，自己の名義をもって，他人に証券業を営ませることを禁止し（▶36条の3），また商品取引所法も，会員の資格を厳格に法定している（▶190条以下）。そこで，これらの場合の名板貸契約は無効である（旧取引所法11条に関する★大判大正15・4・21民集5巻271頁）。ただし，名板借人が第三者とした取引自体は有効である（★大判昭和9・3・28民集13巻318頁）。

　(b)　斤先掘契約　　**斤先掘契約**は，鉱業権者が鉱物の採掘権を第三者にゆだね，鉱業を実行させる契約である。旧鉱業法（明治38年法）は，鉱業権は相続，譲渡，滞納処分および強制執行の目的とする場合のほか権利の目的とすることができないとしていたので，その私法的効力が問題とされ，判例は斤先掘契約を無効とした（★大判大正2・4・2民録19輯193頁）。しかし，斤先掘人と第三者との間の法律行為は，有効とみることができる。名板貸契約の場合と同様である。1950（昭和25）年の鉱業法は，租鉱権につき（▶71条以下），斤先掘契約を一定の要件の下に合法とした。

　(c)　経済統制法規違反　　**経済統制法規**に違反した行為については，判例は，おおむね法の立法趣旨を探って，単なる取締法規違反として有効とする場合も，無効とする場合もあるとする（★最判昭和29・8・24民集8巻8号1534頁，最判昭和30・9・30民集9巻10号1498頁）。経済統制法規違反行為に基づく給付を**不法原因給付**（▶708条）とするかについても，判例は，708条の「不法」を限定し，返還請求を肯定することが多い（★最判昭和35・9・16民集14巻11号2209頁，最判昭和37・3・8民集16巻3号500頁）。経済統制法規は，それ自体が近時の規制緩和の下で減少しつつあるが，その流れの中で，取締法規と評価される契機も増大している。

消費者保護　と の 関 係　取締規定違反の効力は，従来，当然には私法的な効力を左右しないものとされてきた。倫理的にまで直ちに不法とはいえない場合が多いからである。しかし，公序良俗の適用範囲の拡大と同様に，とくに消費者保護の目的達成のためには，私法的効果をも左右することが望ましい場合もある。上述の規制緩和（➡154頁）とは逆の方向であるが，このような変化には，たとえば割賦販売法のようないわゆる業法（事業者の営業規制法）

に，しだいに消費者保護の規定（クーリング・オフなど）が盛り込まれてきたといった法の性格の変遷が反映されている。

6 脱法行為

> **◆◆ Case 5-9**　Aは，B所有の機械を質物として預かろうとしたが，その機械は，Bが営業を継続するために不可欠なものであった。そこで，機械の所有権だけを移転させ，占有はBのもとにとどめておいた。これは，質権の脱法行為となるか。

脱法行為の意義　強行法規に直接には違反しないが，実質的に違反する法律行為を，**脱法行為**という。法律が明文で脱法行為を無効とする場合もあるが（たとえば，利息制限法3条に，手数料名目で高利をとることに対し，みなし利息の制度がある），明文のない場合には，その効果は，それぞれの場合に応じて具体的に判定されなければならない。

脱法行為が問題とされた例　(1) **譲渡担保**　譲渡担保（設定者に占有を残し，担保権者が所有権を取得する動産担保の方法。詳細は➡第2巻 物権法参照）は，物権法定主義（▶175条）や質権の規定（▶345条・349条。動産担保権者の占有）に実質的に反する。そこで，これを脱法行為とみる余地もあるが，判例は譲渡担保を有効とした（★大判大正3・11・2民録20輯865頁）。このような判例の判断の背景には，典型担保として民法の認める担保手段が不備であること（とくに動産に関する無占有の担保がない），また，取引界で譲渡担保という慣習が形成されたことがある。この場合の強行性の対象が，物権法定主義という比較的技術的なものであったことにもよる。このような場合に，慣習は，任意規定のみならず，強行規定をも破ることがある（もっとも，慣習も「法律」であるとの立場からは，譲渡担保を認めることは175条に違反しない）。ほかに，買戻しの要件が厳しいことから，同じ効果をもたらす再売買の予約が利用される。これについても，とくに問題とはされていない。

しかし，強行法規の目的が，当事者の経済的自由の確保といったより高度の次元にある場合には，違反行為が多く行われているからといって，脱法行為を認めることはできない。たとえば，利息制限法違反の取引慣行である。**不合理**

な慣行は，慣習にもならない。そこで，譲渡担保自体は肯定できても，その場合の利率は，利息制限法の制限利率を超過しえない。脱法行為との線引きの問題が生じる。

　消費者金融では，利息制限法の制限を脱れるために，自動車や家財道具を売却した売主にリースして賃料を取得し，一定期間内に代金相当額を支払えば買戻しができるという契約がされることもある。形式は，売買とリース契約であるが，実質は金銭の消費貸借と譲渡担保であり，「リース料」が制限金利を超過することはできない。出資法にも違反する場合には，刑事罰の対象となる。近時，給与債権の「ファクタリング」が貸金業法2条1項と出資法5条3項にいう「貸付け」であるとされた最判令和5・2・20裁判所ウェブサイトがある。また，賃借人の賃料を，賃貸人と提携した保証人が保証し，その代わりに，保証人に賃貸借の解除権を与えたり，債務者の家財を搬出する権限を付与しあるいは保証人に所有権を譲渡する条項が賃貸借契約とともに定められることがある（いわゆる貧困ビジネスの一形態である）。実質的に賃貸人の自力救済の禁止を潜脱するものであり，賃貸人自身がする場合と同様に，社会的相当性を欠くものとして無効と解さなければならない（消費者金融における貸主と提携した保証会社による利息制限法の潜脱金利の設定については，★最判平成15・7・18民集57巻7号895頁参照）。債務者の不履行時に，家賃保証会社に，賃貸借契約を解除する権能を付与する契約条項が，消費者契約法10条に規定する消費者の利益を一方的に害するものとした最判令和4・12・12民集76巻7号1696頁がある。

　(2)　**恩給法**　　かつて恩給法は，恩給の受給権を担保にすることを禁じていた。そこで，恩給権者が恩給の**受領権限**を債権者に委任することによって，実質的に恩給を担保に供する方法が行われた。判例は，これを脱法行為として無効とした（★大判昭和16・8・26民集20巻1108頁）。もっとも，恩給担保につき正式の担保化の途を開く必要性があることから，1947年に恩給金庫法が制定されて，一定の要件下での恩給担保が許された。1949年制定の国民金融公庫法によってそれが一時廃止され，ついで，1954年の「国民金融公庫が行う恩給担保金融に関する法律」により，一定の金融機関は恩給を担保に供しうるとされている（▶恩給11条1項但書）。

☑ *Exam 1*

　Aは，効能のない無価値な食品を，効能を有する健康食品であると偽って販売する業者であり，Yに商品を販売したが，Yに代金を支払う能力がなかったために，貸金業者Xを紹介した。Yは，Xから50万円を借り入れ，Aからの購入代金にあてた。Yは，Aから購入した商品は無価値な商品であり，Xがそのことを知っていたとして，Xに対して借入金の分割払いを拒絶することができるか。

▷解答への道すじ

(1)　公の秩序または善良の風俗に反する事項を目的とする法律行為の効力（▶90条）。
　　公序良俗違反の対象と応用範囲，消費貸借契約の無効と暴利行為。
　　公序良俗の機能の制約，消費者保護への応用。
　　消費者契約法。
(2)　売買代金の融資と売買契約の暴利や違法。
　　融資者自身の認識と関与。
　　売主と貸主との間に特別な関係がある場合，抗弁の接続。
　　そのような関係はなくても，融資そのものが公序良俗に反する場合。

☑ *Exam 2*

　Yは，A会社の被用者Xに対し，10万円を貸し付け，XがAから受け取る将来の給与債権の譲渡を受ける方法（給与ファクタリング。券面額の6割程度で債権を譲渡するもの）によって，その返済を受けたが（実際には債権はXによって買い戻され，譲渡は行われない），その実質的金利は，出資法や利息制限法の限度を超過していた。この場合のX・Yの法律関係はどうなるか。

▷解答への道すじ

　出資法，貸金業法，利息制限法の適用と脱法行為。公序良俗違反による契約の無効。★最判令和5・2・20裁判所ウェブサイト。賃金の労働者への直接払い，★最判昭和43・3・12民集22巻3号562頁。

第6章　意　思　表　示

1　意思表示の意義と構造

1　意思表示とは何か

意　義　**意思表示**とは，権利の変動（発生・変更・消滅）という法律効果を発生させようとする内心の意思を外部に表明することをいう。すでにみた法律行為は，意思表示を構成要素とするものであり，そのため，意思表示の解釈・有効性が法律行為の内容・効力に影響を及ぼすことになる。意思表示は，法律効果の発生を企図するものであるから，「食事に行こう」といった日常的な発言は，意思表示ではない。

意思表示の概念（ドイツ語の Willenserklärung に由来）は，内心的な「意思」とその外部化である「表示」とが結合したものであるが，19世紀のドイツ法学に由来する伝統的な学説は，意思表示をより細かく構造分析してきた。ここで，意思表示の意義と構造を捉えるために，具体例を用いて説明しよう。①Aは，「たまには家族サービスをしよう」と思い，国内のパック旅行をさがしていた。ウェブサイト上の広告から，ある温泉旅館の宿泊プランに興味をもったので，旅行会社Bに赴き，そのプランの説明を受けたところ，これがよいと思い，②「このプランの申込みをしよう」と決めた。そして，③「このプランでお願いします」と言おうと考え，④Bの担当者にその旨を伝えた。このような一連の心理過程を段階的に分けてみるところに伝統的な学説の特徴がある。このうち，①は，特定の旅行プランの申込みにいたる前提ないし契機であり，これを**動機**とよぶ。②の「このプランの申込みをしよう」という意思決定は，手配旅行契約という法律効果を発生させようとする意思であり，これを**効果意思**とよぶ。③の申込みの意思を相手方に告げようとする意思決定は，効果意思を

図表 6 - 1 意思表示の構造

表明しようとする意思であり，**表示意思**（あるいは**表示意識**）とよばれる（➡ **Further Lesson 6-1**）。最後に，④の意思の表現行為は，**表示行為**とよばれる（図表 6 - 1 ）。

意思主義と 表示主義 意思表示とは，上述のとおり，意思と表示とが結合した概念である。その意思と表示とが食い違っている場合において当該意思表示をどのように扱うかが，意思表示をめぐる諸問題の基本である。意思と表示のいずれを重視すべきかをめぐり，古くから基本的アプローチの対立がある。

（1）**意思主義** **意思主義**とは，意思表示の本質は，表意者の内心的な効果意思であるとする考え方である。近代民法は，自己の法律関係を自らの意思に

Further Lesson 6-1

▶▶▶▶▶ 表示意思の要否

伝統的学説は，動機→効果意思→表示意思→表示行為という心理的過程の分析を前提として意思表示の構造を理解するが，意思表示の有効性の基礎として，はたして表示意思（表示意識）を必要とすべきであろうか。これについては，見解の対立がある。たとえば，ワインの競売場で手を挙げれば入札があったとみられる慣習があるとき，競売会場で友人を見つけたので，気付いてもらえるように手を挙げた場合，ワインの入札があったとみられるのか（ドイツでの講学上の設例）。また，道路の反対側にいる友人にあいさつするつもりで手を挙げたところ，通りかかったタクシーが止まった場合，運送契約が成立するのか。このような表示意思がないと考えられる場合をどのように扱うべきかである。意思主義的な立場からは，表示意思という意思表示の構成要素を欠くので，意思表示は成立しておらず，契約は不成立となる（誤って表示行為をしたことに対する損害賠償責任を考える余地はある）。これに対して，表示主義的な立場からは，表示行為から効果意思が推断されるので，意思表示の成立はひとまず認められ，ただ，表示意思のみならず効果意思も存在しないので，錯誤の一場合として処理されることになる。

従い自由に形成しうるとする私的自治の原則を基礎としており，かかる基本思想を背景として，意思を中心とする意思主義が説かれた。フランス民法などで採られた厳格な意思主義は，その後，ドイツ民法制定過程などで，意思ドグマ（Willensdogma）であるとの批判的な評価を受けた。

　(2)　**表示主義**　　人の意思はそれが内面にとどまるかぎり，相手方からは理解できないものであるため，それが外部化されたところから推断するほかない。また，意思表示は人と人とのコミュニケーション（取引）の道具であり，取引安全の観点から，表示に重きを置くべきである。これが，**表示主義**の立場である。

　以上の基本的アプローチの相違は，意思表示の成立・内容・効力を考えるにあたって，1つの重要な対立軸となるが，わが国の民法は，意思表示の効力に関する規律において，意思主義と表示主義との折衷的な立場を採用しており，解釈論上，いずれかのアプローチを過度に強調すべきでない。

2　意思の不存在と瑕疵ある意思表示

> **伝統的意思表示理論での峻別**

　前述のとおり，伝統的な意思表示理論は，意思表示を「効果意思」中心に理解してきた。そのため，講学上，意思表示に何らかの問題がある場合，内心の効果意思の有無に応じて2つの場合に分けて理解されてきた。すなわち，表示に対応する効果意思がそもそも存在していない場合（厳密にいうと，表示から推断される効果意思と内心の効果意思とが食い違っている場合）を**意思の不存在**（**意思の欠缺**）とよび，そのような意思表示を無効と考えた（意思の不存在という表現は，2004年改正前までは，意思の欠缺と表現されていた。▶101条1項参照）。これに対して，表示に対応する効果意思自体は存在するが，その形成過程に瑕疵（欠点・キズ）がある場合を**瑕疵ある意思表示**とよび（▶120条2項参照），この場合においては，意思表示を直ちに無効とするのではなく，表意者に取消権を認めて，その取消権を行使すれば，遡及的に無効となるにすぎないと考えた。このような講学上の区別を前提に，2017年改正前民法は，前者の場合として，心裡留保（▶93条）・虚偽表示（▶94条）・錯誤（▶95条）を規定し，後者の場合として，詐欺・強迫（▶96条）を規定して

いた。このような峻別を原理的に維持すべきかどうかについては議論があり，とりわけ，意思の不存在として位置づけられない動機の錯誤も一定の場合に95条の錯誤として取り扱うのが多数説であったこと（➡後掲 **Topic 6-1**），無効の取消化という傾向がみられたこと（➡後掲247頁および250頁）などから，意思の不存在と瑕疵ある意思表示との二分論は絶対視できない状況にあった。現行法は，錯誤規定を一新し，錯誤を意思表示の取消原因として位置づけたこと（また101条 1 項における「意思の不存在」の文言に続けて，錯誤という文言を追加したこと）により，これまでの説明についても，再検討の必要がある。

2　意思表示の有効性

1　心 裡 留 保

> **Case 6-1**　Ａ男は，Ｂ女と，互いに婚姻する意思なく同棲生活を続けていたが，別の女性と結婚することとなり，その旨を打ち明けたところ，Ｂは，怒り取り乱して，2000万円支払う旨の書面を作るようＡに要求した。Ａは，実際に支払う意図はなかったが，Ａを宥めるため，やむなく，「Ｂと別れるに際しまして，2000万円を支払います。」と記載した念書をＢに交付した。

意　義　**心裡留保**とは，表意者が，自らの真意と表示とが対応していないことを知りつつ，相手方にそれを告げず（真意を心の裡にとどめて），真意と異なる表示をなす場合をいう。相手方が表意者の真意を知らないことから，94条の通謀虚偽表示との対比で，単独虚偽表示と呼称されることがある。たとえば，冗談（戯言）のつもりで，あるいは，その場をとり繕うために（➡ **Case 6-1**），「100万円を贈与する」という意思表示をした場合がこれにあたる。ドイツ民法は，わが国でいう心裡留保の場合を 2 つに分け，①真意でないことが相手方に知られることを予期していない場合，すなわち，表意者が多かれ少なかれ欺罔の意思を有している場合（狭義の心裡留保）と，②軽い冗談の場合のように，真意でないことを相手方に知られることを予期している場合（非真意表示あるいは諧謔表示）とで異なる規律を設けているが，わが国の民法はこれらを一括して規定している。そのため，表意者が相手方を誤信させよう

として，意図的に真意を秘匿した狭義の心裡留保の場合にも，相手方の過失があれば意思表示を無効にさせることができてしまうという問題を内在させている。なお，実際上，心裡留保に関する本条の直接適用が問題となる事例は必ずしも多くなく（適用事例として，**Case 6-1**と同様の事例で心裡留保に基づく無効を認めた★東京高判昭和53・7・19判時904号70頁，退職の意思表示を心裡留保を理由に無効とした★東京地決平成4・2・6労判610号72頁等がある），いわゆる代理権濫用の事例において，2017年改正前93条ただし書が類推適用という形で問題とされた。2017年改正により代理権濫用に関する107条が新設された（➡220頁参照）ことにより，本条が適用される場面は必ずしも多くないであろう。

| 効　力 |

（1）**原　則**　93条1項本文は，心裡留保の意思表示であっても，そのために「効力を妨げられない」と定める。表示に対応した効果意思がない意思の不存在（意思の欠缺）の場合，伝統的な意思主義によれば，その意思表示の効力は否定されるはずであるが，民法は，表示に対する相手方の信頼を保護するとともに，表意者に表示どおりの責任を負わせる趣旨から，その意思表示を原則として有効とした。

（2）**例　外**　93条1項ただし書は，相手方が表意者の真意でないことを知り（悪意），または知ることができたとき（善意有過失）は，その意思表示を無効とする。悪意または有過失の相手方を保護する必要はないからである。相手方の悪意・過失の主張・立証責任は表意者の側にある。法文上は有過失の相手方に対する無効主張を認めているが，この場合の表意者の帰責性と単に過失があるにすぎない相手方の帰責性とに比した場合，表意者が表示上の責任から免れうることには疑問の余地がある（錯誤取消しの95条3項1号と比較すると，いっそう違和感を覚えるであろう）。よって，そのような場合の過失の認定は慎重になされるべきである。また，無効主張が認められるとしても，相手方は表意者に対して，意思表示の有効を信頼したことにより被った損害（信頼利益）の賠償を請求する余地がある。

| **相手方からの
無効主張の可否** |

表意者が93条1項ただし書による無効主張をしないにもかかわらず，相手方から無効を主張することは可能か。この点，93条1項ただし書による無効は表意者保護のためのものであり，法律

行為を欲した相手方の無効主張は認められるべきでないと考えることもできるが，多数説は，93条1項本文が意思不存在の場合にもかかわらずその意思表示を原則有効としているのは相手方の信頼保護のためであり，表意者のみが意思表示の効力を否定できると解する必要はないとする。

第三者に対する関係　93条1項ただし書による無効は，善意の第三者に対抗することができない（▶93条2項）。本条2項は，94条2項類推適用により第三者を保護すべきであるとする従来の通説・判例（★最判昭和44・11・14民集23巻11号2023頁〔代理権濫用における2017年改正前93条ただし書類推適用の事例〕）の考え方が民法改正に際して明文化されたものである。なお，95条4項や96条3項は第三者の保護要件として無過失まで要求しているが，心裡留保の場合，故意に誤った表示をしたという表意者の帰責性の大きさに鑑みて，第三者の保護要件は善意でたりるとされている。

2　虚偽表示

> **Case 6-2**　(1)　Aは，Gに対して2000万円にのぼる債務を負っていたが，その返済の目途が立たない状況にあった。Aは，自己所有の甲土地がGに差し押さえられてしまうのを免れるために，知人Bと通じて，売買契約を仮装して甲の登記名義をBに移転するとともに，甲をBに引き渡した。
> (2)　(1)の場合において，AがBに甲の返還を求めたところ，BはBを甲をCに売り渡してしまっていた。

意　義　虚偽表示とは，相手方と通じてした虚偽の意思表示である（▶94条1項）。意思の不存在を表意者が知っている点で心裡留保と共通する。それとの違いは，そのような意思表示を相手方と通謀して行う点であり，そのことから通謀虚偽表示ともよばれる。たとえば，**Case 6-2**(1)のように，自己の財産を隠匿し，債権者からの強制執行を免れるために行われることが多い（Gが甲を差し押さえて強制競売するためには，債務名義のほか，甲が債務者Aの所有である旨の登記事項証明書が必要であり，登記名義がBに移転されていればGの差押えは不可能となる）。

要　件　**(1)　虚偽の意思表示があること＝外観作出**　法文では「虚偽の意思表示」とされているが，実質的な意味での意思表示が存在することを要求するものではなく，意思表示があったかのごとき外観が作出されていればそれでたりる。よって，消費貸借（▶587条1項）や質権設定（▶344条）など契約の成立に物の授受が必要である要物契約や，保証契約（▶446条2項）など意思表示が書面など一定の方式によることが必要である要式行為の場合において，物の授受や書面がなくても，本条の適用が妨げられることはない。

(2)　相手方との通謀があること　虚偽表示とされるためには，相手方との通謀が必要である。一方の意思表示が虚偽であることを単に相手方が知っているだけでは，虚偽表示ではなく，心裡留保として処理される。虚偽表示を理由に無効を主張する場合には，相手方との通謀があったことを主張立証しなければならないのに対して，心裡留保に基づき無効を主張するには，相手方の悪意または有過失の主張立証でたりることから，一般的には，虚偽表示の方が成立しがたいといえる。通謀は契約のかたちでなされることが多いが，契約解除のような相手方のある単独行為でも成立しうる（★最判昭和31・12・28民集10巻12号1613頁）。

当事者間の関係における効果　虚偽表示の場合，当事者双方に外観どおりの法律効果を発生させる意思がないことから，その意思表示は少なくとも当事者間において無効である（▶94条1項）。よって，虚偽表示に基づき登記がなされている場合には，その抹消ないし回復を請求することができるし，虚偽表示の公正証書等による一方当事者からの履行請求に対して他方当事者は無効をもって抗弁とすることができる。もっとも，登記の抹消ないし回復請求が708条本文の不法原因給付にあたり否定されないかが問題となる（当事者それぞれの不法性の程度を考慮して同条本文を適用しなかったものとして，★最判昭和37・6・12民集16巻7号1305頁等）。また，Aの債権者Gは，A・B間の売買契約の無効を主張して，AのBに対する所有権に基づく返還請求権を代位行使（▶423条1項本文）することができる（なお，Gは94条2項の第三者には該当しない〔★大判昭和18・12・22民集22巻1263頁〕）。

第三者に対する関係における効果　虚偽表示は当事者間では無効であるが，これを「善意の第三者に対抗することができない」（▶94条2項）。94条2項は，外観を信頼した第三者を保護し，取引の安全を確保するためのものであって，一種の**権利外観法理**，**表見法理**に基づく規定である。ただし，動産や有価証券の取引においては，（真の権利者の帰責性を要せず）第三者を保護する具体的な制度が存在しており（▶192条以下，手16条2項・77条1項，小21条など），本条2項の存在意義はあまりない。これに対して，不動産取引においては，わが国の制度上，公信の原則（登記の公信力）が認められておらず，第三者が不実の登記を信頼したからといっても，ただちには保護されないため，本条2項が果たす意義は非常に大きい（94条2項類推適用に関する➡172頁以下も参照）。

(1)　**「対抗することができない」の意味**　「対抗することができない」という表現はわかりにくいが，通説・判例は，第三者が善意であるときは，第三者がその事実を主張・立証することにより，当該第三者との関係では，虚偽表示の無効の主張が認められないという意味であるとする（無効主張否認説）。たとえば **Case 6-2**(2)において，この見解によれば，善意のCとの関係では，AからBへ甲の所有権が移転しなかったことが認められないため，AはCに対して甲の返還請求ができないこととなる。このような効果の法的構成として，善意のCが出現しても，A・B間の譲渡が復活するのではなく，94条2項が与える法定の効果として，A→Cの権利変動が生じるという考え方（法定承継取得説）と，善意のCが出現すると，A・B間の譲渡が復活し，A→B→Cの権利変動が生じるという考え方（順次取得説）とがある。

(2)　**第三者の意味と範囲**　外観を信頼した者を保護するという94条2項の趣旨からすると，本項でいう第三者とは，虚偽表示の当事者およびその包括承継人（当事者に準じて扱われる。たとえば相続人）以外のすべての者を意味するのではない。判例・学説は，一般に「其表示ノ目的ニ付キ法律上利害関係ヲ有スルニ至リタル者」などの表現で第三者を限定的に捉えている（★大判大正5・11・17民録22輯2089頁など）。虚偽表示が有効であることを前提にして，自らの何らかの行為によって虚偽表示に関して新たに利害関係を有するにいたった者

を意味しており，自己の何ら行為もなく単に反射的に利益を得たと信じた者などを除外しようとするのである。第三者性が認められる典型例は，**Case 6-2**(2)におけるCのごとき，仮装売買の買主から目的物を譲り受けた者（★最判昭和28・10・1民集7巻10号1019頁）や，その不動産上に抵当権の設定を受けた者（★大判昭和6・10・24新聞3334号4頁）などである。また，仮装売買の買主Bから目的物を譲り受けた者Cがさらに目的物をDに譲渡した場合，Cが悪意であったとしてもDが善意であれば94条2項により保護される（★最判昭和45・7・24民集24巻7号1116頁。➡171頁もあわせて参照せよ）。これに対して，たとえば，一番抵当権を放棄する虚偽表示がなされた場合に，その虚偽表示以前からの二番抵当権者が94条2項の第三者として保護される（放棄が有効となり第1順位に繰り上がる）ということはない。虚偽表示に基づく法律関係を前提として新たな利害関係に入ったわけではないからである。

　第三者性をめぐっては，さらに2つが重要である。第1に，仮装譲受人等に対する一般債権者が第三者たりうるか。一般債権者は，債務者の全財産について利害関係を有しているにすぎず，虚偽表示の目的物たる特定の財産については利害関係が希薄である。よって，一般債権者であるというだけでは，94条2項の第三者とはいえない。しかし，債権者が特定の財産を差し押さえた場合には，それにつき特別の利害関係を有することになるので，このような差押債権者は同項の第三者とされる（★最判昭和48・6・28民集27巻6号724頁）。第2に，A所有土地の仮装譲受人Bからその土地上の建物を賃借したCは，A・B間の土地の仮装売買の第三者たりうるか。この点，土地と建物が別個の不動産であり，建物賃借人の利害関係は事実上のものにすぎないとの理由から，「建物賃借人は，仮装譲渡された土地については法律上の利害関係を有するものとは認められないから，民法94条2項所定の第三者にはあたらない」とする判例がある（★最判昭和57・6・8判時1049号36頁）。学説では，Cの建物利用は敷地の利用を前提とするものであり，Bの土地利用権が否定されるとCの建物利用が不可能になるとの実質面や，A・B間の借地契約の合意解除は当該土地上の借家人Cに対抗できないとする判例（★最判昭和38・2・21民集17巻1号219頁）との均衡の面から，判例に批判的な見解が多い。

（3）**善意の基準時**　　善意とは，虚偽表示であることを知らないことである。この善意はいつの時点を基準に判定するのか，とりわけ不動産物権変動では，契約時と対抗要件具備（登記など）の時期とが異なる場合があり，問題となる。この点，第三者が利害関係を有するにいたった時期を基準として判断すべきである。もっとも，この基準をどのように具体的に適用するかは問題である。たとえば，Ａ・Ｂ間で仮装債権につき抵当権が設定された後，抵当権者ＢがＣのために転抵当を設定し登記を経由したが，377条1項の対抗要件（Ａに対する通知またはその承諾）を備えていなかったところ，ＣがＢのＡに対する仮装債権を差し押さえた事案において，判例は，Ｃが第三者として利害関係に入ったといえる時点は，転抵当設定時ではなく，差押え時であるとして，その時点で悪意であったＣの保護を否定した（★最判昭和55・9・11民集34巻5号683頁）。この判例に対しては，学説からの批判がある。

（4）**無過失の要否**　　94条2項で第三者が保護されるには，法文どおり善意でたりるのか，それとも，他の権利外観法理に基づく制度（▶109条1項・112条1項・192条・478条など）におけると同様，無過失をも要求すべきか。判例は善意でたりるとし（★大判昭和12・8・10新聞4181号9頁等），通説的な見解も虚偽表示当事者の帰責性が大きいことに鑑み，第三者保護の要件は緩められてよいとして，無過失を不要とする。これに対して，ある有力説は，真の権利者の犠牲の上で第三者を保護する以上，その第三者は善意かつ無過失でなければならず，無過失要件を課すことにより具体的状況に応じたきめ細かい利益調整が可能となるとする。なお，後述する94条2項類推適用に関する事例で，110条をあわせて援用または類推適用することにより無過失を要求している判例があること（➡175～176頁参照）に留意すべきである。

（5）**登記の要否**　　（a）　2つの意味における登記　　**Case 6-2**(2)において，第三者Ｃは登記を備えないとＡに対し甲土地の所有権取得を主張できないのであろうか。ここでは，2つの問題に区別して考える必要がある。第1が，不動産物権変動の対抗要件としての登記（▶177条）が必要かである。すなわち，ＡとＣは対抗関係に立つのか。これを肯定する立場もあるが，Ａ・Ｃの関係では，Ａ・Ｂ間の譲渡が有効とされ，不動産の所有権がＡ→Ｂ→Ｃに移転す

図表6－2　94条2項の第三者と対抗問題

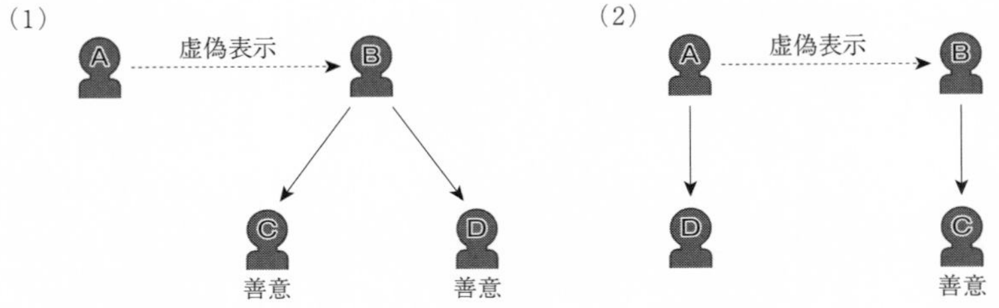

ることになるので，AはCにとって同一不動産の権利承継の前主にすぎず，A
とCとは対抗関係にないとするのが通説である。第2は，AとCとが対抗関係
にないとしても，真の権利者の犠牲の上に第三者が保護されるためには，取引
において通常なすべきこととして登記を具備しておかねばならないのではない
かという問題である。かかる意味での登記を権利保護要件としての登記とよ
び，それを要求する立場もあるが，虚偽表示の場合，真の権利者の帰責性が大
きいことに鑑みると，そのような者が第三者の登記欠缺を理由に94条2項によ
る保護を否定するのは妥当でなく，不要説が通説である。判例は，対抗要件と
権利保護要件との区別は不明瞭であるものの，登記不要とする（★大判昭和
10・5・31民集14巻1220頁，最判昭和44・5・27民集23巻6号998頁）。また，前述の
無過失必要説に立てば，無過失要件で利益調整が可能であるから，登記は不要
と解されることになろう。

　(b)　善意の第三者相互の関係　　善意の第三者が複数存在し，それらが対抗
関係に立つ場合（たとえば，仮装譲受人を基点に二重譲渡がなされた場合）には，第
三者の物権取得の優劣は登記の先後により定まる（▶177条）と解される（**図表
6－2**(1)参照）。

　(c)　本人からの取得者と善意の第三者との関係　　仮装譲受人Bが不動産を
善意の第三者Cに売却する前に（あるいは，Cに売却後，登記の移転が経由される
前に），真の権利者Aが当該不動産をDに譲り渡した場合，CとDのいずれが
権利を取得するのか（**図表6－2**(2)参照）。学説は分かれる。CとDとがAを基点
とした二重譲渡類似の関係に立ち，対抗要件としての登記を先に備えた方が優

先するとする立場がある。判例（★最判昭和42・10・31民集21巻8号2232頁）も同様の考え方に立つといわれる。これに対し，Ｄは登記のないＡから権利を取得した者にすぎず，94条2項の趣旨を軽視してまで保護するには値しないとして，Ｃの保護を貫く有力説がある。後者の立場によったとしても，第三者保護要件として無過失を要求すると解すれば，結果的にＤが権利取得する可能性が広がることになるし，前者の立場によったとしても，Ｄが背信的悪意者とされる場合には，登記なきＣが保護される可能性がある（背信的悪意者排除論については，➡第2巻 物権法で学ぶ）。

⊞ Case 6-3 上記 **Case 6-2**において，Ｂが甲をＣに売り渡していただけでなく，さらにＣも甲をＤに売り渡してしまっていた。以下の各場合に，ＡはＤに対して甲の返還を求めることができるか。
(1) Ａ・Ｂ間の売買契約が虚偽表示によるものであったことをＣは知っていたが，Ｄは知らなかった場合
(2) Ａ・Ｂ間の売買契約が虚偽表示によるものであったことをＤは知っていたが，Ｃは知らなかった場合

善意の第三者からの悪意の転得者　Ａ・Ｂ間の虚偽表示により作出された法律関係を基礎にして目的物がＣに譲渡された後，さらに転得者Ｄが現われた場合，ＡとＤとの関係をどのように考えればよいか。前述のごとく，転得者であっても94条2項の第三者であるから，Ｃが悪意であっても，Ｄが善意であれば，ＡはＤに対して無効の主張ができず，Ｄは保護される（➡ **Case 6-3**(1)）。問題となるのは，Ｃは善意で，転得者Ｄが悪意である場合（➡ **Case 6-3**(2)）に，ＤはＡからの目的物返還等の請求に応じなければならないのかである。この点，2つの考え方が対立する。1つは，94条2項の善意の第三者として保護されるかを当該第三者ごとに相対的に判断すべきとする考え方（**相対的構成**）である。この考え方によると，Ｃは善意であるので，ＡはＣに対し無効を主張できないが，Ｄは悪意であるので94条2項の第三者として保護されず，ＡはＤに対して，目的物の返還請求が可能となる。目的物の返還に応じざるをえないＤとしては，その結果，売主Ｃに対して責任追及するほかないことになる（具体的には，売買契約を解除し代金返還を求める）。この構成には，次の

ような問題点が指摘される。①善意悪意の判定が個別・相対的に行われる結果，転得者が増えれば増えるほど，法律関係が錯綜する。②悪意のDの権利取得が否定されると，善意のCがDからの責任追及を受けることになり，結果的に善意者に不利益であるし，転得者からの責任追及を避けて目的物を他に処分できなくなってしまう。③前主Cの権原について綿密な調査をしなかった善意者は保護され，慎重に事前調査をして事情を知った者がAから追奪を受けることになってしまう。これらの問題点を考慮して，善意の第三者Cがひとたび登場すれば，それまでの権利の承継は確定的に有効となり，その後に登場する転得者Dは，Cの地位を承継するため，その善意悪意を問わず，権利取得が認められるとする考え方（**絶対的構成**）がある。判例もこのような立場をとる（★大判大正3・7・9刑録20輯1475頁等）。この考え方には，悪意のDが直接Bから権利取得するのを避けて，善意のC（「わら人形」，「隠れみの」）を介在させた上で，Cから権利取得するという策を講じることができてしまうという問題がある。

虚偽表示の撤回　当事者間の合意で虚偽表示を撤回できるか，撤回により94条2項の適用が排除されるのか。虚偽の外形が残っていてそれを信頼した第三者が保護されないとすれば，同条2項の趣旨を没却してしまうおそれがある。したがって，虚偽表示の合意による撤回は，外形を除去しないかぎり，虚偽表示につき善意の第三者に対抗できないと解される（前掲★最判昭和44・5・27も，傍論ながら同趣旨である）。

⬛ Case 6-4　BがAに無断で権利証・印鑑を持ち出してA所有の不動産の登記名義を自己へ移転した。Aは後にこのことに気付いたが，登記回復の費用を捻出できずそのまま放置していた。その後しばらくして，A・Bは婚姻し，銀行から借入するに際しB名義のままで抵当権を設定するなどした。しかし，婚姻関係は破綻し，AはBを相手取り当該不動産の移転登記抹消を求めた。他方でBは当該不動産を第三者に売却してしまった。

94条2項類推適用　**(1)　前提となる知識**　前述したとおり，94条2項は権利外観法理の一種であり，その適用の要件として，「真の権利者側に帰責性があること」（▶94条2項でいえば，通謀による虚偽の外観

の作出）と「第三者の側に保護に値する事情があること」（▶94条2項でいえば，善意）が相関的に要求され，両当事者の利益調整が図られる。このような法理を基礎とする94条2項は，実体を伴わない不実の不動産登記を信頼した第三者を保護するためのものとして，本来の適用場面（通謀）を越えて，広く類推適用されている。94条2項類推適用の問題を取り上げるに先立ち，この問題に関連する不動産物権変動の基本知識の確認から入ろう（詳しくは，➡第2巻 物権法で学ぶ）。

　AからBへの有効な不動産物権変動がないにもかかわらず，Bへの所有権移転登記が行われたとしても，かかる登記は，実体的な物権変動を伴わない以上，不実の登記として無効であり，登記名義に従った所有権移転の効力が生じることはない。したがって，不実の登記を信頼して取引関係に入った第三者Cが現われたとしても，Cは無権利者Bと取引をしたにすぎず，また登記に公信力がないため，Cは権利取得できず，真の所有者Aが権利を失うことはない。このことを**無権利の法理**とよぶ（「何人も自己の有する以上の権利を他人に譲り渡すことはできない」という法諺が知られている）。もっとも，民法は個別に第三者保護規定を設けており，94条2項，95条4項，96条3項，545条1項ただし書などがそれにあたる。動産取引に関しては，無権利の法理を修正して取引安全を図る即時取得制度（▶192条）が存在するが，不動産取引に関しては，真の権利者の静的安全を尊重する立場がとられており，特別の規定がある場合にかぎって第三者の保護が図られているにすぎない。不動産取引の活発化に伴い，取引安全・登記に対する信頼保護の要請が高まり，その要請に応えるのが94条2項類推適用の判例法理である（学説における94条2項類推適用論の活用につき➡**Further Lesson 6-2**）。

　(2)　**事例の類型**　　判例による94条2項類推適用の法理は，昭和40年代に積み重ねられ，その適用は拡張傾向にある。判例で問題となった事案は，大きく2つの類型，(a)**意思外形対応型**（真の権利者の意思と第三者の信頼の対象となった外形とが対応している場合）と，(b)**意思外形非対応型**（第三者の信頼の対象となった外形が，真の権利者の意思を逸脱している場合）とに整理することができる（**図表6-3**参照）。(a)には，自己外形作出型と他人外形作出型の事案がある。(b)は，

図表6-3　94条2項類推適用

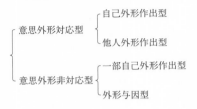

外形作出について当事者間に通謀がみられるが，その後，登記名義人により，当初の外形とは異なる虚偽の外形がさらに作出されたという場合（一部自己作出型）のことをさしてきたが，近年の裁判例において，外形与因型とも称される事案が現れている。

　(a)　意思外形対応型　最高裁が初めて94条2項の類推適用を認めたのは，他人から家屋を買い受けたAが，所有移転登記を経由する際に，自己名義ではなくB名義にしておいたところ，Bがこれを利用して第三者Cにその家屋を売り渡したという事案であった（★最判昭和29・8・20民集8巻8号1505頁）。最高裁は，「本件家屋を買受人でないB名義に所有権移転登記したことが，Aの意思にもとずくものならば，実質においては，Aが訴外人から一旦所有権移転登記を受けた後，所有権移転の意思がないに拘らず，Bと通謀して虚偽仮装の所有権移転登記をした場合と何等えらぶところがない」として，94条2項の類推適用が可能であるとした。このように真の権利者本人が自らの意思により他人名義の不実登記を作出した事例を**自己外形作出型**とよぶ。当初の判例は，通謀要件との関連から登記名義人Bの承諾を要求していたが，その後，不要とするにいたった（★最判昭和45・7・24民集24巻7号1116頁）。

　外形自己作出型に対するのが，真の権利者以外の他人が不実登記を作出した**外形他人作出型**の場合である。たとえば，他から建物の贈与を受けたAが養母名義とすることを許容していたところ，この養母がBを所有者とする家屋台帳の登録を行い，その後B名義で保存登記がなされ，さらに第三者Cが出現したという事案で，判例は，未登記の建物所有者が「家屋台帳にその建物が他人の所有名義で登録されていることを知りながら，これを明示または黙示に承認した場合」であっても，94条2項が類推適用されるとした（★最判昭和45・4・16民集24巻4号266頁）。

　また，94条2項類推適用の基礎となる真の権利者の帰責事情の有無の点で，類推適用の限界事例ともみられるものがある（★最判昭和45・9・22民集24巻10

号1424頁：百選Ⅰ-20）。事案は，おおむね **Case 6-4** のようなものであった。最高裁は，「不実の所有権移転登記の経由が所有者の不知の間に他人の専断によってされた場合でも，所有者が右不実の登記のされていることを知りながら，これを存続せしめることを明示または黙示に承認していたとき」は，94条2項を類推適用し，善意の第三者に対して，登記名義人が所有権を取得していないことをもって対抗することができないとした。

　(b)　意思外形非対応型　　意思外形非対応型の事例とは，外形作出について当事者間に通謀がみられるが，その後，登記名義人により，当初の外形とは異なる虚偽の外形がさらに作出されたという場合である。たとえば，AがBから取引先の信用を得るために不動産の登記名義を貸してほしいと依頼され，売買予約を仮装して仮登記を経由したところ，Bが勝手に本登記をして不動産を譲渡し，さらに転々譲渡されてしまったという事案（**一部自己外形作出型**の事例）において，判例（★最判昭和43・10・17民集22巻10号2188頁）は，「民法94条2項，同法110条の法意に照らし，外観尊重および取引保護の要請」から，真の権利者は「本登記の無効をもって善意無過失の第三者に対抗できない」とした。このような場合には，当事者間に通謀はあっても，その範囲を越える登記には真の権利者の意思的関与はないのであって，94条2項のみでは登記を信頼した第三者を保護するための理論的根拠となりがたい。そこで，BがAの許した登記内容を越えて外形を作出した点と代理人が本人から与えられた権限を越

Further Lesson 6-2

▶ ▶ ▶ ▶ ▶　**94条2項類推適用論の活用**

　詳しくは，物権法の177条をめぐる議論で学ぶことであるが，取消しと登記（➡ 190頁以下参照）・解除と登記・相続と登記などの論点において，177条を適用して第三者を保護する判例の考え方に対する批判学説は，94条2項類推適用論を活用した第三者保護を提唱する。そこでの批判学説を理解する上で留意すべきは，第三者保護のための論拠とされる類推適用論ではあるが，類推適用のためには，権利を失うこととなる側の帰責性が要求されるという点である。いかなる帰責性をもって類推適用の基礎とするかは，それぞれの論点で異なるのであるから，その点の慎重な配慮が求められる。

えて行為した点との類似性を捉えて，110条の表見代理規定の法意を併せて援用したのである。また，110条併用の背後には，この種の事案では外形作出に対する真の権利者の帰責性が弱いため，それと相関的に第三者の保護要件を厳格にし，無過失を要求すべきとの配慮が働いているとみることもできる（なお，110条でいう正当な理由とは，通説的な理解によると，善意無過失のことである）。

　これに対して，近時，一部自己外形作出型とは異なる事例で，94条2項と110条を類推適用して第三者保護を図ろうとする判例（★最判平成18・2・23民集60巻2号546頁：百選Ⅰ-21）が出現した。この判決の事案は，真の権利者Aが虚偽の外形を作出したわけではなく，また，その虚偽の外形の存続を承認していたわけでもなかったが，Bに対して事前に実印や印鑑登録証明書，登記済証を交付し，Bが目的不動産の登記申請書に押印する際にも何ら問いただすことなく漫然とこれを見ていただけであり，その点で外観作出の原因を与えてしまっていたというものであった。**外形与因型**の事例と呼ばれることがある。真の権利者の意思的関与と第三者の信頼の対象である虚偽の外形とにズレがあるという点で，広い意味で意思外形非対応型のカテゴリーに整理することも可能であるが，むしろ，これまでの類型に当てはまらない事案であると言った方がよいであろう（また，真の権利者が虚偽の外形作出に何ら積極的な関与をしておらず，虚偽の登記を放置していたとみることもできない事案において，94条2項類推適用を否定した★最判平成15・6・13判時1831号99頁も参照）。

3　錯　　誤

> **❖ Case 6-5**　(1)　SがB銀行から融資を受けるにあたり，Aは，Sから連帯保証人になることを求められた。Aは，Sから資産家のCも連帯保証人になると聞いたので，自分が責任を負うことはなかろうと考え，Bとの間で連帯保証契約を締結した。しかし，実際には，連帯保証人はAだけであった。
> (2)　Aは，著名なプロ野球選手が実際の試合で使用したとされるグローブ（直筆サイン付き）をBから20万円で譲り受けたが，後にこれは単なるレプリカであって，サインも当該選手の直筆ではないことが判明した。

錯誤の意義　2017年改正前民法においては，錯誤は，意思の不存在（意思の欠缺）の一場合として規定されていた。そのため，伝統的な通説は，伝統的な意思表示理論を基礎に，錯誤を「表示から推断される意思（表示上の効果意思）と内心的効果意思とが一致しない意思表示」と定義づけ，効果意思が存在しない場合（**表示の錯誤**あるいは**表示行為の錯誤**という）として位置づけていた。かかる理解の下では，効果意思が形成される前の段階で誤認識・誤判断があった場合（**動機の錯誤**あるいは**基礎事情の錯誤**，**事実錯誤**という），効果意思は存在するので，錯誤に該当しないこととなる。しかし，錯誤事例の多くは動機レベルで誤認識がある場合であり，これを錯誤の問題から除外してしまうと表意者の救済の範囲をかなり狭めることとなる。そこで，後述するように，判例においては動機表示構成がとられ，また学説でも，その理論構成はさまざまであるが，動機の錯誤を救済する途を開いてきた（➡ **Topic 6-1**）。いずれにせよ，2017年改正前民法の下では，動機の錯誤の取扱いが規定の文言上明らかではなかった。この点，現在の95条は，表示の錯誤と動機の錯誤のいずれをも錯誤規定の対象に含めることを明確にしている。もっとも，動機の錯誤に基づき取消しが認められるためには，表示の錯誤では要求されない追加的な要件を満たすことが必要である（同条2項）。

意思の不合致　錯誤の場合と区別すべきものとして，**意思の不合致**（Dissens）の場合がある。意思の不合致とは，契約当事者の意思がかたちの上では合致しているが，その意味するところを異にするため，契約が不成立となる場合である。その例としてしばしば取り上げられるのが，イギリスの著名な判例であるピアレス号事件がある。この事件では，売買の目的物である綿を「ボンベイ発のピアレス号」で船積みすることになっていたが，実際には同じ名前の船が2隻あり，一方はボンベイを10月に発つもの，他方は12月に発つものであった。買主の側は前者のピアレス号を，売主の側は後者のそれを目的物と考えていた。かかる場合，「ピアレス号」という表示の客観的な意味としてどちらのピアレス号かを確定できなければ，意思の合致がないものとして，契約は不成立となる。これに対して，取引慣行などから「ピアレス号」という表示は「10月にボンベイを発つピアレス号」であると解釈される場

合には，その内容での契約が成立し，表示の意味とは異なる意味で理解してい
た当事者側の錯誤の問題となる。かつての判例には，表示の客観的な意味を一
応確定しながら当事者「双方相異レル趣旨ヲ以テ」意思表示をしたことを理由
として契約を不成立としたもの（★大判昭和19・6・28民集23巻387頁：百選Ⅰ-17）
があるが，学説はこれに批判的である。

錯誤の種類　錯誤は，それが意思表示の成立過程のどの段階にあるのかに
応じて，大きく2つのタイプがある。すなわち，(1)表示の錯
誤（表示行為の錯誤）と(2)動機の錯誤（基礎事情の錯誤，事実錯誤）である。民法
は，(1)を「意思表示に対応する意思を欠く錯誤」として（▶95条1項1号），(2)
を「表意者が法律行為の基礎とした事情についてのその認識が真実に反する錯
誤」として（▶同項2号）規律している。

　(1)　**表示の錯誤**　表示の錯誤には，(a)表示上の錯誤と(b)表示内容の錯誤の
下位類型がある。いずれも表示に対応する効果意思が存在せず，意思の不存在
（意思の欠缺）の場合であるが，これらを分類する意義は，錯誤取消しの消極的
要件である表意者の重過失が(a)では一般に認められやすく，(b)では必ずしもそ
うではないという点にあろう。

　(a)　表示上の錯誤　　**表示上の錯誤**とは表意者が使用するつもりのない表示
手段を使用した場合（言い間違い，書き間違い）である。たとえば，Aが，土地
の競争入札において，3500万円で入札するつもりでいたが，誤って入札書の額
欄にゼロを1つ多く記入してしまい，3億5000万円と表示してしまった場合
（★東京高決昭和60・10・25判時1181号104頁）などである。なお，代理などの場合
において，意思決定の主体と表示行為者とが異なることから，表示上の錯誤が
生じる場合がある。

　(b)　表示内容の錯誤（表示の意味の錯誤）　　これに対して，表意者が意図し
た表示手段を用いているものの，その表示の意味内容を誤解している場合（思
い違い）のことを**表示内容の錯誤**（あるいは**表示の意味の錯誤**）という。たとえ
ば，米ドル（$）とユーロ（€）が同じ価値だと誤解して，100$で買うつもりで，
100€で買う旨の意思表示をした場合などである。

　(2)　**動機の錯誤**　表示の錯誤に対するものが**動機の錯誤**（基礎事情の錯誤，

事実錯誤）である。これは，効果意思が形成されるまでの動機の段階で錯誤があった場合であり，規定上は，「表意者が法律行為の基礎とした事情についてのその認識が真実に反する錯誤」と定義づけられている。具体的には，次のような場合である。

(a)　理由の錯誤　　帽子を盗まれたと誤信して新しい帽子を買った場合（**主観的理由の錯誤**），あるいは，**Case 6-5**(1)のように，他に連帯保証人がいると誤信して保証契約を締結した場合（**前提事情の錯誤**。「他に連帯保証人があるかどうかは，通常は保証契約をなす単なる縁由にすぎず，当然にはその保証契約の内容となるものではない。」として，錯誤無効の主張を否定した★最判昭和32・12・19民集11巻13号2299頁参照）は，契約の外にある主観的または周辺的な事情に関して誤信があったのであるから，動機の錯誤である。

(b)　性状の錯誤　　たとえば，**Case 6-5**(2)のような場合や，受胎している良馬だと思って駄馬を買った場合（★大判大正 6・2・24民録23輯284頁：受胎馬錯誤事件）など，意思表示の対象である人や物の属性，品質などを誤信した場合を**性状の錯誤**という。伝統的な意思表示理論の上では，性状の錯誤は一般に動機の錯誤と位置づけられ（特定物が意思表示の目的物とされる場合，その性状は当然に意思表示の内容となるわけではないから），それを理由とした無効主張は否定されたが，表示の錯誤として位置づけられる同一性の錯誤（相手方・目的物のとり違え）との区別が困難であるし，実際に問題となる錯誤の多くは性状の錯誤であることから，そのような処理には問題が多いといわれてきた（**➡ Topic 6-1**）。

錯誤取消しの要件　　95条 1 項は，意思表示に錯誤がある場合すべてを取消原因としているのではなく，「その錯誤が法律行為の目的及び取引上の社会通念に照らして重要なものである」こと（錯誤の重要性）を要求している。また，動機の錯誤については，同条 2 項でさらに，「その事情が法律行為の基礎とされていることが表示されていた」ことを追加的に要求している。

(1)　**錯誤の重要性**　　2017年改正前95条は，錯誤が「法律行為の要素」にあることを無効主張の要件として規定していたが，このような限定は，些細な点での錯誤に基づき無効主張が可能であるとすると，取引の相手方に与える影響

✎ Topic 6-1

錯誤論の展開

伝統的通説は，意思表示の成立過程の心理的分析に基づき，動機と効果意思とを明確に区分し，錯誤を効果意思が欠けている場合（意思の不存在，意思の欠缺）と捉えた上で，動機の錯誤は，2017年改正前95条にいう錯誤には原則として含まれないと考えた。このような伝統的な考え方は，表示の錯誤と動機の錯誤とを分けて論じることから，**二元論**とよばれる。判例は，二元論に立脚した上で，動機表示構成を採用している。これに対して，表示の錯誤と動機の錯誤との限界づけは困難な場合が少なくないことから，問題となる錯誤事例の多くが動機の錯誤であるということを正面から認めて，2017年改正前95条でいう錯誤には，表示の錯誤だけでなく，動機の錯誤も含まれるという**一元論**（信頼主義的錯誤論）が有力に主張された。一元論は，従来の考え方では，錯誤の要素性，表意者の重過失，動機表示の有無といった主として表意者側の事情のみが無効主張の限定要件として機能していることを問題視し，相手方の信頼保護および取引安全の見地から，さらなる限定要件を設定し，錯誤無効の主張が認められるためには，相手方に保護されるべき正当な信頼がない場合でなければならないとして，それにより，表示の錯誤と動機の錯誤の双方を統一的な要件の下で扱おうとした。

さらに，新たな観点から錯誤論を再構成しようとする学説（合意主義的錯誤論）も登場した。これには，大きく2つの方向性がある。第1の方向性として，従来の二元論と同じく，表示の錯誤と動機の錯誤を区別した上で，表示の錯誤に関してのみ95条の錯誤として，動機錯誤の問題は錯誤論の範囲外で処理していくべきだとする考え方がある。具体的には，前提事情に関する情報収集のリスクを相手方に転嫁させる合意が存在するのであれば，その合意の問題として，条件・前提・保証・瑕疵担保責任などの制度の下でのみ，表意者を保護すべきであるという。

第2の方向性として，従来の一元論と同様，表示の錯誤と動機の錯誤との区別を否定した上で，両者を「合意原因」の観点から統一的に取り扱おうとする考え方である。この考え方は，フランス法のコーズ（cause）の理論に基礎を置きつつ，大略次のようにいう。そもそも合意に拘束力が認められるのは，そこに「債務を負担することを正当化する理由」＝「合意原因」があるからである。この合意原因に相当するのが，2017年改正前95条でいえば法律行為の要素である。法律行為の要素に錯誤があれば，合意の拘束力を正当化することができないので，その法律行為は拘束力が認められず無効となる。このことは，表示の錯誤であろうと動機の錯誤であろうと変わることはなく，95条の要素性の判断の中で，契約正義ないし給付の等価性の観点から，当該法律行為の有効・無効を決すべきであるという。このような方向性は，従来の判例における動機表示構成が〈①動機の表示→②意思表示（法律行為）の内容化〉という構造をとるとすれば，そのうち，②に重点を置くべきであるという判例理解にも通じる。

が大きいと考えられたためである。判例・通説によると，要素とは，意思表示の内容の重要部分をさし，重要部分であるかどうかは，その点についての錯誤がなかったら表意者はその意思表示をしなかったであろうし（主観的因果性），通常人が表意者の立場にあったとしてもしなかったであろう（客観的重要性）と認められるかによるとされた（★大判大正7・10・3民録24輯1852頁）。95条1項は，表現こそ異なるものの，以上の要素に関する判断枠組みをそのまま反映したものである。

　錯誤の重要性は，取引類型に応じて個別に判断される。たとえば，売買において，売主・買主が誰であるかは一般に重要ではなく，この点の錯誤は取消原因にならないが（★大判明治40・2・25民録13輯167頁等），代金債務の履行の確実性を重視しているなどの例外的な事情があれば，買主に関する錯誤は取消原因となりうる（★最判昭和29・2・12民集8巻2号465頁）。消費貸借において，貸主が誰であっても，借主は返済しなければならないため，一般に貸主が誰かは重要ではないが（★大判大正7・7・3民録24輯1338頁），借主が誰かにより返済の確実性に違いが生じる以上，借主の同一性・性状の錯誤は取消原因となりうる（★大判昭和12・4・17判決全集4輯8号3頁）。保証においては，主たる債務者が債務を履行しない場合に保証人が代わりに履行するのであるから，主たる債務者が誰であるかは保証人にとり重要な事項である（★大判昭和9・5・4民集13巻633頁）。贈与においては，経済的な見返りもなく無償で自己の財産を譲渡するのであるから，一般にその相手方が誰かは贈与者にとり重要な事項である。

> **▓ Case 6-6**　AとBは，Aの不貞が原因で協議離婚をすることとなったが，その際，A所有の不動産甲をBに財産分与する旨を合意し，甲の登記名義をBに移転した。離婚にともなう財産分与として夫婦の一方がその特有財産である不動産を他方に譲渡した場合には，分与者に譲渡所得が生じたものとして課税されることになるが，この点はA・B間で話題となることはなく，Aは，財産分与を受けるBに課税されるものだと誤解していたほか，Bも自分に課税されるものと理解していたことがうかがえる。その後，Aは，試算によると2億円以上の譲渡所得税が自らに課せられることを知った。

(2)　**動機の錯誤における追加的要件**　　動機錯誤の場合には，取消しが認め

られるには，錯誤の重要性の評価に先立ち，「その事情が法律行為の基礎とされていることが表示されている」ことが必要とされる。これは，動機錯誤に関する従来の判例法理を明文化するために，このような表現で要件化されたものであり，その結果として，2017年改正前民法下での動機錯誤の判例法理は，本条2項の要件の下でも妥当するものと考えられる。従来の判例は，表示の錯誤と動機の錯誤を分けて論じる二元論に立脚した上で，動機が相手方に表示され，意思表示の内容となった場合には，95条を適用するという考え方をとってきた（**動機表示構成**）。大判大正3・12・15民録20輯1101頁は，「通常意思表示ノ縁由ニ属スヘキ事実ト雖表意者カ之ヲ以テ意思表示ノ内容ニ加フル意思ヲ明示又ハ黙示シタルトキハ意思表示ノ内容ヲ組成スル」と述べ，動機の表示は，必ずしも明示でなくてもよく，黙示による表示であってもよいとし，**Case 6-6** のような事案においても，最高裁は，動機の黙示的表示という構成をとった（★最判平成元・9・14判時1336号93頁）。また，判例法理でいう〈①動機の表示→②意思表示（法律行為）の内容化〉のうち，②を重視するものもみられる。たとえば，最判平成28・1・12民集70巻1号1頁（百選Ⅰ-22）は，「動機は，たとえそれが表示されても，当事者の意思解釈上，それが法律行為の内容とされたものと認められない限り，表意者の意思表示に要素の錯誤はない」という。

錯誤取消しの消極的要件　（1）原則　表意者に重大な過失（重過失）があったときは，表意者は取消権を行使することができない（▶95条3項柱書）。表意者の帰責性が大きい場合には，その取消権の行使を制限することで相手方を保護すべきであるという趣旨である。重過失とは，悪意に準じる意思態様であり，当該表意者の職業・経験，取引の種類・目的などを考慮した上で，表意者が著しく注意を欠いていたことをいう。重過失の主張・立証責任は，取消権の行使を否認しようとする相手方にある。95条3項については，電子消費者契約の場合に特則がある（➡ **Topic 6-2**）。ところで，表意者に軽過失があるにすぎない場合，95条3項の制限は適用されないので，表意者は取消しが可能である。しかし，表意者の軽過失に基因して相手方が損害を被った場合，表意者は損害賠償責任を免れないとする考え方がある。取消しを認めつつも損害賠償責任を課すことで，表意者と相手方との利害を中間的に解決できる

と考えるのである（もっとも，取消しの萎縮の問題がある）。

（2）**例 外**　以上の原則には，次の２つの例外的な場合があり，表意者に重過失があったとしても，取消しが可能とされる（不実表示の場合につき， ➡ **Further Lesson 6-3**）。

（a）「相手方が表意者に錯誤があることを知り，又は重大な過失によって知らなかったとき」（▶95条３項１号）　　相手方が悪意であるか，または重大な過失がある場合には，相手方保護という取消権制限の趣旨は妥当しないことから，表意者に重過失があったとしても，取消しが可能である。この例外は，2017年改正前民法の下で判例（★大判大正10・6・7民録27輯1074頁）・学説上異論なく認められてきたことを明文化したものである。

（b）「相手方が表意者と同一の錯誤に陥っていたとき」（同項２号）　　当事者

✎ Topic 6-2

電子消費者契約の特則

　2001年に成立した電子消費者契約法は，消費者の操作ミスに基因した表示の錯誤に関する民法の特例措置を置いている。同法３条本文は，コンピュータ・システムの映像画面を介して締結される消費者と事業者との契約（電子消費者契約）において，消費者側に一定の表示の錯誤があった場合につき，民法95条３項を適用しないものとする。95条３項の適用除外となる錯誤とは，その錯誤が法律行為の目的および取引上の社会通念に照らして重要な表示の錯誤であり，①消費者がコンピュータを用いて送信した時に当該事業者との間で電子消費者契約の申込みまたは承諾の意思表示を行う意思がなかったとき（例，購入する意思がないのに注文ボタンをクリックしてしまった場合），あるいは，②消費者がコンピュータを用いて送信した時に当該電子消費者契約の申込みまたは承諾の意思表示と異なる内容の意思表示を行う意思があったとき（例，１個注文するはずが11個と入力して申し込んでしまった場合）である。これらの場合は消費者側の単純な誤操作であり，重過失が認定されやすい。そこで，消費者を保護する観点から，誤操作のリスクを消費者に負担させないようにしているのである。もっとも，同法３条ただし書は，①事業者側が消費者の申込みまたは承諾の意思表示を行う意思の有無について確認を求める措置を講じた場合，②消費者から事業者に対してして当該措置を講ずる必要がない旨の意思の表明があった場合は，このかぎりでないと定める。

双方が意思表示の基礎事情について誤った理解をし，それを前提に意思表示を
した場合を共通錯誤（共通の動機錯誤）という。たとえば，AがBの所有するフ
ランス19世紀の画家モロー作の絵画を買ったところ，後になってそれが贋作で
あると判明したが，契約当時AもBもそれを真作であると考えていたという場
合（★東京地判平成14・3・8判時1800号64頁）や，当事者双方が目的物の実質的
価値を実際の価値よりも著しく低く評価していたという場合（ゴルフ会員権売買
の事例につき★大阪高判平成29・4・27金判1521号12頁）である。共通錯誤の場
合，当事者を契約に拘束すべき理由がないから，相手方保護の観点から規定さ
れている95条3項柱書の取消権制限を適用する必要がなく，表意者に重過失が
あったとしても，取消可能である。

**錯誤の効果
：取消し**　　　(1)　**無効の相対化から取消しへ**　　錯誤は，取消原因の一つ
である。取消しにより，その意思表示は遡及的に無効となる
（121条本文）。この点，2017年改正前民法の下では，錯誤の効果は無効とされて
いた。そのため，学説上，無効を取消しに近づけて理解する努力がなされてき
たが（相対的無効論），そのような傾向を踏まえて，現民法では，錯誤の効果を
取消しと明確に定めた。

　(2)　**第三者との関係**　　95条4項は，取消しが善意無過失の第三者に対抗で

Further Lesson 6-3
▶▶▶▶　**不実表示**

　民法改正に向けた議論の中では，不実表示による誤認（惹起型錯誤）に関する規
律を設けることが提案されたが，この提案は最終的に採用されなかった。この点に
関する規律のあり方としては，消費者契約法4条1項1号・4条2項を一般法化
し，錯誤や詐欺と独立した項目としてルールを立てることも考えられるが，中間試
案は，動機の錯誤の一類型として組み込む提案であった。しかし，反対意見が多
く，規律の新設自体が見送られた。もっとも，不実表示類型とは，相手方の行為
（不実表示）によって法律行為の基礎とした事情についての表意者の認識が形成さ
れ，かかる認識の下で表意者が意思表示をしたという場合であるから，それが改正
95条2項の適用の下に処理される（その事情が法律行為の基礎とされていることが
黙示的に表示されていた）のが妨げられるわけではない。

きない旨定める。これは，2017年改正で新設された規律である。錯誤の効果が
無効から取消しに改められたことに伴い，詐欺取消しにおける第三者保護規定
（▶96条 3 項）に関する議論（→188頁以下）が，おおむね妥当することとなる。
この点の多数説によれば，95条 4 項の第三者は，取消し前に現れた第三者に限
られ，取消し後に現れた第三者をどのように扱うかについては，議論となる。

他の制度との関係　　**(1)　錯誤と契約不適合責任**　　受胎している馬だと
思って購入したが，実際には駄馬であった場合（前掲
★大判大正 6 ・ 2 ・24），130馬力のモーターだと思い購入したところ，実際には
70馬力にすぎなかった場合（★大判大正10・12・15民録27輯2160頁：中古発動機事
件）などにおいては，性状の錯誤の問題とともに，契約不適合責任の問題が生
じる。両者の規律には，要件面および効果面に著しい差異があり，両者の関係
をどのように解すべきか。この点，2017年改正前民法の下において，契約不適
合責任（17改正前では瑕疵担保責任）との関係をめぐって，いくつかの考え方が
あった。第 1 に，錯誤要件が満たされるときは，瑕疵担保の規定は排除される
とする立場（錯誤規定優先説）であり，前掲大判大正10・12・15や最判昭和33・
6 ・14民集12巻 9 号1492頁（百選Ⅱ-67，苺ジャム事件）がこれを採用している。
第 2 に，瑕疵担保責任には 1 年の除斥期間（▶566条）があることを重視し，瑕
疵担保の規定を錯誤規定の特則とみて，瑕疵担保の規定を優先する立場（瑕疵
担保規定優先説）があった。第 3 に，両者の要件効果が異なる以上，買主はい
ずれでも選択して主張することができるという立場（選択主張説）である（な
お，選択主張を認めた上で，錯誤無効の主張を17改正前566条 3 項の期間制限に服せし
める有力説があった）。

　(2)　**錯誤と詐欺**　　錯誤により意思表示をした場合，それが相手方または第
三者の詐欺に基因している場合がありうる。この場合，2017年改正前民法の下
において，錯誤無効規定と詐欺取消し規定との適用問題が生じてきた（無効と
取消しの二重効の問題。➡ **Further Lesson 5-1** および248頁以下）。この点，いずれ
の要件も満たしているのであれば，当事者は錯誤無効と詐欺取消しのいずれを
選択して主張してもよいとするのが多数説である。

4　詐　　欺

> ■ **Case 6-7**　(1)　生活に便利な環境の宅地の購入を考えているAに対して，Bは甲土地が宅地としては不適当であるにもかかわらず，その近傍土地が宅地として人気があるなどと虚偽の説明をした。Aは，その説明を信じて，Bとの間で甲の売買契約を締結した。
>
> (2)　Aは，3000万円以下で購入できる都心のマンションを探していたところ，不動産業者B所有のマンション甲が格安の価格で売りに出ているのを見つけ，それを2800万円で購入した。Aが甲に入居して1月ほど経ったのち，Aは，2年前にBから甲を賃借していた家族が甲で一家心中をしていたことを知った。Aは，購入に際して，「なぜこんなに安いのか」と尋ねたのに対して，Bは，「いち早く処分したいのだが，買い手が見つからないで困っているためだ」と答えるのみで，それ以上のことを黙っていた。
>
> (3)　資金繰りに苦慮したSは，すでに1000万円借入れしていたAに100万円の追加融資を依頼したところ，Aは，Sの知人Bが既存債務の保証をすることを条件に追加融資を承諾した。Sは，Bに「100万円の保証をお願いしたい」と依頼し，Bはそれなら可能であると思い，Aとの間で，主たる債務額1000万円の保証契約書に署名捺印した。

詐欺の要件　96条の詐欺による意思表示とは，表意者が相手方または第三者（＝欺罔者）から騙されて，錯誤に陥り，その錯誤によりなされた意思表示である。要件を分節すると，次のようになる。

（1）　欺罔行為　欺罔者が(a)意図的に，(b)違法な欺罔行為をしたことが必要である。

　(a)　**二重の故意**　詐欺が認められるためには，欺罔者に故意がなければならない。一般に，この故意とは，①表意者を欺罔して錯誤に陥らせようとする故意と，②それにより意思表示をさせる故意との二重の故意からなりたつ。このように故意が要求されるため，過失で虚偽の事実を告げ相手方が錯誤に陥った場合（**過失による詐欺**）は，96条でいう詐欺に該当しない。もっとも，95条の錯誤の要件を満たせば，表意者は取消しが可能であるし，消費者契約法上の取消しが可能である場合のほか，情報提供義務違反・説明義務違反に基づく損害賠償を請求しうる場合もある。

　(b)　**欺罔行為の違法性**　たとえば，セールス・トークとして，「この服はあなたに最もお似合いです」などの誇張的な表現が用いられることがあるが，

これらすべてが96条でいう詐欺とされるわけではない。欺罔行為は社会通念上許容される程度を超えた違法なものでなければならない。違法か否かの判断にあたっては，契約当事者の交渉力・情報力の格差（当事者が専門家なのか消費者なのか）など具体的事情が考慮される。では，積極的に欺罔行為をするのではなく，たとえば**Case 6-7**(2)のような，一定の事実を告げないことで相手方を錯誤に陥らせる，すでに相手方が錯誤に陥っているのに乗じるなどの**沈黙による詐欺**も，違法な欺罔行為といえるのか。この点，信義則上相手方に告げる義務がある場合には，沈黙も民法96条1項の「詐欺」にあたることに異論はない（★大判昭和16・11・18法学11巻617頁等）。また，近年，**情報提供義務**をめぐって，その違反の効果として，損害賠償のほか，取消しまで認めるかについて議論がある。沈黙による詐欺の場合に取消しが認められるには，相手方に故意があることの主張・立証が必要であるが，故意の内容として，少なくとも表意者がその情報を知らないことの認識が必要であり，相手方もその情報を知らなかったときには，知らないことに過失があるとしても，詐欺の故意は認められない。そのようなことから，沈黙による詐欺の事案では故意の立証が困難であることが多いと指摘されている。

(2)　**因果関係**　96条の詐欺が認められるためには，二重の因果関係，すなわち，①欺罔行為によって表意者が欺罔されたこと，および，②欺罔されたことによって表意者が意思表示をしたことが必要である。

第三者による詐欺　欺罔者が第三者である場合に，表意者による取消しが認められるためには，相手方が詐欺の事実を知り（悪意），または知ることができた（有過失）ことが必要である（▶96条2項）。たとえば，**Case 6-7**(3)では，保証契約の相手方Aによる詐欺という構成のほか，保証契約当事者でない第三者Sによる詐欺という構成による取消しの可能性も考えられ，後者の場合，取消しが認められるには，Aが悪意または有過失でなければならない。表意者は，騙されたとはいえ，任意の意思決定をしており，また騙されないように自ら正確な情報を収集しなかった点で一定の帰責性を認めることができ，欺罔行為を行ったわけではない相手方が取消しによる影響を受けるのは不合理であり，相手方の信頼や取引の安全を害する結果となる。そ

のため，取消しが制限されている。2017年改正前民法では，相手方が詐欺の事実を知っていた場合にかぎり，表意者による取消しが認められるにすぎなかったが，現在では，相手方が詐欺の事実を知ることができたときにも取消しが認められることとなった。取消しの制限は，当該意思表示が有効であるという信頼を保護するためであるから，その信頼が保護に値すること，すなわち相手方が無過失であることまで必要なのである。

　ところで，相手方の代理人が欺罔行為をした場合，これは第三者による詐欺ではなく（相手方の悪意・有過失であるか否かにかかわらず），意思表示を取り消すことができるとする判例（★大判明治39・3・31民録12輯492頁）がある。判例は，101条1項を根拠とするが，学説上は，端的に96条1項を適用すれば足りるとする見解が有力である。また，相手方の代理人のみならず，相手方から契約締結について媒介することの委託を受けた者についても，相手方の主観的事情にかかわらず，取消しを認めるべきであろう。

❖ Case 6-8　(1)　Bは，Aを巧みに騙して，A所有の甲土地を格安で売却する旨の契約をさせ，甲の引渡しと登記の移転を了した。Aは騙されたことに気づき，Bに対して詐欺を理由に売買契約を取り消す旨の意思表示を通知し，甲の返還と登記の抹消を求めた。しかし，甲はすでにBからCに転売されてしまっていた。Aは，Cに対して甲の返還を求めることができるか。
(2)　(1)において，Aによる取消しの意思表示の後，BからCに転売された場合では，どうか。

第三者との関係

　(1)　**96条3項の意義**　96条3項は，詐欺による意思表示の取消しは，善意無過失の第三者に対抗できないと規定する。これは，94条2項と同じく，**権利外観法理**ないし**表見法理**の一種である。取り消されるまでは一応有効であるところの法律関係を基礎として新たな利害関係に入った第三者を保護し，取引の安全を図るものである。第三者を保護した場合，被欺罔者たる表意者は権利を失うことになるが，表意者には情報収集に失敗し騙されたという軽率さ（帰責性）があり，そのような表意者の取消権は，帰責性のない善意無過失の第三者の前では後退することとなる。また，取消しは遡及的無効を生じさせ（▶121条本文），第三者の法的地位が事後

的にかつ遡及的に覆されてしまう。96条3項は，このような遡及的無効を制限し，第三者を保護するための規定であると説明することもできる。

(2) **第三者の意義**　96条3項でいう第三者とは，当事者（およびその包括承継人）以外の者で，「当該意思表示の有効なことを信頼して新たに利害関係を有するに至った者」をいい（★最判昭和49・9・26民集28巻6号1213頁：百選Ⅰ-23），詐欺によって反射的に利益を受ける者を含まない。たとえば，先順位の抵当権の登記が詐欺により抹消された場合において，後順位の抵当権者は第三者にあたらない（★大判明治33・5・7民録6輯5巻15頁）。また，複数の連帯債務者のうちの1人が欺罔されて代物弁済を行った場合において，他の連帯債務者は第三者にあたらない（★大判昭和7・8・9民集11巻1879頁）。

(3) **第三者の保護要件**　2017年改正前96条3項は文言上，第三者の保護要件として善意（詐欺の事実を知らないこと）のみを要求していた。そこで，無過失まで要求すべきかが問題とされ，欺罔されて意思表示をした者は，虚偽表示を行った者と比して，その帰責性がかなり小さく，より表意者を保護すべきであるとして，無過失を要求する考え方が有力に主張された。そのような考え方を背景に，改正に伴い，第三者の保護要件として，無過失まで要求されるにいたった。

また，目的物が不動産である場合，第三者Cが被欺罔者Aに対して権利取得を主張するには，登記を要するのかが問題とされてきた。まず，AとCとは対抗関係に立たないので，対抗要件としての登記（▶177条）は必要ではない。では，権利保護要件としての登記は必要であろうか。強迫や制限行為能力を理由とした取消しの場合，第三者保護規定が置かれていないのに，詐欺を理由とした取消しの場合にのみ，被欺罔者の犠牲の下に第三者を保護する規定が置かれている点に鑑みると，第三者としても，保護を受ける前提として，自ら権利確保のためになすべきことをしておくべきではないか，という問題である。この点，これまでの多くの学説は，解除前の第三者が保護されるには登記を必要とする判例（★大判大正10・5・17民録27輯929頁参照）との均衡をも考慮して，権利保護要件として登記を要求してきた（この点の判例については➡**Further Lesson 6-4**を参照）。しかし，第三者の保護要件として無過失まで要求されている現行

規定の下においては，さらに登記まで要求すると第三者の保護範囲が著しく狭まるので，登記は不要と解すべきであろう。

　(4)　**第三者となるべき時期**　　(a)　**96条3項の射程**　　第三者はいつまでに利害関係に入れば，96条3項により保護されるのか。取消しによる遡及的無効の結果として，第三者の法的地位が覆されてしまうのを防ぐという趣旨からすると，96条3項は，取消し前に利害関係に入った者を保護するものであって，取消し後に現れた第三者には適用されないと解される。したがって，取消し後の第三者には，96条3項により保護されない。もっとも，このことは，取消し後に現れた第三者がまったく保護されないということを意味するのではない。

Further Lesson 6-4
▶▶▶▶▶　登記の要否に関する判例

　96条3項の第三者として保護されるために登記を要するかが争われたのが，最判昭和49・9・26民集28巻6号1213頁（百選Ⅰ-23）である。この判例をどのように評価するのかについては，議論がある。事案は，次のようなものであった。Aは，Xから本件農地を含む6筆の土地を買い受け，本件農地については農地法5条の許可を条件とする所有権移転仮登記を，その他の土地については所有権移転登記を経た。その後，Aは，それらの土地をYに対する債務の担保として譲渡担保に供し，本件農地については仮登記移転の付記登記が，その他の土地については所有権移転登記が経由された。ところが，A・X間の売買契約はAの詐欺によるものであったことから，XはAに対して売買契約の取消しの意思表示をなした上で，Yに対して，本件農地の付記登記の抹消およびその他の土地の所有権移転登記を求めた。ここで，Yが96条3項の善意の第三者として保護されるかが争点となった。一審はXの請求を棄却したが，原審は，本件農地に関してYは対抗要件を備えておらず，Xは詐欺取消しをYに対して主張できるとし，本件農地に関してのみXの請求を認容した。最高裁は，96条3項の趣旨からみて，第三者の範囲として，「必ずしも，所有権その他の物権の転得者で，かつ，これにつき対抗要件を備えた者に限定しなければならない理由は，見出し難い」と述べて，Yを96条3項の善意の第三者として保護した。本判決に対して，登記不要説に立っているとの見方もできるが，本件が農地売買に関するものであったことが見落とされてはならない。農地売買においては農地法5条の許可が必要であって，許可が得られるまでは仮登記しかできず（▶不登105条2号），対抗力を有する本登記をしようと思ってもそれが不可能であったという特殊な事情が本件には存在した。よって，本判決は，権利保護要件としての登記を要求する立場を排斥するものではないと考えられる。

判例・学説は，その理論構成に争いがあるものの，一定の場合に第三者を保護する可能性を認めている。

　(b)　取消し後の第三者　　まず，**Case 6-8** において，AがA・B間の売買契約を取り消すことにより，その契約は遡及的に無効となり，その結果，Bは無権利者となる（BからCへの売買は他人物売買となる）のが大前提である。Cが取消し前に利害関係に入っていれば，96条3項により保護されうるが，取消し後に利害関係に入っているかぎり，その保護を受けることはできない（**無権利の法理**。なお，取消原因が強迫または制限行為能力である場合には，取消し前の第三者であっても保護されない）。CがB名義の登記を信頼して取引に入ったとしても，わが国の法制の下では，登記に公信力が認められておらず，Cは甲土地の所有権を取得することができない（仮に売買の目的物が動産であれば，192条の即時取得が成立する可能性がある）。しかしながら，取消し後の第三者であっても，一定の場合にその保護を図らなければ，取引の安全を害することになるし，取消し前の第三者と対比してアンバランスな結果となる。

　そこで，判例およびかつての通説は，次のような構成の下で，AとCとの優劣を登記の先後で決し，登記を先に得たCは保護されると考えている（★大判昭和17・9・30民集21巻911頁：百選Ⅰ-51，最判昭和32・6・7民集11巻6号999頁等）。121条本文により取消しに遡及効が認められているが，これは法的な擬制にすぎず，取り消されるまではAからBに有効に物権が移転しているのであるから，取消しにより，BからAへと物権の復帰があったとみることができる。そうであれば，Bを起点とするAおよびCへの二重譲渡があったのと変わりないから，対抗問題として177条を適用して処理することができる（**復帰的物権変動論**）。これによると，Aの登記の復帰よりも先にCが登記を備えれば，たとえCがA・B間の詐欺の事実を知っていた（悪意）としてもAに優先することになる。もっとも，177条の第三者は登記欠缺を主張しうる正当な利益がある者と制限的に解釈されており（制限説），Cが177条の第三者に含まれない背信的悪意者などにあたる場合には，Aは登記なくして対抗できることに留意すべきである。

　以上の考え方に対しては，次のような問題点が指摘される。①取消し前の第

三者に関しては，取消しの遡及効からA→Bの物権変動を否定した上で，96条3項が適用される場合を除き第三者を保護しないとしながら，取消し後の第三者に関しては，取消しの遡及効を認めず，A→B→Aという物権変動を想定している。これは理論的に一貫性を欠く。②この考え方では，取消し後の第三者は悪意でも保護され，これは取消し前の第三者が善意でなければ保護されないことと対比して均衡を失する。③いつ取消権が行使されるのかという第三者の関与しえない偶然的な事情により，第三者保護のあり方が異なってしまう（第三者保護規定のない制限行為能力・強迫による取消しの場合には，とくにそうである）。そこで，学説では，取消し前に関しても復帰的物権変動という理解を貫徹した上で，すべて対抗問題としていく方向性（対抗問題アプローチ）と，取消し後において遡及効を貫徹した上で，無権利の法理を94条2項類推適用（➡172頁以下参照）などにより修正する方向性（無権利の法理アプローチ）とがみられる。取消し前の第三者の保護要件として善意のみならず無過失まで要求されることとなった現行規定の下においては，前者のアプローチでは背信的悪意者排除論を広く活用して，後者のアプローチでは第三者保護要件として無過失を要求して，取消しの前後で調和した理論構成を目指す必要があろう。

5 強 迫

> **❖ Case 6-9** (1) 宗教団体の代表者Aは，Bが持病のため精神的にも肉体的にも困憊した状態にあることを知りながら，長期間にわたり家族との面会を制限し，修行であると称して熱湯をBの全身にかけるなどの方法でBに大きな苦痛を与えた。かかる状況の下で，Aは「お布施をしないと持病は治らない」といってBに寄付を執拗に迫ったため，Bは自己所有の甲土地を贈与する内容の契約書に署名した。
> (2) Aの被用者Cが，会社の金1000万円を使い込んでしまったことから，Aは，Cの身元保証人Bに対して，1000万円を借りたことにして「利息を付けて必ず返済することを確約しなければ，Cを刑事告訴する」と脅して，借用書を書かせた。後日，Aは，その借用書に基づいて，Bに貸金の返還を求めた。

強迫の要件　強迫による意思表示とは，他人の強迫行為によって畏怖を生じ，その畏怖に基づき，心ならずもなした意思表示である。

詐欺による意思表示と同様，瑕疵ある意思表示であり，表意者には取消権が認

められる（▶96条1項）。瑕疵ある意思表示であるから，他人からの不当な干渉を受けつつも，意思決定はされていることが前提であり，強迫の結果，意思決定の選択の自由を失っていることまでは必要でない（★最判昭和33・7・1民集12巻11号1601頁。強迫により意思決定の自由を失っていた場合には，意思の不存在として当然に無効となる）。96条における強迫の要件を分節すると，次のようになる。

(1)　**強迫行為**　　強迫者が(a)意図的に，(b)違法な強迫行為をしたことが必要である。強迫行為とは，害悪を示して相手方を畏怖させる行為をいい，その害悪は，財産的害悪・非財産的害悪を問わず，また現在のものであるか将来のものであるかを問わない。

(a)　二重の故意　　強迫が認められるためには，強迫者に故意がなければならない。詐欺の場合と同じく，強迫においても，①表意者に畏怖を生じさせようとする故意と②それにより意思表示をさせる故意との二重の故意が必要とされる（★大判昭和11・11・21民集15巻2072頁）。

(b)　強迫行為の違法性　　詐欺の場合と同様，強迫行為が社会通念上許容される程度を超えた違法なものでなければならない。違法性の有無は，強迫によって達成される目的の正当性と，その手段たる強迫行為の悪性の程度とを相関的に考察して判断される。たとえば，**Case 6-9**(2)と同様の事案で，大判昭和4・1・23新聞2945号14頁は，違法な強迫行為にあたらないとする。

(2)　**因果関係**　　96条の強迫が認められるためには，二重の因果関係，すなわち，①強迫行為によって表意者が畏怖したこと，および，②畏怖したことによって表意者が意思表示をしたことが必要である。

効果：詐欺の場合との違い　　強迫の要件を満たすと，表意者に取消権が認められる（▶96条1項）。取消しにより，その意思表示は遡及的に無効となる（▶121条本文）。詐欺の場合と異なり，強迫の場合には，表意者にまったく帰責性がないため，強迫により意思表示をした者は，被欺罔者よりも厚く保護されている。すなわち，第三者から強迫を受けた場合において，表意者は，相手方の主観的事情を問うことなく，取消しが可能である（▶96条2項の反対解釈）。また，強迫を理由とする取消しは，善意無過失の第三者にも対抗することができる（▶96条3項の反対解釈）。

3　意思表示の効力発生時期

> **❖ Case 6-10** (1)　Aは，Bから「自宅のパソコンを10万円で売る」との申出を受けていた。Aは，しばらく考えた後，Bの電子メールアドレス宛に「10万円で買う」との通知をした。Aは，メールを発信した直後に，ネットオークションを見たところ，同じ型のものが 5 万円程度で出ていることを知った。そこで，Aは，Bの携帯電話のメールアドレス宛に，「電子メールで送った件はなかったことにして欲しい」と通知した。Bは，街中でその通知を受け取ったが，その意味がわからず，帰宅後，パソコンで電子メールを確認して初めてその内容を理解した。Bとしては，Aは一度買うと言ったのだから，その言葉どおり，パソコンを買い取って欲しいと考えている。はたして，Aがなした承諾の意思表示の撤回は有効であろうか。
> (2)　Aは，Bに騙されて，一枚の絵画を購入した。騙されたことに気付いたAは，Bに対して，詐欺を理由に売買契約を取り消す旨の意思表示を郵便で発送した（▶96条 1 項）。その際，Aはその書面をコピーし手元に残した。しかし，Bは，そのような通知は受けていないと言い張り，代金を支払うように請求している。Aは，Bへの通知の到達を証明することができない状況にあり，また，騙されたことに気付いてから 5 年の月日が経過している（▶126条参照）。Aの取消しの意思表示は，その効力が認められるのであろうか。
> (3)　Aは，再三支払いを催告しているにもかかわらず家賃を支払わないBに対して，6 月 1 日，「賃貸借契約を解除する。1 週間以内に立ち退きを求める。」という内容の手紙を発し，翌日，その手紙はB宅に配達された。しかし，Bは長期旅行中で実際にこの手紙を読んだのは，6 月末であった。

1　どのような問題なのか

　意思表示は人と人とのコミュニケーションの道具であるから，表意者の意思が相手方に伝達されることが必要である。自らの意思が相手方に伝達されるには，その意思を外部化し，それを相手方に向けて発し，相手方がそれを受け取って内容を理解することが必要である。このような一連の過程の途中で，事故やトラブルが生じた場合において，どの段階から意思表示の効力を認めてよいのかが問題となる。これが，意思表示の効力発生時期の問題である。この問題は，具体的には，①表意者が意思表示を相手方に向けて発したが，それが届かなかったかあるいは相手方がそれを受け取らなかった場合，それに伴うリス

クを表意者と相手方のいずれが負うのかという問題や，②表意者が意思表示を発した後に気が変わった場合に，意思表示を事後的に撤回できるのかという問題と結び付いているため，重要な意味を有している。

2　問題へのアプローチ

考えうる時点　相手方のある意思表示は，一般に，表白→発信→到達→了知というプロセスを経て，相手方に伝達される（なお，相手方のない意思表示は，表意者の表示行為により直ちに成立する）。**表白**とは，内心の効果意思を外部にあらわすことであり，手紙や電子メールの作成がこれにあたる。**発信**とは，意思表示を相手方に向けて送ることであり，手紙の投函やメールの送信ボタンを押すことがこれにあたる。**到達**とは，意思表示が相手方のもとに届くことであり，手紙の相手方宅への配達がこれにあたる（電子メールの場合，どの時点を到達とするかは1つの問題である。**➡ Topic 6-3**）。**了知**とは，相手方が意思表示の内容を知ることであり，手紙やメールの内容を読むことがこれにあたる。意思表示が相手方を目の前にしてされたり，電話でされたりする場合（**対話者間の意思表示**）には，表白から了知までの一連のプロセスが瞬時に完了するので，その過程で問題が生じることは，ほとんど考えられない（対話者間の契約の申込みの意思表示につき，▶525条2項・3項参照）。これに対し，手紙や電子メールを用いて意思表示する場合（**隔地者間の意思表示**）には，表白から了知まで一定の時間がかかる。意思表示の効力発生時期が問題となるのは，もっぱら隔地者間の意思表示の場合である。

　意思表示の効力発生の時点として，表白・発信・到達・了知の4つの時点が理論的には考えうる。しかし，表白の時点で効力発生を認めるとすると，あまりに早い段階で相手方を意思表示に拘束することになる上，表意者の側としても意思を外部にあらわしただけで，その意思表示に拘束され撤回できなくなり，適当でない。また，了知の時点で効力発生を認めると，相手方が意思表示の内容を察して，それを了知しないことで，意思表示の効力発生を阻むことができるし，意思表示が相手方のもとに届いたにもかかわらず，表意者の側はなお意思表示の撤回が可能となり，適当でない。したがって，意思表示の効力発

生時期の立法論的な選択肢としては，それを発信時に求めるか，到達時に求めるかとなる。

| 発信主義と 到達主義 | 意思表示の効力発生時期を発信時に求める考え方を**発信主義**という。これに対して，それを到達時に求める考え方を**到達** |

主義という。発信主義と到達主義が，それぞれどのような帰結を生じさせるのかについては，**Case 6-10** に即して考えてみてほしい。**Case 6-10**(1)では，Aの撤回がいつまで可能か，**Case 6-10**(2)では，Aが取消しの主張をするために，何を立証すべきか，**Case 6-10**(3)では，いつの時点から解除の意思表示の効力が生じ，1週間の立退き期間が進行するのかがそれぞれ具体的には問題となる。さて，民法は，これらの問題について，どのような立場をとっているであろうか。

3 民法が採用する考え方

| 到達主義の原則 | 民法は，到達主義を採用している（▶97条1項）。到達主義を排して，意思表示の効力発生を発信時にかからしめ |

る合意をした場合（たとえば「何月何日までの消印有効」）には，その合意に従い発信主義によることとなる。また，例外的に発信主義が採用されている例としては，制限行為能力者の催告に対する確答（▶20条），クーリング・オフ（▶特定商取引9条2項・24条2項など）がある。

2017年改正前民法の下では，発信主義をとる重要な例外として，隔地者間の契約における承諾の意思表示（17年改正前526条1項）があった。すなわち，隔地者間の契約は，承諾の意思表示を発した時に成立するとされていた。承諾は，申込みの内容をそのまま了承する意思表示であり，申込者の側は当然ながらその内容を知っている。そうであれば，承諾の発信後に直ちに効力発生を認め，契約成立を前提にその履行準備に入ることができるとした方が取引の迅速化が図られる，というのがその理由であった。このように取引の迅速化を尊ぶという政策的判断は，情報通信手段が限定され，しかも不十分であった民法制定時には，ある程度合理的であろうが，今日の発展した通信事情の下でその合理性は疑わしく，立法政策上の批判があった。とくに電磁的方法による意思表

示の場合にはそうであり，2001（平成13）年に成立した「電子消費者契約及び電子承諾通知に関する民法の特例に関する法律」は，電子消費者契約の意思表示について発信主義を定めた規定の適用を排除する規定を置いて対処していたが，立法論的な問題は電子消費者契約にとどまらないことから，2017年改正で，改正前526条1項自体が削除されるにいたった。

　もっとも，顧客者が申込書を保険会社に提出し，保険会社が審査の上で承諾して契約が成立する保険契約などでは，到達主義をとると，承諾の発信から到達までの間に生じた事故が付保されず，不合理である。このような取引の迅速性が重んじられる領域では，民法の起草者が考えた発信主義の採用は合理性をもつ。そのため，保険実務上は，発信主義がとられたり，申込みの到達時をもって契約成立を擬制する定めをおくなどの対応がとられている。

到達の意義　　何をもって到達とするかは，個々のケースに応じて異なり，なかにはその評価が難しい場合もある。判例（★最判昭和36・4・20民集15巻4号774頁等）・通説によると，到達とは，**取引通念からみて相手方が意思表示を了知しうる状態（相手方の支配圏）**に入ることであり，相手方が了知することを要しないとされる。この了知可能性は，物理的な観点だけでな

Further Lesson 6-5
▶▶▶▶▶　公示の方法による意思表示

　到達主義を前提とすると，①相手方を知ることができない場合（たとえば，相手方が死亡し相続人が誰なのか不明である場合）や，②相手方の所在を知ることができない場合（たとえば，相手方が行方不明である場合）には，意思表示の効力発生を認めることができない。そこで，1938（昭和13）年に旧97条ノ2（▶現98条）が追加され，①②の場合に，公示の方法による意思表示が認められることになった。その方法は，次のとおりである。まず，簡易裁判所にその申立をし（▶同条4項），裁判所の掲示場に掲示し，かつ，その掲示があったことを官報に1回以上掲載する。かつては，官報のほか，新聞紙上にも掲載することが要求されていたが，実際には官報への掲載しか行われていなかったため，2004（平成16）年の民法改正により，新聞紙上への掲載は公示の方法から除外された。以上の手続に従い，最後に官報に掲載された日より2週間を経過した時に，相手方に到達したものとみなされる（▶同条3項）。

く，時間的な観点や取引通念などにより判断される（電磁的方法による意思表示の場合➡ **Topic 6-3**）。たとえば，相手方自身が一身上の都合（外出，旅行，出張，入院など）によりその意思表示を了知しなくても，その同居人などが交付を受けた場合，到達が認められることがある（★大判明治45・3・13民録18輯193頁，大判昭和17・11・28新聞4819号7頁）。また，会社の代表取締役宛の催告書面をたまたま会社に遊びに来ていた代表取締役の娘が受領し，机の引き出しにいれて置いた場合にも，到達が認められた（前掲★最判昭和36・4・20）。すなわち，相手方本人に伝達しうると客観的に認められるような関係にある者に交付されれば，その者が受領権限を有していない場合であっても，到達が認められる。

　問題は，相手方もしくは家人が受領を拒絶した場合あるいは受領困難な状況を生じさせた場合をどのように扱うかである。通常であれば，相手方の郵便受けに手紙等を投函してしまえば理論上は到達したこととなるが，後日の訴訟等でその内容や配達の事実を容易に証明できるよう，内容証明郵便や配達証明郵便が用いられるため，相手方等がそれを受け取らず（あるいは不在のため），相手方の支配圏に入ったといい難い状況が生じる。判例は，受領拒絶に正当な理由があったかどうかを基準にして，到達の有無を判断し（★大判昭和11・2・14民集15巻158頁），また，不在配達通知書が郵便受けに投函されたが，郵便物の留置期間が経過した事案においては，当該事案の事情の下においては，遅くとも留置期間満了時点で到達が認められるとされた（★最判平成10・6・11民集52

🖉 Topic 6-3
電磁的方法による意思表示の場合

　電子メール等の電磁的方法による意思表示の場合，到達とはどのような状況をいうのか難しい問題が生じるが，受信者が指定した又は通常使用するメールサーバー中のメールボックスに読み取り可能な状態で記録された時点をいうと解すべきであろう。よって，受信者が通用使用しないメールアドレス宛に送られた意思表示については，メールサーバー中のメールボックスに記録されただけでは足りず，受信者がメールボックスから情報を引き出して（内容を了知する必要まではない），はじめて到達とされる。また，メールサーバーの故障や，文字化け・復号不可能は，到達が否定される事情にあたるであろう。

巻4号1034頁：百選Ⅰ-24)。このような判例の状況を踏まえて，現在は，「相手方が正当な理由なく意思表示の通知が到達することを妨げたとき」には，「通常到達すべきであった時に到達したものとみなす」(▶97条2項)と明文化されている。

4　表意者の死亡・意思能力の喪失・行為能力の制限

　表意者が意思表示を発信すれば，表意者としてなしうべきことは終了しており，意思表示は成立しているといえる。したがって，表意者が，意思表示を発信した後に，死亡し，意思能力を喪失し，または行為能力の制限を受けたとしても，その意思表示の効力に影響を与えない(▶97条3項)。ただし，契約の申込みの意思表示については，例外があることに留意しなければならない(▶526条)。

5　意思表示の受領能力

受領能力の意義

　意思表示の**受領能力**とは，他人の発した意思表示を了知する能力である。前述のとおり，到達主義は，了知可能性を前提としており，意思表示の相手方が内容を理解する知的能力を欠いているのであれば，意思表示は到達したとはみなされない。

受領能力の制限

　民法は，意思無能力者・未成年者・成年被後見人を，受領能力を欠く者としている(▶98条の2)。その反対解釈から，被保佐人や被補助人は，受領能力の制限を受けない。したがって，他人の発した意思表示を了知する能力の基準は，自ら意思決定して法律行為を行う行為能力よりも緩和されているといえる。意思表示の相手方がその受領時に意思無能力者・未成年者・成年被後見人であったときは，意思表示の効力が生じたことを相手方に「対抗することができない」(▶98条の2本文)。よって，未成年者または成年被後見人に対する意思表示は，その法定代理人に対して，未成年者または成年被後見人のためであることを示して(▶99条2項，受動代理)，なされなければならない。ただし，未成年者・成年被後見人の法定代理人，および意思能力を回復し，または行為能力者となった相手方が，その意思

表示を知った後は，このかぎりではない（▶98条の2ただし書）。また，未成年者および成年被後見人が単独で有効に法律行為をなしうる場合（▶5条1項・3項，6条，9条ただし書）には，受領能力があるものと解される。

4　消費者契約法

　2000（平成12）年4月に施行された消費者契約法は，事業者と消費者との間に情報や交渉力の構造的格差が存在するため，消費者が自己決定基盤が不十分な状態で契約締結を余儀なくされるという背景事情から，消費者の利益を保護するための民事ルールを定めている。本法は，主として次の2つの規律をおいている。①自己決定基盤を欠いた状態で事業者との間で契約を締結した消費者に，一定の要件の下で契約の取消権を与えている（▶消費契約4条以下），②契約に消費者の利益を不当に害する条項が含まれている場合に，その全部または一部を無効としている（▶消費契約8条〜10条）。

1　契約締結過程規制

　消費者が，自己決定の基盤が不十分であることを理由に契約の取消しをしようと考え，民法にその根拠を求めた場合，すでにみた詐欺・強迫に基づく意思表示の取消し（▶96条）が考えられる。詐欺・強迫による取消しが認められるためには，故意および違法性の要件を満たす必要があり，消費者はそれらの立証に窮することが多い。そこで，消費者契約法4条は，より緩やかな要件の下で，消費者に意思表示の取消権を与えている。すなわち，事業者が契約勧誘に際して，①消費者に誤認を生じさせる行為をした場合（誤認類型），②消費者に困惑を生じさせる行為をした場合（困惑類型），である。①は詐欺による取消しの拡張，②は強迫による取消しの拡張と位置づけることができる。続いて，2016年消費者契約法改正により追加された，③消費者の判断能力の低下等につけ込んだ**過量な内容**の消費者契約の取消しである（過量内容類型）。以上の3つの類型のうち，②については，当初，不退去・監禁という事業者の行為のみが定められていたが，時代の趨勢によりさまざま生じる消費者被害の事例に対応

するため，2018（平成30）年と2022（令和4）年に消費者契約法が改正され，困惑類型が拡張された。現在では，全部で10の事業者側の行為が列挙されるに至っている。なお，民法96条3項と同じ趣旨から，誤認・困惑・過量内容を理由とする消費者の意思表示の取消しは，これをもって善意無過失の第三者に対抗することができない（▶消費契約4条6項）。

誤 認 類 型　誤認類型においては，次の(1)から(3)のような事業者側の行為により誤認が生じ，その誤認によって意思表示をしたことが必要である。

(1)　**不実告知**（▶消費契約4条1項1号）　事業者が重要事項について事実と異なることを告げたために，消費者がそれを事実と誤認し意思表示した場合である（商品の対価についての不実告知が認められた例として，★大阪高判平成16・4・22消費者法ニュース60号156頁：百選消-33）。

(2)　**確定的判断の提供**（▶同条1項2号）　事業者が，将来における変動が不確実な事項につき確定的な判断を提供し，これによって消費者が誤認し意思表示した場合である。（取消しが認められた例として，★名古屋地判平成23・5・19消費者法ニュース89号138頁：百選消-36）。

(3)　**不利益事実の不告知**（▶同条2項）　事業者が重要事項について消費者の利益となる事実のみを告げて，不利益となる事実を故意または重大な過失によって告げなかったことにより，消費者が誤認し意思表示した場合である（取消しが認められた例として，★東京地判平成21・6・19判時2058号69頁：百選消-35）。

(4)　**重要事項の対象**　2016年改正前の消費者契約法は，(1)および(3)による取消しの対象となる重要事項を，物品，権利，役務その他の消費者契約の目的となるものの質，用途その他の内容，及び対価その他の取引条件に限定していた。そのため，重要事項性が否定され，取消しが認められない事例がみられた（将来の金の価格変動につき重要事項性が認められなかった例として，★最判平成22・3・30判時2075号32頁：百選消-37）。そこで，2016年改正では，重要事項が拡大され，「物品，権利，役務その他の当該消費者契約の目的となるものが当該消費者の生命，身体，財産その他の重要な利益についての損害又は危険を回避するために通常必要であると判断される事情」が追加された（▶同条5項3号）。

困惑類型 困惑類型においては，次のような事業者側の行為により困惑が生じ，その困惑によって意思表示をしたことが必要である。①**不退去**（消費契約4条3項1号）：消費者が事業者に対して退去すべき旨の意思を示したにもかかわらず事業者が退去しないこと（取消しが認められた例として，★東京簡判平成15・5・14判例集未登載：百選消-34），②**監禁**（同項2号）：事業者が勧誘をしている場所から消費者が退去する旨の意思を示したにもかかわらず退去させないこと，③勧誘することを告げず退去困難な場所に同行し勧誘すること（同項3号），④威迫する言動を交えて，消費者が第三者に相談の連絡をするのを妨害すること（同項4号），⑤社会生活上の経験不足を利用し，願望の実現に対する不安をあおること（同項5号），⑥勧誘者に対して恋愛感情等を抱き，かつ勧誘者も同様の感情を抱いていると誤信した消費者に，契約しなければ関係破綻のおそれを告げること（同項6号），⑦加齢や認知症により判断力が低下している状況を利用し，生活維持に対する不安をあおること（同項7号），⑧霊感等の合理的な実証が困難な特別な能力による知見として，消費者に重大な不利益を与える事態が生じる旨示して，不安をあおること（同項8号），⑨消費者の契約締結前に，契約を締結すれば生じることになる義務の内容を実施し，または契約目的物の現状を変更し，原状回復を著しく困難にすること（同項9号），⑩消費者の契約締結前に，契約締結を目指した事業活動を実施，それが消費者のために特に実施したものである旨およびその実施による損失の補償を請求する旨を告げること（同項10号）。困惑による取消しは，当初①②のみであったが，2018（平成30）年改正で⑤〜⑩が追加され，続いて2022（令和4）年改正で③④が追加され，⑨が拡張された。

過量内容類型 過量内容類型では，事業者が，消費者の目的となるものの分量等が当該消費者にとっての通常の分量等を著しく超えるものであることを知りつつ勧誘し，それにより消費者が意思表示したことが必要である。ここで，当該消費者にとっての通常の分量等を著しく超えるかは，①消費者契約の目的となるものの内容，②取引条件，③勧誘時の消費者の生活状況，④当該消費者の認識を総合的に考慮した上で，一般的・平均的な消費者を基準として判断される（▶消費契約4条4項前段）。たとえば，一人暮ら

しで滅多に外出しない消費者に対して，何十着もの着物を販売したような場合，事業がそのことを知りながら勧誘をして販売したのであれば，取消しが認められる。いわゆる次々販売のように，消費者が既に同種の契約を締結していた場合は，その契約の目的となるものの分量等も合算して過量かどうかを判断する（▶同項後段）。

取消権の行使期間等　以上の取消権は，追認可能時から1年行使しないとき，または契約締結時から5年経過したときは，時効消滅する（▶消費契約7条1項）。取消権を行使した消費者の返還義務の範囲について，民法121条の2第1項に対する特則がある（▶同法6条）。

2　契約内容規制

以上の契約締結過程規制と並んで，消費者契約法は，契約内容規制として，信義誠実の原則に反して，消費者に不当に不利益な契約条項を不当条項とし，その全部または一部を無効とするとともに（▶消費契約10条），不当条項を具体化し，不当条項リストを置いた（▶同法8条・8条の2・9条）。

事業者の損害賠償の責任を免除する条項等　事業者の債務不履行または不法行為による損害賠償責任の全部または一部を免除する条項，有償契約の目的物の契約不適合による損害賠償責任の全部を免除する条項，それらの責任の有無の決定権限を事業者に付与する条項は，無効である（▶消費契約8条1項・2項）。また，事業者の故意または重過失による場合に免責は認められないが，そのようなことが明確でなく，免責の範囲が包括的にみえる条項も，2022年改正により無効とされた（▶同条3項）。

消費者が支払う損害賠償の額を予定する条項　契約の解除に伴い消費者が支払う損害賠償額の予定または違約金を定める条項で，これらを合算した額が，当該条項において設定された解除の事由，時期などの区分に応じ，当該消費者契約と同種の消費者契約の解除に伴い事業者に生ずべき平均的な損害の額を超えるもの（「平均的な損害」の解釈が問題となった例として，**Topic 6-4**のほか，★東京地判平成14・3・25判タ1117号289頁：百選消-45・大阪地判平成14・7・19金判1162号32頁），または契約に基づく金銭債務の支払いの遅延に伴

い消費者が支払う損害賠償額の予定または違約金を定める条項で，これらを合算した額が支払期日の翌日からその支払いをする日までの期間について，その日数に応じ，当該支払期日に支払うべき額から当該支払期日に支払うべき額のうちすでに支払われた額を控除した額に年14.6％の割合を乗じて計算した額を超えるものは，超過部分につき無効となる（▶消費契約9条1項）。2022年改正により，事業者が契約の解除に伴う損害賠償等を請求する際，その算定根拠の

🖉 Topic 6-4

大学入学金・授業料不返還特約の有効性

　最近，消費者契約法による内容規制をめぐり焦点となっているのは，大学合格者が入学を辞退した場合に入学金または授業料の返還を認めない在学契約上の特約の有効性である。これまでの比較的多数の下級審判例は，入学金の返還請求を認めず，他方で，授業料については返還請求を認めていた。また，滑り止めの対価として利益を得るのは営利を目的としない学校法人の性質と相いれないとして，授業料のほか，入学金の返還請求をも認めたケースもあった。このような状況の下，最高裁がいかなる判断をするかが注目された。最判平成18・11・27民集60巻9号3437頁（百選消-44）・3597頁は，「学生が大学に入学し得る地位を取得する対価の性質を有する入学金については，その納付をもって学生は上記地位を取得するものであるから，その後に在学契約等が解除され，あるいは失効しても，大学はその返還義務を負う理由はないというべきである」とする一方で，授業料の不返還特約は，「在学契約の解除に伴う損害賠償額の予定又は違約金の定めの性質を有する」として，消費者契約法9条1号の規定を適用し，「当該消費者契約と同種の消費者契約の解除に伴い当該事業者に生ずべき平均的な損害」を超える部分が無効となると判示した。その上で，「当該大学が合格者を決定するにあたって織り込み済みのものと解される在学契約の解除，すなわち，学生が当該大学に入学する（学生として当該大学の教育を受ける）ことが客観的にも高い蓋然性をもって予測される時点よりも前の時期における解除については，原則として，当該大学に生ずべき平均的な損害は存しないものというべきであり，学生の納付した授業料等及び諸会費等は，原則として，その全額が当該大学に生ずべき平均的な損害を超えるもの」である一方，「学生による在学契約の解除が，上記時点以後のものであれば，そのような時期における在学契約の解除は，当該大学が入学者を決定するにあたって織り込み済みのものということはできない」ので，授業料等については，「原則として，当該大学に生ずべき平均的な損害を超える部分は存しない」としている。

概要を説明することが義務づけられた（▶同条2項）。

消費者の解除権を放棄させる条項等　事業者の債務不履行により生じた消費者の解除権を放棄させる条項，または解除権の有無の決定権限を事業者に付与する条項も，無効となる（▶消費契約8条の2）。

消費者の後見等を理由とする契約解除権を事業者に付与する条項　消費者が後見，保佐，補助開始の審判を受けたことのみを理由とする契約解除権を事業者に付与する条項も無効となる（▶消費契約8条の3）。

消費者の利益を一方的に害する条項　民法等の任意規定の適用による場合に比し，消費者の権利を制限し，または消費者の義務を加重する消費者契約の条項であり，信義則に反して消費者の利益を一方的に害するものも，無効となる（▶消費契約10条）。不当条項規制の**一般条項**である。本来，契約自由の原則によれば任意規定の適用を回避でき，また任意規定は当事者が合意しない場合の補充規範としての役割を果たすにすぎないが，消費者契約という力の格差がある状況において，任意規定は，契約内容規制における不当性判断の標準となる（**任意法規の半強行法規化**）。たとえば，**敷引特約**は，賃貸借契約に関する任意規定の適用による場合に比し，賃借人の義務を加重し，信義則に反して賃借人の利益を一方的に害するものであるから，本条により無効とされる場合がある（もっとも，近時の判例は，敷引額が高額すぎなければ有効とする。敷引額が経年に応じて増加し賃料の2〜3倍程度であれば有効（★最判平成23・3・24民集65巻2号903頁：百選消-47），経年を問わず賃料の3.5倍程度であっても有効（★最判平成23・7・12判時2128号43頁）。また更新料条項の有効性につき，★最判平成23・7・15民集65巻5号2269頁：百選Ⅱ-55・百選消-47も参照）。

✏ Topic 6-5
消費者団体訴訟制度と集団的消費者被害回復訴訟制度

　(1)　消費者団体訴訟制度の導入　　2006（平成18）年 6 月の消費者契約法改正により，消費者団体訴訟制度が導入された。消費者団体訴訟とは，消費者に被害が生じている場合または生じるおそれがある場合に，消費者団体が消費者全体の利益のために訴訟の当事者となり差止請求の訴訟を遂行できる制度である。通常の民事訴訟と違い，権利・利益の帰属主体でない消費者団体に当事者適格が認められ，また訴訟での判断の対象も，個々の具体的紛争を前提としない抽象的な契約条項や不当勧誘行為である。

　当初は，消費者契約法 4 条で定められた取消しの対象である不当勧誘行為，同法 8 条乃至10条の不当条項を対象とする差止請求のみが認められていたが，2008（平成20）年 4 月の改正で，特定商取引法及び不当景品類及び不当表示防止法が定める一定の行為類型についても差止請求が認められ，さらに2013（平成25）年 6 月の改正で，食品衛生法が定める一定の行為類型についても差止請求が認められるに至った。

　このような制度が導入され，適用対象が拡大されている背景には，少額・多数被害という性質をもつ消費者被害の数の増加がある。消費者契約法など各種の消費者法の制定などを通じて，個々の消費者の救済手段は拡大していったが，実効性の面でいえば不十分であることが多かったのである。

　(2)　集団的消費者被害回復訴訟制度の必要性　　消費者団体訴訟制度は，同種被害が多数に及ぶ消費者被害の未然防止や拡大の防止には有効なものであるが，消費者の被害回復には役に立たず，そのためには，個々の消費者が事業者を相手取って損害賠償請求等の訴えを提起する必要がある。また，事業者の行為を差し止めることができても，事業者が当該行為から得た利益を剥奪することまではできないので，一般予防的な観点からは不十分である。そこで，消費者被害回復の実効性確保のため，新たな制度の構築が進められてきた。2013（平成25）年12月に成立した「消費者の財産的被害の集団的な回復のための民事の裁判手続の特例に関する法律」は，次のような新たな制度を設けている（いわゆる日本版クラスアクション。下図参照）。具体的な手続を二段階に分け，一段階目では，特定適格消費者が原告となり，事業者の共通義務（対象となる消費者全体に共通する事実上・法律上の原因に基づき，金銭を支払う義務）の有無につき審理する（共通争点に関する審理：共通義務確認訴訟）。二段階目では，第一段階で事業者の共通義務が認められることを前提に，個々の消費者の授権を受けた特定適格消費者団体が届け出た債権について，個別の事情に基づき，事業者が消費者に支払うべき金額を審理する（個別争点に関する審理：簡易確定手続）。

☑ *Exam 1* --

　ゴルフ会員権αを保有するBは，その売却を検討し，ゴルフ会員権の売買業を営むAと売却の交渉を開始した。Aは，各種の相場情報を参考の上，預託金の返還が困難なものとして，αの買取価格を500万円とする見積書を提示した。Bは，翌日，その買取価格でαを売却することとし，譲渡の各種書類を交付した。その後すみやかに，AからB名義の預金口座に売買代金から手数料を控除した額が入金された。その後，AはCからαを2000万円で買い取る旨の申込みを受けたが，Cのクラブへの入会が困難であることが判明したので，αの退会手続を行ったところ，B名義の預金口座に6000万円の預託金が振り込まれた。Bへの預託金の振込みの事実を知ったAは，Bに対し，その振込金は不当利得であるとして，6000万円および遅延損害金の支払いを求めた。Bは，本件売買契約は有効性が認められないとして，争おうとしている。Bは，どのような主張が可能であろうか。

▶ 解答への道すじ

(1) 等価性の著しい欠如から，民法90条による無効を主張する余地はないか。
(2) Aはゴルフ会員権の売買業を営む者である。Aの詐欺を理由に，売買契約を取り消す余地はないであろうか。
(3) 目的物の価値に関する錯誤は，動機の錯誤にあたる。動機錯誤を理由に，売買契約を取り消すことは可能であろうか。本件では，A・B双方が錯誤に陥っている。このような場合，どう処理すべきであるか。

第7章 代　理

1　序　説

1　代理の意義

> **Case 7-1**　Bは，Aの代理人として，Aの土地をCに売却した。Cは，Aに対して土地の引渡しを求めることができるか。

代理制度の意味としくみ　　代理制度は，本人に代わって他人（代理人）が法律行為をして，その効果が直接本人に帰属する制度である。A（本人）の代理人であるBが相手方Cと契約を締結すると，その契約によって生じた権利義務は直接にA自身に帰属することになる。

　普通であれば，売買契約など法律行為をした者（行為者）とその効果を受ける者（効果帰属者）とは同一人であるが，代理では，代理行為者Bと効果帰属者Aが分離するところにその特色がある（➡ **Topic 7-1**）。

　代理人がした代理行為の効果が帰属するためには，①代理人が当該代理行為について代理権という「権限」を有していること〔**代理権の存在**〕と②代理人が「本人のためにすることを示して」代理行為がされたこと〔**顕名**〕が必要である（▶99条）。

代理制度の存在理由・機能　　代理という制度が有する機能または社会的に必要とされる理由として，(1)私的自治の拡張と(2)私的自治の補充ということがあげられる。

　(1)　**私的自治の拡張**　　私的自治とは，自分の生活関係は自分で行うということであるが，その拡張とは，自分ひとりで処理するよりも，活動範囲を広げられるということである。代理人を使うことで活動の範囲を広げるという社会

的要請に代理は応えるものであり，この点から，代理は，私的自治の拡張の制度であるといわれる。

（2）　**私的自治の補充**　　つぎに，未成年者などの制限行為能力者は，法律行為を単独で行うことが制限されているが，その場合に，親などの親権者や後見人が本人に代わって行為をしてやる必要がある。本人の能力不足を補うという社会的要請に代理は応えるものであり，この点から，代理は，私的自治の補充の制度であるといわれる。

この2つが代理の主な機能であるが，このほか，代理は，債権担保の手段としても利用されることがある（代理受領など）。

三 面 関 係 代理での法律関係は，①本人と代理人との関係（**Case 7-1** のAとBの関係），②代理人と相手方との関係（BとCの関係），③相手方と本人との関係（CとAの関係）の3つの面に分けて考察される。これを**三面関係**という。それぞれ①代理権，②代理行為，③効果帰属が問題となる。

2　代理の種類

任意代理と
法定代理 本人により代理権が与えられるものを**任意代理**という。本人の意思や信任に基づく代理である。これを民法は「委任によ

✐ Topic 7-1

代理の本質

　厳密にいえば，代理では行為者を誰とみるかについても，おもに任意代理をめぐって議論がある。代理の本質をめぐる問題である（代理本質論）。学説には，①行為者はあくまで本人であって，代理人は本人の単なる機関にすぎないとする説（本人行為説），②行為者は代理人であって，本人は代理人のした行為の効果の帰属主体となるとする説（代理人行為説），③本人と代理人が共同して行為をするとする説（共同行為説），④本人の代理権授与行為と代理人の代理行為が一体となって1個の法律行為を構成するとする説（統一要件説ないし総合要件説）などがある。判例・通説は，現実に行為する代理人に着目して，代理行為の主体は代理人であるとする②の代理人行為説を採用している（★大判大正2・4・19民録19輯255頁）。本書もこの立場に立って説明している。

る代理」と表している（▶104条・111条2項）。しかし，本人が代理権を与えるのは委任（▶643条以下）によるとは限らないので，この表現は正確ではない。

　他方，法律の規定によって代理権が与えられるものを**法定代理**という。未成年者や成年被後見人などにとっての親権者や後見人などの場合である。

　法人の理事や会社の代表取締役のもつ代表権を，任意代理とみるか，法定代理とみるかについては，議論がある。法人の意思に基づき信任されて代理権（代表権）が与えられた点では任意代理の性質だが，その地位は法律の規定による点では法定代理ともいえる。双方の性質を有する中間的性格の代理権と考え，それぞれの明文の規定のほか（復代理・復委任につき，▶06改正前55条参照），問題に応じた処理をすべきであろう（中間説）。

　| 能動代理と
受動代理 |　代理人が積極的に意思表示を行うものを**能動代理**といい，代理人が消極的に相手方から意思表示を受けるものを**受動代理**という。通常は，両者を含むものとして代理権が与えられているので，区別する必要はない。

3　代理に類似する制度

　| 使　者 |　代理人は本人に代わって意思表示をするものである。これに対して，本人がした意思表示を相手方に伝達する者を**使者**という。代理では意思決定を行うのはあくまで代理人である。すなわち，代理人は代理行為という法律行為を行うのに対して，使者の場合には，本人が意思決定をして，使者はその伝達という事実行為を行うにすぎない。たとえば，本人が作成した手紙等の文書を届ける者（伝達機関としての使者）とか，本人が決定した意思を口頭で伝える者である（表示機関としての使者）。

　使者は意思表示を行う者ではないから，意思能力や行為能力が必要とはされず，あくまでそうした能力は本人について判断されることになる。使者の表示が本人の意思と食い違った場合には，原則として錯誤の問題となると解されている（➡ **Further Lesson 7-1**）。

　| 間接代理 |　卸売業者や株式など証券の売買仲介を行う証券会社など問屋（▶商551条）のように，本人（A）のために，自己の計算のも

とに自己（B）の名で法律行為をすることを**間接代理**という。本人（A）の名
で法律行為をする代理とは異なる。また，相手方Cとの法律効果は行為者であ
る自分（B）に帰属する。

| 代理占有 | 自分自身で占有する自己占有に対して，他人（占有代理人）を通
じてする占有を**代理占有**という（▶181条）。物の賃借人Bが賃
貸人Aの物を占有している場合のAの占有のことである（Aは，Bの自己占有を
通して，その物を代理占有しているわけである）。しかし，代理という言葉がついてい
るものの，占有は意思表示ではないから，意思表示に関する代理とはもともと関
係がない。そのため，学説では，代理占有といわずに**間接占有**と表現している。

| 授　権 | 代理は，代理人Bが「本人Aの名において」本人Aの権利を行
使・処分するものであるが，他人Bがその「他人Bの名におい
て」本人Aの権利を行使・処分する権限を与えられるものを**授権**という。ドイ
ツの学説はこの概念（Ermäctigung）を認めているが，日本の民法には規定がな
く，わが国へもこの概念を導入すべきかが議論されている。

Further Lesson 7-1
▶▶▶▶▶ 使者による不当表示と相手方保護

　　使者Bが故意に本人Aの意思表示と違った表示を相手方Cにした場合はどうか。
やはり本人Aの意思と使者Bの表示とに不一致があることから，錯誤として処理す
る考え方もある（こうした錯誤での処理をした判例として，★大判昭和９・５・４
民集13巻633頁）。これに対して，使者の故意の不当表示の場合にまで，善意・無過
失の相手方Cが保護されないのは不当であるとして，この場合には，表見代理の規
定（▶110条）を適用（ないし類推適用）して，善意・無過失の相手方Cを保護す
べきであるとする学説が通説となっている。

　　もともと本人が代理人を信任して，その判断を任せたとはいえない使者について
まで，表見代理規定を一般的に適用（ないし類推適用）することはその根拠を欠
き，妥当ではないので，原則として錯誤による処理をすべきであるが，使者とはい
え代理人と同様ないし匹敵するほどの信任を本人が与えた事情があるような場合や
実質的に権限濫用にあたるとみられるような場合（たとえば，前述の昭和９年判決
の事案は，本人が連帯保証証書の借用人の氏名を空白にしたまま使者に交付し，使
者が勝手に別人の氏名を記入して債権者に交付したものであった）には，表見代理
規定を類推適用することが認められてよいように思われる。

4 代理に親しまない行為 (代理規定の適用範囲)

身 分 行 為 婚姻，離婚，縁組，認知，遺言などの身分行為に，代理は認められない。身分行為では絶対的に本人の意思を尊重すべきだからである (例外として，▶797条)。

不 法 行 為 代理人が不法行為をした場合に，当然に本人が損害賠償責任を負うことにはならない (★大判大正9・6・24民録26輯1083頁)。

事 実 行 為 代理は法律行為に関して成立するものであるから，遺失物拾得・埋蔵物発見・加工など事実行為には代理は成立しない。しかし，準法律行為について，通説は，催告 (▶20条) などのような意思の通知や社員総会招集通知 (▶一般法人39条) などのような観念の通知には，代理規定の類推適用を認めている (同旨の判例として，債権者の代理人に対する債務の承認につき99条2項を準用した★大判大正10・3・4民録27輯407頁)。

2 代理の法律関係

1 代理権 (本人・代理人間)

代理権の意義 代理関係の発生の基礎は，代理権にある。三面関係で一番中心をなすのが代理権である。代理権の意義・本質をどのように理解するかについては，学説上議論があるが，通説は，代理権は純粋な独立した権利 (財産権) ではなく，代理人の本人に対する「法律上の地位ないし資格」であると解している (資格説)。本人に行為の効果を帰属させるという資格ということである。

代理権の発生 **(1) 法定代理権の発生原因** 法定代理権は，法律の規定によって代理権が発生する。①未成年者の親権者 (▶818条) のように，法律上当然に生じるもの，②協議離婚による親権者の決定 (▶819条) のように，協議・指定によって選任されるもの，③不在者の財産管理人 (▶25条・26条) や相続財産管理人 (▶918条) のように，裁判所によって選任されるものなどがある。

(2) 任意代理権の発生原因―授権行為論 (a) 代理権授与行為の意義

　任意代理権は，本人が代理人に授与することにより発生する。本人が代理人に対して代理権を授与する行為を**授権行為**または**代理権授与行為**という。本人・代理人間に何らの契約がなくて，代理権だけが授与される場合は，現実にはあまりない。本人と代理人との間には，代理関係を生じさせる原因・基礎たる契約関係があるのが普通である。この代理関係の基礎・原因たる契約関係を**対内関係**とか内部関係または内部契約という。

　(b)　**代理権授与行為の法的性質**　　授権行為の法的性質をめぐっては，学説が対立している。すなわち，授権行為が，前述した対内関係（内部契約）とどのような関係にあるか（授権行為は対内関係とは独立した別個のものかどうか），また，授権行為が対内関係とは別個で独自性があるとすると，その授権行為それ自体は契約かどうかである。

　　(i)　**無名契約説**　　代理権の授与は，本人と代理人との間の対内関係とは別個の契約（民法典にはない無名契約）であるとする説が通説である。本人と代理人との契約とみると，代理人の承諾が必要ということになる。

　　(ii)　**単独行為説**　　授権行為は，本人と代理人との間の対内関係とは別個の行為であるが，それは契約ではなく，単独行為であるとする説が近時は有力になっている。これによれば，本人からの一方的意思表示によって代理関係が発生し，代理人の承諾は必要ないということになる。代理権の授与は，代理人に資格を与えるだけで，不利益を生じさせるものではないことやそう解することが，代理人の行為能力を不要とする民法の立場（▶102条参照）に合致することをその根拠としている。

　　(iii)　**内部契約説**　　本人・代理人間の対内関係，すなわち内部的な契約（内部契約または事務処理契約）から直接代理権が発生し，授権行為という別個の概念を考える必要はないとする説がある。民法起草者は「委任による代理」という文言からもわかるように，代理権は委任契約の効果として発生すると考えていた（委任契約説）。近時の学説においても，雇用・請負・組合などの契約においても，このような委任契約が包含されているという説や内部契約と代理権授与行為は融合しているとする説（融合契約説）がある。

　以上，さまざまな学説が展開されているが，請負・組合・雇用などの契約が

されたからといって，つねに代理権が発生するわけではなく，そうした内部契約から代理権が直接に発生するという見方は妥当ではない（代理権を発生させる契約であるかどうかを個別に判断しなければならなくなるのであれば，内部契約説という構成をとる意味はない）。また，いかに代理人に不利益はないといっても，代理人の承諾もなく，本人が勝手に代理関係を生じさせることができるというのも妥当ではない。通説の無名契約説が妥当であろう。

　つぎに，代理権の基礎となっている内部契約が解除されたり，取り消された場合に，代理権は遡及的に消滅し，代理行為は無権代理となるかが問題となるが，相手方の保護の方法として，代理権授与行為は遡及的には消滅せず，「将来に向かって」消滅すると構成する説（通説）や代理権が遡及的に消滅するとしても，代理権消滅後の表見代理（▶112条）が成立するとする説が有力である（➡ **Topic 7-2**）。

　(c)　代理権授与の方式　　代理権授与の方式は問わない。明示でなく，黙示でもよい。実務上は「委任状」が交付されるのが通例であるが，それは法的には，代理権存在の証拠書類にすぎない（委任状のことを代理権授与証書という）。

　代理人の氏名や委任事項を記載せず，空白（白地）にしておく委任状を**白紙委任状**というが，空白部分を補充すれば有効な委任状となる。白紙委任状では，代理人が本人の意思に反する補充をすること（白地補充権の濫用）が起こりやすい。

| 代理権の範囲 |

　法定代理権の範囲は，それぞれの法律の規定によって決まる（たとえば親権者につき▶824条以下，後見人につき859条以下）。

　任意代理権の範囲は，代理権授与行為の解釈（どのような代理権が与えられたかの解釈）の問題となる。

　代理権の範囲が明確でない場合には，代理人がすることができるのは，①保存行為と②代理の目的である物または権利の性質を変えない範囲内での利用行為と改良行為である（▶103条）。「**保存行為**」とは，現状を維持する行為のことであり，たとえば，建物の修繕（それを目的とする請負契約），消滅時効の更新，未登記不動産の保存登記などである。腐敗しやすい物を処分すること（売却して金銭にかえるなど）は形式的には処分行為になるが，保存行為にあたると解さ

れている。「**利用行為**」とは，収益を図る行為のことであり，たとえば，現金を銀行預金にするなどである。「**改良行為**」とは，財産の経済的価値を増加させる行為のことであり，たとえば，建物を改造したり，電気・ガス・水道などの設備（造作）を取り付けたり，無利息の金銭貸付けを利息付貸付けにするなどである。利用行為と改良行為であっても，目的物の性質を変える行為はすることができない。たとえば，銀行預金を株式や個人の貸付けにすることは，利用行為ではあるがすることはできないし，農地を宅地化することは，改良行為ではあるがすることはできない。物の賃貸も一般的には利用行為にあたるが，

✐ Topic 7-2
代理権授与行為と内部契約との関係

　内部契約が無効であったり，取り消されたり，解除された場合に，代理権（授権行為）はどうなるか。当然に影響を及ぼすとみる（有因説）か，影響を受けないとみる（無因説）かである。この点に関する民法の規定はない。有因説に立つと，はじめから代理権はなかったことになるので，すでになされた代理行為は無権代理ということになる。授権行為の法的性質に関する学説との関連では，内部契約説（融合契約説）では，代理権授与を含む委任契約の取消し・遡及的無効により代理人は当該代理行為時に代理権がなかったことになるので，有因説の立場となる。他方，無名契約説および単独行為説では，論理的に結論が出るわけではない。これらの立場でも，有因説に立った上で，相手方保護の理論が唱えられている。すなわち，①内部契約の取消しは，代理関係を将来に向かって終了させるだけで，すでになされた代理行為は何らの影響を受けないとする説（通説）や②代理権の遡及的消滅により，無権代理になることを承認しつつも，表見代理（▶109条ないし112条）によって相手方を保護する説などである。

　つぎに，内部契約の取消しとは別に，授権行為自体の取消しも問題となる。授権行為の性質につき，単独行為説では，代理人の承諾の意思表示は不要であるので，代理人側の制限行為能力は問題とならず，取消しの余地はない。無名契約説では，授権行為も契約であるので，授権行為自体を制限行為能力などの理由で取り消すことが考えられる。ここでも取引の安全から相手方保護のために，①授権行為の取消しに遡及効を認めず，将来に向かってのみ代理権が消滅するとする説（通説）と②遡及効を認めつつ，表見代理が成立しうるとする説のほか，③代理権の授与は代理人に何ら不利益を与えるものではないことから，5条1項ただし書を類推して，制限行為能力や意思表示の瑕疵を理由として，代理権授与行為を取り消すことはできないとする説がある。

不動産の賃貸は，借地借家法または農地法などの適用によって賃借権が強化されているので，物の性質を変じない利用行為ということはできないと解するのが通説である。利用行為および改良行為は，「処分行為」に対して，**「管理行為」**といわれる（保存行為を加えることもある）。

代理権の制限　　**(1)　共同代理**（代理権の制限(1)）　　代理人が数人ある場合，各代理人は単独で代理する権限をもつのが原則であるが（▶06改正前54条，一般法人77条参照），共同でなければ代理行為を行うことができない場合もあり，これを**共同代理**という（たとえば，親権の行使につき▶818条3項）。共同で行使しなければいけないという制限がある場合である。この制限に反して，全員の共同によらない代理は，権限外の行為として無権代理となり，本人に効果は帰属しない。もっとも，受動代理の場合は，各代理人が単独ですることができると解されている（▶859条の2第3項参照）。そうでなければ，意思表示の受領が困難となるからである。

> **▉ Case 7-2**　Aから家屋の売却について代理権を与えられたBは，自分でその買主となることができるか。また，Bが買主Cの代理人にもなって，A・C双方の代理人としてA・C間の売買契約を締結することができるか。

(2)　自己契約・双方代理その他の利益相反行為の禁止（代理権の制限(2)）

本人と代理人の利益が相反する行為については，代理人は代理行為ができないものとされている（2017年改正前は，禁止の効果について規定がなかった）。108条では，自己契約・双方代理（1項）とその他の利益相反行為（2項）を区別して規定する。

(a)　まず，同一の法律行為について，当事者の一方Bが契約の相手方Aの代理人として行為（契約）すること（これを**自己契約**という），また，当事者A・C双方の代理人として行為すること（これを**双方代理**という）はできず，そうした代理行為をしても代理権を有しない者がした行為，すなわち無権代理になるとみなされる（▶108条1項本文）。本人と代理人の利益が相反し，本人の利益が不当に害されるおそれがあるからである（通説）。しかし，債務の履行および本人が予め許諾した行為については，自己契約・双方代理は許される（▶108条1

項ただし書）。弁済期の到来した代金の支払いなど債務の履行は，本人に不利益をもたらさないからである。他方，弁済期が未到来の債務や争いのある債務，時効にかかった債務などの履行は，本人に不利益を及ぼすので，許されない。

　なお，厳密には債務の履行に属さない行為であっても，本人に不利益を及ぼすおそれがない行為について，本条ただし書は拡大適用されている。たとえば，売買に基づく所有権移転登記申請（★最判昭和43・3・8民集22巻3号540頁），公正証書の作成（★最判昭和45・3・24判時592号61頁）などである。

　本人の予めの許諾があれば，自己契約・双方代理も許されるわけであるから，108条は任意規定であるということである。

　108条1項本文に違反してされた自己契約・双方代理は，無権代理となるので，本人は後から追認することができ，追認すればはじめから有効となる（▶116条。★最判平成16・7・13民集58巻5号1368頁は，地方公共団体の長が地方公共団体を代表して行った契約締結行為にも民法108条の類推適用があるとした上で，市長が自分が代表している財団法人との契約を締結した行為を市議会が追認すれば，116条の類推適用により市に効果が帰属するとした）。また，同条は，任意代理だけでなく，法定代理にも適用される（もっとも，法定代理については利益相反行為の禁止規定が別途に用意されているものが多い。▶826条・860条等）。

　(b)　つぎに，自己契約・双方代理に該当しない利益相反行為についても，同様に，代理権を有しない者がした行為，すなわち無権代理とみなされる（▶108条2項）。従来から判例は，形式的には自己契約・双方代理とはいえなくても，代理人と本人の利益が相反する行為については，自己契約・双方代理と同様の扱いをしてきたが（★大判昭和7・6・6民集11巻1115頁など），2017（平成29）年の民法改正で明文化された。何が利益相反行為に該当するかについては，代理行為の実質に照らして判断すべきであるとする説（実質説）と代理行為の外形から客観的定型的に判断すべきであるとする説（形式説）が対立しているが，これまでの判例は形式説にたっており（★最判昭和37・10・2民集16巻10号2059頁，最判昭和42・4・18民集21巻3号671頁など），改正によって同判例の立場は維持されるものとみられる。

　この形式説の立場によれば，たとえば，BがAの借入金債務のために，Aの

代理人としてA所有の不動産に抵当権を設定する行為は，たとえその借り入れた金銭をBが自分のために用いる目的であったとしても，利益相反行為にはあたらないが，BがCから金銭を借りるにあたり，その債務のために，Aの代理人としてA所有の不動産に抵当権を設定する行為は，たとえその借入金をAのために使う目的であったとしても，利益相反行為となることになる。

代理権の消滅 任意代理も法定代理も共通する代理権の消滅原因は，①本人および代理人の死亡と，②代理人が破産手続開始決定または後見開始の審判を受けたことである（▶111条1項）。

また，任意代理では，代理権授与行為の基礎となった対内関係（内部契約）が終了すると，代理権は消滅する（▶111条2項。653条参照）。このほか，代理権の消滅事由を代理権授与行為（特約）で定めることもでき，その消滅事由の発生によって，代理権は消滅する。

代理権が消滅した後にした代理行為は，無権代理となる。本人の意思能力喪失は代理権の消滅事由ではないので，本人が代理行為時に意思能力を喪失していたとしても，代理行為は有効である。

なお，登記申請の代理については，本人の死亡や法定代理人の死亡・代理権の消滅によっても代理人の権限は消滅しない（▶不登17条）。

2 代理行為（代理人・相手方間）

顕 名 主 義 代理人が代理行為をする場合には，相手方に対して「本人のためにすることを示して」しなければならない（▶99条1項）。本人のためにすることを示すことを顕名というが，代理人は顕名をしなければならない（**顕名主義**という。ただし，商行為の代理については，顕名は不要とされている。▶商504条）。

「本人のためにする」といっても，本人の利益のためという趣旨ではなく，本人に代理行為の効果を帰属させるとの意思（これを代理的効果意思という）がある趣旨を示すということである。代理人BがCと代理行為をする際に，その効果はAに帰属するということを示すということである。

顕名の方法は，たとえば，「A代理人B」と表示するほか，誰の代理人であ

るかを明示するのが普通であるが，本人が明示されず，代理意思の表示がされない場合でも，周囲の事情から，本人が誰であるかが分かればよい（▶100条ただし書参照）。会社の役職（たとえば○○株式会社代表取締役とか支配人。▶会社11条1項参照）を氏名の肩書に記載したり，会社名と氏名を記載し役職印を押すなどでも，顕名があったと認められる。その認識ないし認識可能性については，本人に効果が帰属すると主張する者（通常は相手方）が立証責任を負う。代理人の氏名を記載せずに，いきなり本人の氏名だけを代理人が記載する場合（**署名代理**という）にも，周囲の事情から代理意思のあると認められるかぎり，代理行為は有効に成立する。

　本人のためにすることを示さないでした意思表示は，自己のためにしたものとみなされる（▶100条本文）。通常相手方はそう信じるからである。したがって，BがAの代理人であることを顕名せずに，Cと契約した場合には，B自身が契約したと扱われ，Bは錯誤無効を主張して，効果が自分に帰属することを拒むことはできない。もっとも，相手方Cが本人Aのために契約されたことを知り，または知ることができたときは，本人Aにその効果が帰属する（▶同条ただし書）。

> **Case 7-3**　Aの代理人であるBが，はじめから相手方Cから交付を受けた金銭を横領するつもりで，Aの代理人として，①Cから金銭を借りた場合や，②CにAの不動産を売却した場合，Cは，Bの横領の意図を知っていたかまたは注意すれば知ることができたときでも，Aに対して，契約上の債務の履行（①金銭返還・②不動産引渡し）を請求することができるか。

代理権の濫用　代理人が内心では自己または第三者の利益を図る意図でもって代理行為をした場合，代理行為の効果は本人に帰属するかが問題となる。このように，代理人が本人の利益のためではなく，自分や第三者の利益を図るために代理行為をすることを**代理権の濫用**という。代理権の濫用であっても，代理人に代理意思も顕名も代理権もあるわけであるから，代理権の範囲内の代理行為として，その効果は本人に帰属するのは当然のようでもあるが，代理行為の相手方がこのような代理人の背信的な意図を知っていた場合にも，この結論を貫くことは妥当ではないと考えられる。

　従来この問題について明文の規定がなかったので、判例・学説上議論がされてきたところである。学説には、①代理権を悪用した場合は無権代理であるとしつつ、110条の表見代理の成立もありうるとする説（無権代理説）、②悪意または重大な過失のある相手方が本人に権利行使をすることは信義則違反ないし権利濫用であるとする説（信義則説）、そして、③心裡留保に類することから、93条ただし書を類推適用して、相手方が代理人の真意を知り、またはこれを知ることができた場合には、相手方は、本人に代理の効果を主張することができないとする説（93条ただし書類推適用説）などがあった。そして、判例は③の立場をとっていた（★最判昭和42・4・20民集21巻3号697頁：百選Ⅰ-25など。なお、法定代理か任意代理かを問わない。たとえば、親権者の代理権濫用につき★最判平成4・12・10民集46巻9号2727頁：百選Ⅲ-51）。

　2017年改正によって、この判例の立場が明文化された。すなわち、「代理人が自己又は第三者の利益を図る目的で代理権の範囲内の行為をした場合において、相手方がその目的を知り、又は知ることができたときは、その行為は、代理権を有しない者がした行為とみなす」とされた（▶107条）。代理権濫用の効果は、従来の判例理論とは異なり、無効ではなく、無権代理とされた点は注目される。この結果、無権代理の規定（▶113条～117条）が適用されることになる（たとえば、本人は追認ないし追認拒絶することができる。▶113条）。

　代理行為で相手方が購入した物を第三者に売却した場合のように、相手方からの第三者は、民法192条の即時取得や94条2項の類推適用によって保護される余地はある。すなわち、Aの代理人Bが自己の利益を図るために代理権を濫用して、悪意のCと取引した場合（たとえば、Aの不動産がCに売却された場合）、CはAが追認しないかぎり、有効に権利を取得することができないが、Cからの転得者Dが善意のときは、この善意の第三者の保護のために、民法94条2項が類推適用され、Dは有効に権利を取得することができる（★最判昭和44・4・3民集23巻4号737頁）。

代理行為の瑕疵　　　**(1)　原則—代理人基準**　　代理行為の瑕疵、すなわち、その意思表示の効力が意思の不存在、詐欺、強迫またはある事情について悪意やそれを知らないことに過失があるかどうかは、本人を

基準とするのではなく，代理人を基準として決せられるのが原則である（▶101条1項・2項）。2017年改正は，①代理人が相手方にした意思表示の場合（1項）と，②相手方が代理人にした意思表示の場合（2項）を区別して規定している。

代理人Bと相手方Cが通謀虚偽表示をした場合も，本人の善意・悪意にかかわらず，その意思表示は本人との間で当然に無効となり，本人が善意の第三者としての保護を受ける余地はないと判例・通説は解している（★大判大正3・3・16民録20輯210頁，大判昭和16・8・30新聞4747号15頁）。

また，代理人Bが相手方Cに詐欺を行った場合の扱いについては，2017年改正でも明文化されていない（101条1項も2項も適用されない）が，判例は，Bの詐欺を本人Aの詐欺と同視して，Aの知・不知にかかわらずCは取り消すことができるとする（★大判明治39・3・31民録12輯492頁など）。

（2）**例外—特定の行為の委託**　特定の法律行為をすることを委託された代理人が本人の指図に従ってその行為を行ったときは，本人は，その自ら知った事情または過失により知らなかった事情については，代理人の善意・無過失を主張することはできないとされていた（▶17改正前101条2項）。たとえば，Aが建物を買うための代理権をBに授与した場合に，その建物が第三者の所有であることまたは建物に瑕疵があることをAが知っていた場合には，Aは，代理人Bの不知をCに主張することができないということである。2017年改正前には条文上は「本人の指図に従って」とあったが，判例は，特定の行為の委託があれば，それ以上，指図は必要でないとしていた（★大判明治41・6・10民録14輯665頁）。2017年改正によって，この文言は削除されて，特定の法律行為の委託があれば本人の指図があったことは要件としないことが明らかとされた（▶101条3項）。なお，学説には，特定の行為の委託も必要なく，本人が代理人をコントロールしうる可能性があればよいとする説もある。より取引の安全を徹底しようという考え方である。

代理人の能力　代理人は，意思能力があればたり，制限行為能力者であってもよい。

代理の効果はすべて本人に帰属し，代理人に何ら不利益を及ぼすものではな

く，本人もあえて承知の上で代理人にするのだから，その不利益は本人自らが負担すればたりるからである。したがって，制限行為能力者が代理人としてした行為は，行為能力が制限されていたことを理由として取り消すことはできない（▶102条本文）。

　制限行為能力者が代理人としてした代理行為は制限行為能力を理由として取り消すことができないとしても，そのことと，授権行為の基礎をなす委任その他の内部契約および授権行為の取消しとは別の問題である。たとえば，未成年者が授権行為の基礎となった委任契約を締結するには，法定代理人の同意が必要であり（▶5条1項），その同意がなければ委任契約を取り消すことができる（▶5条2項）。

　そこで，制限行為能力を理由として委任など内部契約が取り消された場合，授権行為自体も効力を失って，代理権が遡及的に消滅し，すでになされた代理行為は無権代理になるかという問題がある（➡前述214頁参照）。また，授権行為そのものの取消しについては，授権行為の法的性質をどうみるかによって結論が分かれることもすでに述べた（➡前掲 **Topic 7-2**）。もっとも，無名契約説に立っても，授権行為は単に代理人の資格を与えるだけで，何ら不利益を生じるものではないから，未成年者・被保佐人・被補助人は取り消すことはできないと解される（▶5条1項ただし書・13条・17条1項）。

　2017年改正によって，102条ただし書が追加新設され，制限行為能力者が他の制限行為能力者の法定代理人としてした行為については，取り消すことができるものとされた（▶102条ただし書）。たとえば，未成年者Aの父親Bが後見開始の審判や保佐開始の審判を受けている場合に，Bが本人Aの法定代理人（親権者）としてした行為については，本人Aの保護のために，取り消しを認める必要があるということである（保佐人の同意を要する行為につき，▶13条1項10号参照）。

3　代理行為の効果（本人・相手方間）

　代理人がした代理行為の効果は，直接本人に帰属する（▶99条）。

　本人に帰属する効果は，法律行為的効果に限られず，代理行為に瑕疵原因があれば，それによる効果（非法律行為的効果）も帰属する。すなわち，①心裡留

保・虚偽表示・錯誤による無効は本人について生ずる。②相手方の詐欺・強迫
による取消権は本人が取得する。③売主の担保責任を追及する権利も買主たる
本人に認められる。なお，当該代理人がこうした取消権の行使や担保責任を追
及することができるかどうかは，代理権の範囲によって定まる。

3　復　代　理

1　復代理の意義

　復代理とは，代理人がさらに代理人を選任して，自己の権限内の代理行為を
させることである。代理人によって選任された代理人を**復代理人**といい，復代
理人を選任する権限を**復任権**という。

2　復　任　権

任意代理に
おける復任権　任意代理人には，原則として復任権は認められず，①本人
の許諾を得たとき，または②やむを得ない事由があるとき
にかぎって，復任権が認められる（▶104条）。任意代理人は，本人の信任に基
づくものであり，かつ，いつでも辞任しうるものだから，原則として復任権を
認めないのである。やむを得ない事由があるとは，たとえば，本人が所在不明
などのため，本人の許諾を受けることができない場合や代理人が急病になって
自分で代理行為ができず，本人の許諾を得る時間的余裕もない場合などであ
る。

法定代理に
おける復任権　法定代理人は，いつでも自由に復代理人を選任することが
できる（▶105条本文）。法定代理人は，任意代理人と違っ
て，本人の信任に基づいて代理人になったわけではなく，その辞任も容易では
ないので，広く復任権を認めたのである。

3　復代理人の過誤に対する代理人の責任

任意代理人の責任　従来は，任意代理人がその復任権により復代理人を
選任したときは，その選任および監督について本人

に対して責任（損害賠償責任）を負うと規定されていた（▶17改正前105条1項）。しかし，この規定は2017年改正によって削除された。改正後は，復代理人の過誤について，代理人が責任を負うかどうかは，代理権授与契約の債務不履行になるかどうかによって決せられ，債務不履行の一般規定によって処理されることになる。

法定代理人の責任　法定代理人は，自分が選任した復代理人の過誤につき，本人に対してつねに責任（損害賠償責任）を負う（▶105条前段）。代理人自身にたとえ選任・監督について過失がなくても責任を負わなければならない（無過失責任）。ただし，急病など，やむを得ない事由があって復代理人を選任したときは，復代理人の選任・監督についてだけ責任を負うものとされている（▶105条後段）。

4　復代理の法律関係

代理人に対する関係　復代理人は，代理人の監督に服し，その権限（復代理権）は，代理人に選任された際の授権行為によって定まるが，代理人の権限を超えることはできない。復代理人の権限は，代理人の代理権（原代理権）に基づくものだからである。したがって，原代理権が消滅すれば，復代理権も消滅する（もっとも，訴訟代理については，原代理人の代理権が消滅しても，復代理人の代理権は消滅しないとされている。★大判大正14・12・14民集4巻590頁）。

　復代理人が選任されても，原代理人は代理権を失うことなく，原代理人・復代理人ともに本人を代理する権限を有する（判例・通説）。

　復代理人がさらに復代理人を選任することができるかについては，学説は対立している。通説は，復代理に関する104条の要件を満たせば，復復代理も認められると解している。

相手方に対する関係　復代理人は，代理人の代理人ではなく（代理人に効果が帰属するわけではない），本人の代理人である（▶106条1項）。あくまで本人の名において代理行為をすればよく，代理人を顕名する必要はない。復代理人のした代理行為の効果は，直接本人に帰属する。

本人に対する関係 復代理人と本人の間には，代理人であること以外には，何らの関係もないのであるが，民法は，本人・復代理人間にも，本人・代理人間におけると同一の権利義務関係を生じるものとした（▶106条2項）。したがって，代理人Bが本人Aとの委任契約に基づく受任者である場合には，復代理人Cも，本人に対して，受任者としての義務，たとえば，善良なる管理者の注意をもって代理行為をする義務（▶644条），相手方より受領した金銭など受取物の引渡義務（▶646条）を負うとともに，費用償還請求権（▶650条）や本人が代理人との間で定めたのと同一の報酬請求権を取得する（▶648条）。

復代理権の消滅 代理権の消滅原因についてはすでに述べたが（➡218頁），復代理権も代理関係であるから，代理権の一般的な消滅原因（本人の死亡，復代理人の死亡・破産手続開始決定・後見開始の審判等）によって，消滅する。また，復代理権が代理権の存在を前提としていることから，代理人の代理権が消滅した場合には，復代理権も消滅する。

4 無権代理

1 無権代理の意義

代理人として行為した者に代理権が欠けていた場合を**無権代理**という。これに対し，代理権がある場合を有権代理ということがある。代理権のない者がした無権代理行為は，無効であり，本人にその効果は帰属しない（▶113条1項）。もっとも，無権代理のうち，無権代理人と本人との間に特別な関係があって，相手方が無権代理人を真実の代理人と信じたのも無理がないような場合には，相手方の保護のために，無権代理ではあるが有権代理と同様の効果（本人への効果の帰属）が認められている。この場合を表見代理という。すなわち，無権代理（広義）には，狭義の無権代理と表見代理とがあるわけである（無権代理と表見代理の関係については後述➡243頁以下参照）。ここでは狭義の意味での無権代理を扱う（表見代理については後述➡233頁以下参照）。

2　本人の追認・追認拒絶

追認権と追認拒絶権　無権代理行為は無効である（通説）が，民法は当然に無効とはせず，本人が追認することで代理の効果を生じるものとした（▶113条1項）。本人が追認すれば，はじめから有権代理と同じ効果を生じることになる。

本人が追認を拒絶すれば，無効が確定する。本人には追認拒絶権がある。

つまり，無権代理の場合は，本人には追認権と追認拒絶権とがあり，無権代理を無効にも有効にも確定することができるのである。追認権も追認拒絶権も，形成権・単独行為であり，無権代理人や相手方の同意を必要としない。また，代理権の存在につき相手方の知・不知にかかわらず，本人は追認することができる。

追認の方法　追認は，相手方または無権代理人のいずれに対してもすることができる。しかし，無権代理人に対して追認の意思表示をした場合は，相手方がその事実を知るまでは，相手方に対して追認したことを主張することができない（▶113条2項）。その意味は，相手方は，その事実を知るまでは，無権代理人とした契約を取り消すことができるということである（➡次頁の「相手方の取消権」参照）。

追認の遡及効　追認の効果は，原則として，契約の時にさかのぼる（▶116条本文）。はじめから，代理権があってされた契約という扱いになる。

例外が2つある。1つは，別段の意思表示があるときである。相手方の同意があれば，遡及効を制限し，追認の時から有効な契約とすることができる。

もう1つは，無権代理行為の後，追認までの間に生じた第三者の権利は，追認によって否定されない（▶116条ただし書）。たとえば，AがBに対して有する売買代金債権について，Aの無権代理人CがBから弁済を受けた後，Aの債権者Dがこの売買代金債権につき差し押さえたときは，その後に，AがCの代金受領の無権代理行為を追認しても，これによってDの権利を害することはできないから，Dとの関係では有効な弁済とはならない（第三者が転付命令を得た事案につき，★大判昭和5・3・4民集9巻299頁）。もっとも，無権代理行為がこう

した債務の弁済の場合とは異なり，登記や債権譲渡の対抗要件が必要とされる権利については，追認された無権代理行為と第三者との優劣は，対抗要件の有無（またはその先後）によってその優劣が決せられるので，116条ただし書の適用の余地はない（通説）。

　なお，この無権代理の追認に関する民法116条は，無権利者Ｂが他人Ａの物を第三者Ｃに売却するなど処分し，その所有者（権利者）Ａがその処分行為を追認したような場合にも類推適用され，その処分行為の効果は所有者Ａに帰属するとされる（★最判昭和37・8・10民集16巻8号1700頁：百選Ｉ-35）。もっとも，所有者Ａに帰属するのはあくまで処分行為の効果（所有権の移転や抵当権の設定など）であって，無権利者Ｂが締結した契約に基づく債権債務が所有者Ａに帰属するわけではないと解されている（★最判平成23・10・18民集65巻7号2899頁：百選Ｉ-34）。

3　相手方の催告権・取消権

　無権代理行為を本人が追認するか追認拒絶するか確定しない間は，相手方は不安定な状態に置かれることになる。この相手方の不利益を緩和する手段として，民法は，相手方に2つの権利を認めた。すなわち，①催告により無権代理行為の効力を確定することができる**催告権**と，②無権代理行為を取り消すことができる**取消権**である。

　前者①は，相手方が，本人に対し，相当の期間を定めて，その期間内に追認をするかどうかを確答すべき旨の催告をすることができ，そして，本人がその期間内に確答をしないときは，追認を拒絶したものとみなすものである（▶114条）。この催告権は，相手方が無権代理人に代理権がないことを知っていた場合にも認められる。

　後者②は，相手方が，本人が追認しない間は，無権代理でされた契約を取り消すことができるというものである（▶115条本文）。ただし，契約の時に代理権がないことを相手方が知っていたときは，この取消しはできない（▶115条ただし書）。無権代理行為はもともと無効であるので，ここでいう取消しは撤回の意味である（詐欺や強迫の場合の取消しのように有効な行為を無効にするものでは

ない）。相手方が先に取消権を行使すれば，本人は追認することはできない。取消しの意思表示は，本人・無権代理人のいずれにしてもよいと解されている（規定はない）。

　なお，相手方が取消権を行使した場合は，後述の無権代理人の責任を問うことはできなくなる。

4　無権代理人の責任

意　義　本人の追認が得られない場合に，無権代理行為の相手方は損害を被る。そこで，民法は，無権代理人は，相手方に対して特別に重い責任（無過失責任）を負うものとしている。相手方の保護と代理制度の信用維持のためである。

責任発生の要件　他人の代理人として契約をした者（無権代理人）は，相手方の選択に従い，相手方に対して履行または損害賠償の責任を負うが，次の①〜⑤の場合には，責任を負わない（▶117条）。いずれも責任を免れようとする無権代理人側が主張立証すべきである。

　①他人の代理人として契約をした者が自己の代理権を証明したとき（▶117条1項）　無権代理行為が前述した署名代理の方法でされた場合でも，代理権の証明ができないときは，無権代理人の責任を負わせることができる（★最決平成20・5・1金法1842号103頁）。

　②本人の追認を得たとき（▶117条1項）　本人が追認したときは，有権代理となり，相手方は無権代理人の責任を問えなくなる（★最判昭和36・10・10民集15巻9号2281頁）。

　③代理権がないことを相手方が知っていたとき（▶117条2項1号）　無権代理行為の相手方が悪意であれば，無権代理人の責任を問えない。

　④代理権がないことを過失によって知らなかったとき（117条2項2号）　相手方に過失があれば，無権代理人の責任を問えない。もっとも，2017年改正によって，無権代理人自身が自己に代理権がないことを知っていた（悪意）場合には，無権代理人の責任を負うものとされた（▶同号ただし書）。この点は前記③の悪意の場合とは異なるので注意を要する。

　なお，ここでいう過失は，通常の過失であって，重大な過失に限定されないと判例・通説は解している（★最判昭和62・7・7民集41巻5号1133頁：百選Ⅰ-31）。

　⑤無権代理人が制限行為能力者であるとき（▶117条2項3号）　　制限行為能力者の保護のためである。なお，実際にはあまり問題ならないであろうが，代理行為をしたときに意思能力がなかったときも，制限行為能力者と同様に解してよいであろう。

　これらのほか，かつては，表見代理が成立する場合には相手方は無権代理人の責任を追及できないという考え方も有力であったが，今日の判例・通説は，表見代理が成立する場合でも，相手方は表見代理の主張をしないで直ちに無権代理人の責任を問うことができるとしているので（後述➡243頁参照），表見代理が成立することは無権代理人の責任を否定する理由にはならない。

　なお，前述したように，相手方が取消権を行使した場合には，無権代理人の責任を問うことはできなくなる。

責任の内容（効果）　　無権代理人は，相手方の選択に従い，同人に対して，契約の履行または損害賠償の責任を負う（▶117条1項）。相手方は，①履行責任を求めるか，②損害賠償責任を求めるかの選択権があるわけである。

　①無権代理人が負う履行責任とは，その代理行為が効力を生じたとすれば，本人が相手方に対して負担すべきであったであろうものと同一の内容の債務を履行する責任である。

　②無権代理人が負う損害賠償責任は，契約が有効に履行されたならば得られたであろうすべての利益（**履行利益**）の損害賠償であると判例・通説は解している（★大判大正4・10・2民録21輯1560頁，最判昭和32・12・5新聞83＝84号16頁）。

5　無権代理と相続

◾️Case 7-4　Bは，代理権がないにもかかわらず，Aの代理人としてA所有の不動産をCに売却した。
(1)　Aが死亡し，Bが単独でAを相続した。Bは，Cに対して，この無権代理行為の追認を拒絶することができるか。

(2)　Bが死亡し，Aが単独でBを相続した。Aは，Cに対して，この無権代理行為の追認を拒絶することができるか。また，Cは，Aに対して，無権代理人の責任として不動産の引渡請求または損害賠償請求をすることができるか。

(3)　Bが死亡し，AとDが2分の1の相続分でBの相続人となった後，Aが死亡して，Dが単独でAを相続した。Dは，Cに対して，この無権代理行為の追認を拒絶することができるか。

(4)　Aが死亡し，BとDが2分の1の相続分でAの相続人となった。BおよびDは，この無権代理行為の追認を拒絶することができるか。

問　題　性　本人または無権代理人が死亡し，無権代理人または本人が相続人となった場合，この相続によって無権代理人の地位（資格）と本人の地位（資格）が同一人に帰属することになる。この地位の混同（ないし資格の融合）によって，無権代理行為は当然に有効になるのか，それとも両者の地位は併存し，本人の地位（資格）に基づいて追認拒絶することができるのかが問題となる。

　この問題の基本的な考え方として，地位ないし資格の融合が生じるとみて，それを総合的に観察して包括的に問題を処理する総合的立場と本人および無権代理人の各地位が有する権利・義務が併存することを前提とした上で利益状況に照らして個別的に分析する分析的立場とがあるが，今日では，判例・学説とも分析的立場が主流となっている。

無権代理人の本人相続　無権代理人が本人を相続した場合（**Case 7-4**(1)のケース），判例・通説は，本人の相続人となった無権代理人は，本人の資格で追認を拒絶することはできないとしている（★大判昭和2・3・22民集6巻106頁，大判昭17・2・25民集21巻164頁，最判昭和40・6・18民集19巻4号986頁等）。その理論構成・理由づけについて学説は対立する。判例は，その理由として，本人自ら法律行為をしたのと同様当然に有効になる（資格融合説─資格の併存を否定）とか無権代理行為を行った者が本人の立場で追認拒絶することは信義則上許されない（**信義則説**─資格の併存が前提）と述べている。これに対して，学説には，資格の完全な併存を徹底させ，本人の立場において追認拒絶することができるとする説も有力である。

　もっとも，判例は，本人が無権代理行為の追認を拒絶した後に，本人が死亡

し，無権代理人が本人を相続したという事案において，これは無権代理人が本人を相続した場合にあたるが，無権代理行為は有効にはならないとする（★最判平成10・7・17民集52巻5号1296頁）。本人がすでに追認拒絶した以上，そこで無効が確定しており，その後の相続は，いったん生じた追認拒絶の効果には何ら影響を及ぼすものではないからである。

本人の無権代理人相続　本人が無権代理人を相続した場合（**Case 7-4**(2)のケース），判例・通説は，無権代理行為が当然に有効になるのではなく，無権代理人の相続人となった本人が，その追認を拒絶しても信義則に反しない，すなわち追認拒絶することができるとしている（★最判昭和37・4・20民集16巻4号955頁：百選Ⅰ-32）。

　では，追認拒絶した本人は，117条の無権代理人の責任も免れることができるか。責任を認めたのでは追認拒絶を認めた意味がないとして，無権代理人の責任を負わないとする説もあるが，判例・通説は，追認拒絶した本人も，相続により承継した無権代理人の117条による債務を承継し，その債務を免れることはできないと解している（★最判昭和48・7・3民集27巻7号751頁）。近時，学説では，本人は履行義務は負わず，損害賠償義務のみを負うとする説や金銭債務や不特定物の給付義務は負うが，特定物の給付義務は負わないとする説が有力である。本人の地位で追認拒絶したからといって，無権代理人を相続した以上は，無権代理人の責任を免れさせることは理論的にも正当とは思われない。もっとも，履行義務を負わせたのでは追認拒絶した意味がないので，この場合は，損害賠償義務のみ負担すると解すべきであろう。

無権代理人と本人の双方相続　無権代理人も本人も死亡し，双方の地位を相続により承継した者は，追認拒絶することができるか。**Case 7-4**(3)のケースのように，まず無権代理人Bが死亡して，ついで本人Aが死亡した事案（無権代理人相続先行型）において，判例は，双方の地位を相続したDは，本人Aの資格で無権代理行為を追認拒絶する余地はなく，本人が自ら法律行為をしたのと同様の法律上の効果を生ずるものとする（★最判昭和63・3・1判時1312号92頁）。信義則の見地からみてこの結論は是認できると述べている。Dは，無権代理人Bを先に相続して，後で本人を相続したから，無権代理人が本

人を相続した場合（**Case 7-4**(1)の場合）と同じ扱いだという論理のようである。そうすると，これと反対に，本人Aが先に死亡して，後に無権代理人Bが死亡した場合（本人相続先行型）には，追認拒絶ができるということになる。これに対して，これでは，本人か無権代理人かのいずれを先に相続するかで結論が異なることになって不当であるとか，この場合の相続人は無権代理行為を行った当事者ではないのだから，追認拒絶しても信義則上問題はないはずであるなどと批判する学説も有力である。しかし，判例の考え方は論理的に一貫しており，また，相続の性質（相続人は被相続人の地位をそのまま承継する）にも適合するものであって，支持したい。

| 共同相続の場合 |　無権代理人が本人を共同相続した場合（**Case 7-4**(4)のケース）には，他の共同相続人Dがいることから問題は複雑になる。①Bは追認拒絶できないが，Dは追認拒絶できるとする考え方（結局，不動産はDとCの共有となる），②信義則とか地役権の不可分性に関する282条を類推して，Dが追認拒絶できる結果，Cは不動産の全部を取得できなくなるとする考え方，③解除権の不可分性に関する544条を類推して，Bが追認拒絶できない以上は，Dもできないとする考え方（結局，Cは不動産の全部を取得できる）などさまざまな学説がある。判例は，共同相続人の全員が共同で追認しないかぎり，無権代理行為は有効となるものではないとする（★最判平成5・1・21民集47巻1号265頁：百選Ⅰ-33）。**追認権**はその性質上相続人全員に**不可分的に帰属**するので，共同相続人全員が共同して追認しないかぎり，無権代理行為は有効にならないと述べている。前述の②の考え方と同一の結論だが，この判例は，追認権の不可分的帰属を根拠としている（さらになぜそうなるかについて，追認権の準共有関係〔▶264条〕が生じ，追認は処分的効果を生じさせるものであることから，追認するためには全員の同意が必要〔▶251条〕で，1人でも反対すれば追認の効果は生じないということであろうと理解される）。

6　単独行為の無権代理

　あまり例は多くないが，単独行為の無権代理についても，民法は規定をおき，解除のように相手方のある単独行為の無権代理について，一定の場合に無

権代理の規定を準用している（▶118条）。なお，所有権の放棄のように相手方のない単独行為の無権代理は，つねに無効である。

5　表 見 代 理

1　表見代理の意義

代理人として行為した者にその代理行為を行う代理権がない場合であっても，本人とその者との間に特殊の関係があるため，代理権がある場合（有権代理）と同様の効果を生じさせる場合を**表見代理**という。代理取引の安全，すなわち代理権があるとの外観を信じた相手方を保護する制度である。表見代理は，真実とは異なる虚偽の外観を信頼した者を保護する法理である権利外観法理（ドイツ法でいうレヒツシャイン Rechtsschein）の１つである。

表見代理の法的性質については，これを有権代理とみる説や有権代理そのものではないが有権代理に組み込まれるとする説もあるが，通説は，無権代理（広義）に属するもので，その効果として有権代理と同様の履行責任を本人が負うことになるものと解している（無権代理説）。

民法は，①代理権授与の表示による表見代理（▶109条），②権限外の行為の表見代理（▶110条），③代理権消滅後の表見代理（▶112条）という３つのタイプの表見代理を規定している。

2　代理権授与の表示による表見代理

109条１項の意義 本人が第三者（相手方）に対して他人に代理権を与えた旨の表示（授権表示）をしたが，実際には代理権を与えていなかったという場合には，その他人がその代理権の範囲内において第三者との間でした行為につき，本人は責任を負う（▶109条１項）。AがBを代理人にした旨をCに表示したにもかかわらず，実際には代理権を与えていなかったような場合である。

授権表示という外観を信頼した第三者（相手方）を保護するものである。

109条1項の要件

(1) 代理権授与の表示（要件①） 第1に，本人があ
る人に代理権を与えた旨の表示（**授権表示**）をしたこと
である。

表示の方法は文書でも口頭でもよいし，表示の相手方は特定人でも不特定人
（たとえば新聞広告）でもよい。典型は，委任状の交付や呈示である。実印や権
利証（登記済証）などの呈示でも，事情によってはここでいう表示となりう
る。また，必ずしもこの表示には，代理権とか代理人という言葉を使用してい
る必要はなく，代理権が授与されたとみられる客観的事情があればよい。通常
ならば代理権を伴うであろう肩書（専務・所長・支店長など）の使用を許諾して
いる場合や本人の名義や商号の使用を許諾している場合などが多くみられる
（➡ **Topic 7-3**）。

白紙委任状の交付は，授権表示といえるか。とくに，白紙委任状は，直接交
付を受けた者に限らず，それを転得した者もまた空白（白地）部分を勝手に補
充して代理行為を行うことがあり，その場合に109条1項の適用があるかどう
かが問題となる。たとえば，AがBに交付した白紙委任状（代理人名の記載がな
い場合）をBがCに交付し，そのCが空白（白地）部分を補充し，Aの代理人

✎ **Topic 7-3**

授権表示に関する判例―東京地裁厚生部事件

有名な事件に東京地裁厚生部事件がある。東京地方裁判所の地階に「東
京地方裁判所厚生部」という名称の同裁判所職員の互助団体（組合）が
あった。東京地方裁判所厚生部といっても，それは東京地方裁判所の一部
局ではなかったのであるが，同裁判所の庁舎の一部で，裁判所が使う用紙
や裁判所の印（庁印）を使用し，裁判所の職員が事務を行っていた。そこ
に衣類などを納入したXが，代金の支払いを求めて，東京地方裁判所すな
わち国Yを訴えた事件である。原審は，同厚生部は東京地方裁判所の一部
局ではないなどとして，Xの請求を棄却したが，最高裁判所は，「東京地
方裁判所当局が，『厚生部』の事業の継続処理を認めた以上，これによ
り，東京地方裁判所は，『厚生部』のする取引が自己の取引なるかの如く
見える外形を作り出したものと認めるべきであり」，Xに対して責任を負
うとした（★最判昭和35・10・21民集14巻12号2661頁：百選Ⅰ-27）。「東
京地方裁判所厚生部」という名義の使用許諾でもって，109条の授権表示
があったとした判決とみることができる。

としてＤと契約をした場合に，ＡはＤに対して授権表示したとみることができるかである。判例は，本人が白紙委任状を何人において行使しても差し支えないとの趣旨で交付したならば別であるが，そうでなければ授権表示をしたとは認められない（すなわち▶109条1項の表見代理を否定）とする（★最判昭和39・5・23民集18巻4号621頁：百選Ⅰ-26。なお，転得者も本人から信頼を受けた特定他人である場合に，授権表示を認め，109条1項の責任を肯定した判例として，★最判昭和45・7・28民集24巻7号1203頁参照）。その理由として，白紙委任状などの書類は転輾流通することを常態とするものではないからであるという。

　なお，判例・通説は，109条1項の表見代理は，任意代理についてのみ適用があり，法定代理には適用がないと解している（★大判明治39・5・17民録12輯758頁）。法定代理には，本人による代理権の「授与」も本人による「授権表示」もないからである。しかし，本人が他人を法定代理人であると表示した場合にも本条を類推適用することは認められてよいように思われる。本人が「他人に代理権を与えた」のではなくとも，本人が「他人が代理人である」旨を表示した場合にも，相手方の信頼は保護されてよいからである（そう解しても，相手方の善意・無過失が要件とされるので，本人の利益が不当に害されることはないと思われる）。

(2)　代理権の範囲内の代理行為（要件②）　　第2に，代理人として表示された者が，その表示された代理権の範囲内で代理行為をしたことである。

　表示された「代理権の範囲」外の行為がされたときは，109条1項と次の110条とをあわせて適用することになる（重畳適用ともいう。▶109条2項。➡242頁参照）。

(3)　相手方の善意・無過失（要件③）　　第3に，相手方が，代理人として表示された者に代理権がないことを知らず，知らないことに過失がないことである。この点の立証責任は本人にあり，本人は相手方の悪意または過失を主張・立証すれば，109条1項の責任を免れる（★最判昭和41・4・22民集20巻4号752頁）。これに反対する説もあるが，代理権授与表示があれば代理権があると信じるのが通常であることから，本人が立証責任を負うとするのが妥当であろう。

3 権限外の行為の表見代理

110条の意義 代理人が**権限外の行為**をした場合において，第三者が代理人の権限があると信ずべき正当な理由があるときは，その代理人が第三者との間でした行為について，本人がその責任を負う（▶110条）。本人は，代理人に与えた権限（代理権）の範囲外の行為についても，その履行責任を負うことになる。Aが不動産を担保に金を借りる代理権をBに与えたが，BがAの代理人としてこの不動産を売却してしまったような場合である。与えられた代理権を越えて代理行為がされた場合も，本人は責任を負わなければならないのである（権限を越える表見代理ということで，従来は，権限踰越の表見代理とか権限超越の表見代理ともいわれた）。

代理行為を行った者にもともと何らかの代理権がある場合には，第三者（相手方）の信頼の保護を優先し，本人にそのリスクを負わせてよいからである。

実際上，本条の表見代理の成否が問題となる場合が多く，最も重要な表見代理である。

110条の要件 110条の表見代理の要件は，①基本代理権（ないし基本権限）が存在すること，②代理人がその権限外の行為をしたこと，③第三者（相手方）に正当な理由があることである。

(1) **基本代理権（ないし基本権限）の存在（要件①）** 第1に，代理行為をした者に何らかの代理権があることが必要である。このもともと有した代理権（ないし権限）を**基本代理権**（ないし**基本権限**）という。

学説には，より取引の安全を重視して，相手方からみて代理権があると認められる客観的状況があればよいとして，基本代理権は不要と解する説もあるが，一般的にそう解することは本人の利益を害するおそれがあり，妥当ではないであろう。

この基本代理権の要件をめぐり，問題となる場合として，次のようなものがある。

(a) **事実行為をする権限** 代理権は本人に代わって「法律行為」をする権限であるが，ここでの基本代理権も法律行為をする権限に限られるか，事実行為をする権限でもよいかが問題となる。単なる使者や事実行為の受任者（▶

656条）が代理行為を行った場合などである。判例は，110条の要件としてはあくまで基本代理権が必要であって，事実行為をする権限では110条を適用することができないと解している（★最判昭和35・2・19民集14巻2号250頁：百選Ⅰ-28。➡ **Topic 7-4**）。これに対して，通説は，事実行為であっても，法律行為に劣らぬ社会的，経済的に重要な行為もあり，そうした行為を行う権限や対外的な関係を予定した行為の委託があれば，110条の表見代理を認めるべきであるとする。この通説の考え方によれば，要件としての基本代理権は，より広く基本権限というべきことになる（なお，もともと基本代理権の要件は不要とする説では，当然，事実行為をする権限の場合でも110条の適用が認められる）。

⬛ Case 7-5　⑴　Aは，Aが印鑑（実印）を登録している市役所から印鑑証明の交付を受けるため，その申請についてBに代理権を与えた。Bは交付された印鑑証明書を悪用して，Aの代理人としてAが所有する不動産にCのために根抵当権を設定した。

⑵　土地の贈与者Aが，受贈者Bに対する義務の履行として所有権移転登記手続を行うため，その手続に必要な実印等をBに交付した。しかし，Bは登記手続をしないまま，Aに無断で実印等を用いて，Aの代理人として，Aを連帯保証人とする契約をCと結んだ。

　⒝　公法上の行為の代理権　　判例は，原則として，110条の基本代理権は私法上の行為についての代理権であることを要し，公法上の行為の代理権では，基本代理権とならないとする。**Case 7-5**⑴の印鑑証明書下付申請行為の代理権では，110条の基本代理権とはならず，110条の表見代理は成立しないと

✏️ Topic 7-4
「事実行為と表見代理」に関する判例

　金融会社Bの借入金勧誘外交員Yが健康上の理由から自分の長男Aに事実上勧誘行為を一切任せていたところ，AがYに無断でYの印鑑（実印）と印鑑証明書を利用して，Yの代理人として，XからBへの貸付金につきその連帯保証契約をした場合において，判例は，勧誘それ自体は，事実行為であって法律行為ではないのであるから，特段の事情がないかぎり，Aには代理権はなく，110条の適用はないとした（前掲★最判昭和35・2・19）。

された（★最判昭和39・4・2民集18巻4号497頁。同旨，最判昭和41・11・15裁判集民85号97頁）。また，死亡届など戸籍役場への届け出の代理権も同様に基本代理権とならない（長女の死亡届のために印鑑の交付を受けた者が，印鑑を悪用して，代理人として借金したという事案につき，★大判昭和7・11・25新聞3499号8頁）。しかし，判例は，公法上の行為であっても，それが特定の私法上の取引行為の一環としてなされたものであるときは，110条の基本代理権となるとしている（★最判昭和46・6・3民集25巻4号455頁）。すなわち，**Case 7-5**(2)のような登記申請が本人Aの私法上の契約による義務の履行のためのものであるときは，110条の適用を認める。私法上の取引行為の一環かどうか，私法上の契約の義務の履行かどうかが判例の基準となっている。これに対して，基本代理権（基本権限）を緩和する近時の学説は，公法上の行為でも，基本代理権（基本権限）になると解している（判例が否定する印鑑証明書下付申請行為についても，基本代理権となると解するのが通説である）。

(c)　法定代理権　　法定代理では本人保護を重視すべきであるとして，110条の適用を否定する説もあるが，判例・通説は，法定代理権を基本代理権として110条の適用を認める（未成年者の親権者につき★大連判昭和17・5・20民集21巻571頁）。ただし，法定代理権である日常家事代理権については，判例は，無条件で110条の適用を肯定していない（次に述べる）。

❖ Case 7-6　Bは，夫Aに無断でAの実印と印鑑証明書を使って，A名義の委任状を作成し，Aの代理人としてAの不動産をCに売却した。Cは，Aに対して不動産の引渡し・その移転登記請求をすることができるか。

(d)　日常家事代理権　　民法761条は，夫婦の一方が日常の家事に関して第三者と法律行為をしたときは，他の一方は，その法律行為によって生じた債務（**日常家事債務**）について，連帯責任を負うものと定めている。日常の家事とは，住居の賃貸，日用品・食料品の購入など夫婦が日常の婚姻生活を営んでいくために，通常予想される事務であり，夫婦はこの日常家事に関しては相互に代理権（**日常家事代理権**）をもつと判例・通説は解している。では，夫婦の一方がこの日常家事の範囲を越えて代理行為をした場合，日常家事代理権を基本代

理権として，110条の適用があるかが問題となる。①夫婦の財産的独立を図った夫婦別産制の趣旨を重くみて，110条の適用を認めない説（適用否定説）もあるが，他方で，②取引の安全（相手方の保護）を重視して，110条の適用を肯定する説（適用肯定説）も有力である。しかし，③判例・通説は，110条は当然には適用されないが，相手方にその行為が当該夫婦の日常の家事の範囲に属すると信じるにつき正当の理由があれば，110条の趣旨の類推適用により，相手方は行為の効果を他方の配偶者に主張することができるとする（★最判昭和44・12・18民集23巻12号2476頁：百選Ⅲ-9。類推適用説ないし折衷説。➡ Topic 7-5）。夫婦の財産的独立（別産制）の要請と取引の安全の要請を調整したものであるが，実際には，日常家事の範囲に属すると信じるにつき正当な理由はなかなか認められがたいであろうことからすれば，理論的には折衷説といっても，結論は否定説とあまり異ならないものと思われる。もともと身内が起こした過ちは，第三者に犠牲を強いるよりも，身内がその損失を引き受けるべきだと考えれば（そういう配偶者をもった身の因果ということから，身の因果論として説明する学説もある），より取引の安全を重視して，端的に110条を適用すべきであろう。また，110条の適用否定説を前提としつつも，実際には日常家事の範囲に属しない場合でも，一見日常の家事に属するとみられる事情があるときには，110条の類推適用ではなく，761条の「日常の家事」の範囲を弾力的に拡張して解釈することで処理すればたりるとする説もある。

　(2)　**権限外の行為（要件②）**　　第2に，代理人がその権限外の行為をしたことである。

✐ Topic 7-5
「日常家事債務と民法110条」に関する判例

　Aは，自己が経営してきたB商店（株式会社）が倒産し，その債権者Yに対する弁済として，Aの妻Xが婚姻前から所有していた土地建物（Xの特有財産）を勝手にXの代理人として売却した場合について，判例は，本件売買契約は日常の家事に関する法律行為であったとはいえず，また，Yにおいてその契約が日常の家事に関する法律行為の範囲内に属すると信ずるにつき正当の理由があったとはいえないとして，Yの表見代理の主張を認めなかった（前掲★最判昭和44・12・18）。

権限外であればよく, 同種のものである必要はない。たとえば, 100万円を借り受ける代理権を与えられた者が500万円借りたという同種の場合だけでなく, 建物を担保として借り受ける代理権や建物賃貸の代理権を与えられた者が建物を売却した場合にも110条の適用がある。

(3) **正当な理由 (要件③)** 第3に, 第三者 (相手方) が代理人にその代理行為をする権限があると信ずべき「正当な理由」を有することが必要である。通説は, ここでいう正当な理由は, 善意・無過失と同義であると解している (▶109条1項および112条の表見代理と異ならないということである)。

正当な理由の有無は, 当該代理行為の代理権があると信じたことに過失がなかったかどうかを具体的事案に即して判断するほかないが, 本人の実印や印鑑証明書, 委任状, 不動産取引における権利証 (登記済証) を持っていることは正当理由認定に有利に働くが, これらがあれば必ず認められるというものでもない。同居の家族, とりわけ夫婦や親子の関係で他方の実印などを保管・所持しても, そうした関係ではかえって持ち出して盗用するのも比較的容易であるので, 実印保管という事実だけで直ちに正当理由が認められるわけではない (★最判昭和27・1・29民集6巻1号49頁, 最判昭和28・12・28民集7巻13号1683頁, 最判昭和36・1・17民集15巻1号1頁。同居の親族につき最判昭和39・12・11民集18巻10号2160頁)。また, 相手方が金融機関である場合や不動産など高額重要な取引などでは, 相手方は本人に照会し意思確認をしなければ, 直ちに正当な理由があるとは認められない (同旨, ★最判昭和45・12・15民集24巻13号2081頁, 最判昭和51・6・25民集30巻6号665頁：百選Ⅰ-29)。

正当の理由の存在の立証責任については, 本人が負担すべきであるとするのが通説であるが, 109条および112条と異なり, 110条では相手方が負担すべきであるとする説も有力であり, 裁判実務でも相手方負担とされている (判例の立場は必ずしも明確ではない。前掲★最判昭和51・6・25参照)。価値判断や具体的妥当性からは微妙で直ちにどちらの説が妥当かは決めにくいが, 条文の構成 (▶109条1項の悪意・有過失と112条1項の過失はただし書だが, 110条はそうではない) からみて, 相手方負担と考えるべきであろう。

正当の理由の判断にあたっては, 本人の過失や与因 (作為・不作為) は, 必

要ないと判例・通説は解している（本人の作為につき★最判昭和28・12・3民集7巻12号1311頁，本人の過失につき★最判昭和34・2・5民集13巻1号67頁）。

110条適用上の問題 第三者は，代理行為の直接の相手方でなければならないか，第三者からの転得者も含むかが問題となる。たとえば，A所有の不動産をAの代理人Bが売却する権限はないのにCに売却し，CがこれをさらにDに転売した場合において，Cが悪意または有過失であったが，Dが善意・無過失であるときに，Dは，110条の第三者に該当するかである。判例・通説は，転得者は110条の第三者にあたらないとする（★大判昭和7・12・24新聞3518号17頁。手形の場合につき最判昭和36・12・12民集15巻11号2756頁）。転得者Dは，前主Cの所有権を信頼したのであって，代理権があることを信頼して取引した者ではなく，そこには表見代理が保護しようとする信頼はないからである。この点から，前述の要件に④第三者は代理行為の直接の相手方であること（要件④）を加えて説明するものもある。

他方，代理行為の直接の相手方であるCが善意・無過失で，転得者Dが悪意の場合には，法律関係の安定・画一化のために，Cの表見代理が成立すればその後の転得者の悪意は問題とならない，すなわちDは権利を取得できると解すべきであろう（絶対的構成説）。

無権代理人を本人であると相手方が誤信した場合にも，110条が適用されるかが問題となる。署名代理については前述したが（➡219頁参照），代理人が直接本人の名で権限を越える代理行為をし，相手方が代理人を本人と誤信していたような場合である。判例は，相手方がその行為者を本人と信じたことにつき正当な理由があるかぎり，110条の規定を類推適用し，本人に責任を負うとする（★最判昭和44・12・19民集23巻12号2539頁）。

4　代理権消滅後の表見代理

112条1項の意義 表見代理の3つめは，代理権が消滅し，すでに代理人でなくなった者が代理行為をした場合に成立する表見代理である。A会社からかつて代理権を与えられていた被用者Bが解雇された後に，解雇されたことを知らない取引先の第三者Cとそのまま取引をしたよう

な場合である。

　代理権が消滅した事実を知らない第三者の信頼を保護して，代理権があった
のと同様の責任を本人は負うものとした。

　112条1項の要件　　**(1)　代理権の消滅**（要件①）　　第1に，代理権が消滅
したことである。

　かつての判例は，相手方はかつて当該代理人と取引をしたことを要すると解
していたが（取引必要説），今日の判例・通説は，以前に取引をしたことを要し
ないと解している（取引不要説。★最判昭和44・7・25判時574号26頁など）。

　(2)　代理権の範囲内の代理行為（要件②）　　第2に，その代理権の範囲内で
代理行為が行われたことである。

　代理権の範囲を越えて代理行為が行われた場合には，110条と112条があわせ
て適用される（重畳適用。▶112条2項。➡5参照）。

　(3)　第三者の善意・無過失（要件③）　　第3に，第三者が善意・無過失であ
ることである。

　その立証責任については，争いがある。判例は，立証責任は本人にあるとす
る（★大判明治38・12・26民録11輯1877頁）。すなわち，本人が相手方の悪意また
は過失を証明しないかぎりは，本人に代理行為の効果が帰属して責任を負うと
いうことである。これに対して，条文の文言及び構成から，善意については表
見代理の成立を主張する相手方が，過失については表見代理の成立を否定する
本人が立証責任を負うとする見解も有力であり，少なくとも2017年改正後はこ
の立場が通説であるといってよいだろう。

　112条の
　適用上の問題　　112条1項の第三者も，110条で述べたと同様，代理行為の直
接の相手方に限られる（★大判昭和2・12・24民集6巻754頁）。

　また，判例・通説は，法定代理についても112条1項が適用されるとする
（前掲★大判昭和2・12・24）。

5　重畳適用

　109条1項と
　110条の重畳適用　　代理権授与の表示がされ，そしてその表示された代理
権の範囲を越えて代理行為がされた場合である。第三

者がその行為者に権限があると信ずべき正当な理由があるときは，2017年改正前109条と110条との結合による表見代理が成立すると解されていた（★最判昭和45・7・28民集24巻7号1203頁）が，2017年改正で明文化された（▶109条2項）。

110条と112条 1項の重畳適用 代理権消滅後にかつての代理人が有していた代理権の範囲を越えて代理行為をした場合である。第三者がその代理人に権限があると信ずべき正当な理由があるときは，110条と112条（17改正前）との結合による表見代理が成立すると解されていた（★大連判昭和19・12・22民集23巻626頁，最判昭和32・11・29民集11巻12号1994頁ほか）が，2017年改正で明文化された（▶112条2項）。

6 無権代理と表見代理の関係

広義の無権代理のうち，狭義の無権代理と表見代理があると説明したが，無権代理と表見代理との関係をどうみるかについては学説上議論のあるところである。①広義の無権代理のうち，表見代理を除くものが狭義の無権代理であるのか（こう解すると狭義の無権代理と表見代理は重ならない），②それとも表見代理は無権代理の特別な場合であるか（こう解すると表見代理は無権代理でもある）である。この理論的位置づけの違いが具体的な問題として現れるのは，表見代理が成立する場合にも，無権代理人の責任に関する117条の適用があるかどうかの問題である。具体的には，表見代理が成立する場合は，相手方は，無権代理人に対して117条の無権代理人の責任を問うことができないかである。

かつて学説は二分しており，表見代理が成立すれば，無権代理（狭義）とはならず，相手方は無権代理人の責任を問うことができないとする説（補充的責任説）もかなり有力であったが，現在の通説・判例は，表見代理と無権代理（狭義）の規定とは競合的に適用され，相手方は，表見代理が成立する場合でも，相手方は表見代理の主張をしないで，直ちに無権代理人の責任を問うことができると解している（**選択的責任説**。★最判昭和33・6・17民集12巻10号1532頁）。そして，この場合，無権代理人は，表見代理が成立することを主張・立証しても，責任を免れることはできないとされる（★最判昭和62・7・7民集41巻5号1133頁：百選I-31）。

　さらに，選択的責任説に立った場合に，表見代理責任と無権代理人の責任の
関係が問題となり，両方の責任が成立して連帯債務または不真正連帯債務にな
るとする説（重畳説）や相手方がいずれかの責任を選択できるとする説（選択
説）などがある。選択説に立った上で，表見代理の責任が確定したときは無権
代理人の責任を追及できないが，反対に117条の責任が先に確定しても，なお
表見代理の責任は追及できると解するのが妥当であろう。

☑ *Exam 1*

Aは，以前から金銭の借り入れをBに依頼し，金銭を借り入れるためにA所有の不動産に抵当権を設定するための代理権をBに与えていた。Bは，自分が経営するC会社の経営が悪化してDらに対して多額の負債を負うことになった。そこで，Bは，Dに対する債務の担保のため，Aの代理人としてA所有の不動産に抵当権を設定し，その登記をした。Aは，自分の知らないC会社の債務のための抵当権設定は了承していないとして，この抵当権設定登記の抹消を求めることができるか。DがBの代理行為がAの意図に反するものであることを知っていた場合や注意すればわかったような場合はどうか。

解答への道すじ

　この問題文からは，事案の詳細は不明であって，事情によってはいろんなことが問題となるが，Bが代理行為として行った抵当権設定行為の効果がAに帰属するかどうかである。108条2項違反となるか，また，代理権の濫用となるかを中心に検討してもらいたい。

☑ *Exam 2*

Aは，夫であるBに内緒で高級ブランド品を買い続けて多額の借金を負い，家計に窮するようになったため，Bに無断で，自宅の金庫に保管されていたBの実印等を利用し，Bの代理人としてB所有の土地をCに売却した。
(1) Cが，Bに対して，その土地の所有権移転登記手続を求めた場合において，BはどのようなΑ反論をすることができるか。その当否を検討しなさい。
(2) CがBに対して上記の請求をしない間に，Bが死亡した。A・B間に子Dがいた場合に，Cは，Aに対してどのような請求をすることができるか。Dが相続放棄した場合としなかった場合とで異なるか。

解答への道すじ

　平成2年度司法試験論文試験に類似した問題が出題されている。小問(1)の中心論点は，「日常家事債務と民法110条の表見代理」の問題であり，小問(2)は，「無権代理と相続」の問題である。Dの相続放棄の有無での区別は，AがBを単独相続したか，Dと共同相続したかでの違いを考えてもらう趣旨である。

第8章　無効と取消し

1　無効・取消しの概念

　法律行為や意思表示がその有効要件を欠いている場合，たとえば表意者が制限行為能力者であるとか，意思表示に何らかの問題がある場合には，その効力が否定される。その効力否定の効果として，法律行為や意思表示が無効とされる場合と取消しが可能とされる場合とがあることについて，これまで説明してきた。本章で取り扱うのは，無効および取消しとはどのようなものなのか，いかなる効果が生じるのかである。

1　2つの効果の相違

**無効と取消し
の振り分け** 　民法上，どのような場合に無効の効果が定められ，どのような場合に取消しの効果が定められているか。

　(1)　**無効原因**　法律行為ないし意思表示が無効とされる原因は，次の場合である。①表意者が意思無能力であった場合（▶3条の2），②公序良俗違反の法律行為（▶90条），③強行規定違反の法律行為（▶90条・91条），④消費者契約法8～10条における不当条項，⑤心裡留保による意思表示の相手方が悪意または有過失の場合（▶93条1項ただし書），⑥通謀虚偽表示（▶94条1項）。

　(2)　**取消原因**　法律行為ないし意思表示が取り消される原因は，次の場合である。①制限行為能力者による法律行為（▶5条2項・9条本文・13条4項・17条4項），②錯誤による意思表示（▶95条1項），③詐欺・強迫による意思表示（▶96条1項），④消費者契約法4条における誤認・困惑・過量内容類型，⑤特定商取引法における誤認類型（▶同法9条の2・24条の2等）。

無効と取消しの違い　無効と取消しには，次のような基本的な差異がある。もっとも，後述するとおり，これらの原理的な差異は相対化しつつある（無効の取消化）。

①無効は，特定人の行為を待つことなく，その法律行為の効力がはじめから生じないのに対し，取消しの場合には，その法律行為は一応有効であり（**浮動的有効，不確定的有効**），特定人（取消権者。▶120条）による取り消すという意思表示があって初めて，その法律行為の効力がはじめにさかのぼって消滅する（▶121条）。

②無効は，追認によっても有効とすることができないが（▶119条本文），取り消しうる法律行為は，取消権者の追認により，有効な法律行為として確定する（**確定的有効**。▶122条）。この点，民法起草者は，無効な意思表示はいわば死体であり，いくら待っても生き返らないが，取り消しうる意思表示はいわば病体であり，死ぬかもしれないが回復することもある，と喩えている。

③無効な法律行為は，誰に対する関係でも効力を生じず，また誰でも無効を主張することができるが（絶対効），取消しは，取消権者のみに限られている。

④無効は，期間制限なく，いつでも主張できるが，取消権は，一定期間の経過により消滅してしまう（消滅時効・除斥期間。▶126条）。

2　無効と取消しの二重効

1つの事象について，複数の規範を適用することが理論上可能な場合がある（規範競合）。このような事態が，無効と取消しについても生じうる。1つの法律行為（意思表示）が，無効の要件を満たすとともに，取消しの要件をも満たしているという場合である。制限行為能力者が意思無能力の状態で法律行為をなした場合，詐欺または強迫により公序良俗違反の法律行為をなした場合などがある。このような場合において，いずれも主張できるのか，いずれか一方しか主張できないのかが問題となり，この問題は**無効と取消しの二重効**の問題とよばれる。二重効を肯定して，無効規範と取消規範との選択主張を認めるのが通説である（二重効について詳しくは，➡ **Further Lesson 5-1**）。

3　無効または取消しの効果

無効の効果　　(1)　**原状回復**　　たとえば，意思無能力者AがBとの間で100万円を贈与する旨の契約を締結した場合，A・B間の贈与契約は無効となる。その結果，Aがいまだ100万円をBに受け渡していない場合（未履行の場合）には，Aは，Bからの履行請求を拒絶することができる。これに対して，Aがすでに100万円をBに受け渡してしまっている場合（既履行の場合）には，既履行の給付については，不当利得法の問題となる。不当利得の一般規定である民法703条・704条をこのような場面にそのまま適用すると，受益者Bの善意悪意によって，返還範囲に違いがあり，善意のBは「その利益の存する限度」（現存利益）で返還すればたりることとなる。しかし，このような帰結は，とくに有償契約における法律関係の巻き戻し的清算（原状回復）を行う場面においては，必ずしも妥当ではない。そこで，不当利得法の領域では，いわゆる類型論が有力に主張され，給付不当利得が問題となる場面では，不当利得の一般規定をそのまま妥当させるべきではなく，契約解除の原状回復と類似した法律関係と捉えるべきであるとされた。そのような考え方を受けて，2017年改正で新設された121条の2は，「原状回復の義務」という見出しの下，無効の効果を定める。

　無効な行為に基づく債務の履行として給付を受けた者は，相手方を原状に復させる義務を負うのが原則である（▶121条の2第1項）。その例外として，無効な無償行為に基づく債務の履行として給付がなされた場合においては，その行為が無効であることにつき善意の給付受領者に限って，現存利益の範囲で原状回復すればたりる（▶同条2項）。また，給付受領者が消費者契約法に基づく取消権を行使した消費者である場合においても，善意の給付受領者は，現存利益の返還でたりる（▶消費契約6条の2）。

　なお，公序良俗に反して無効な行為に基づく債務の履行とし給付がなされた場合については，不法原因給付規定（▶708条）の適用が問題となる場合があることにも留意すべきである（詳しくは，債権各論で学ぶ）。

　(2)　**原物返還が不可能である場合**　　給付を受けた原物の返還が不可能となった場合に，給付受領者は価額返還義務を負うか。解除の場合の原状回復義

務におけると同様の問題が生じる。この点，無効な有償行為に基づく債務の履行として給付がなされた場合においては，原状回復の原則に照らして，給付受領者は価額返還義務を負うと解される。また，契約解除の原状回復においては，受領時からの利息や果実の返還が明文で定められているが（▶545条2項・3項），121条の2にはそのような規律が置かれていない。これは，無効・取消しの原因はさまざまであり，一律に利息や果実の返還を義務づけるのが適当ではないためである。

(3)　**意思無能力者・制限行為能力者の返還義務**　　行為時に意思能力を欠く者および行為時に制限行為能力者であった者については，それらの保護の必要性から，原状回復の原則は修正され，その行為が無効であることの善意悪意を問わず，返還範囲は現存利益に制限される（▶121条の2第3項）。

取消しの効果　　たとえば，後見開始審判を受けたAが，成年後見人Cに無断で，自宅にあった年代物の掛け軸をBに100万円で売却した場合，Aの側でA・B間の売買契約を取り消せば，契約は遡及的に無効となる（▶121条）。無効となった後の法律関係は，無効の場合と同じである。

2　無　　効

無効の絶対効　　無効は，法律行為が最初から存在しなかったと扱うものであるから，法律行為に無効原因が存する場合，法律上当然に無効という効果が生じる。すなわち，取消しと異なり，法律行為の効力を否定するために，特別の意思表示は必要ない（もっとも，裁判では，無効の主張がなければ，無効かどうかについて裁判所が判断することができない。弁論主義）。また，法律行為が無効であるということは，①すべての者に対する関係でその効力が生ぜず，また②すべての者が無効を主張でき，さらに③いつまでも主張できる，ということである。このような効力を有する無効を**絶対的無効**という。もっとも，これには例外があるということが重要である。

例　　外　　(1)　**第三者に対する対抗不能**　　無効の効果が，当事者間のみに認められ，第三者との関係では主張しえない場合がある。虚

偽表示による無効は善意の第三者に対抗できない（▶94条2項）というのが，その例である。

(2) **相対的無効（取消的無効）**　　民法が定める無効とされる場合をみると，無効が認められている理由に異なる2つの態様があることが解る。すなわち，公序良俗違反（▶90条）や強行法規違反（▶90条・91条）の場合のように，「公益を保護するために無効」とされている場合（**公益的無効**）と，意思無能力，心裡留保（▶93条1項ただし書），虚偽表示（▶94条），消費者契約法上の不当条項の場合のように，「表意者の私益を保護するために無効」とされている場合（**私益的無効**）とである。なお，公序良俗違反や強行法規違反にも私益保護の観点から無効とされる場合があり，そのような場合は私益的無効に分類されよう。これら2つの場合のうち，無効の絶対効を妥当させるべきなのは，公益的無効の場合であって，私益的無効に関しては，むしろ取消しに接近させて扱う方が，表意者保護という目的に適合する（**無効の取消化**）。取消しに接近する無効のことを，**相対的無効**（**取消的無効**）とよぶ。相対的無効に関する解釈論上の問題は，これまで錯誤の効果に関して展開されたが，2017年改正で，錯誤の効果は無効から取消しに変更された。

主張期間制限　　民法上，無効の主張期間制限を定めた規定は見当たらない。ただし，法律行為の目的物に対する権利を相手方が時効取得（▶162条・163条）あるいは即時取得（▶192条）した場合，それらは原始取得であるので，無効に基づく返還請求に対して，時効取得あるいは即時取得をもって対抗することができる。また，あまりに時期に遅れて無効の主張がされた場合などに，それが権利の濫用（▶1条3項）または信義則違反（▶同条2項）とされることが考えられる。

一部無効の問題　　(1) **一部無効の理論**　　法律行為の内容の一部のみに無効原因がある場合において，それにより法律行為全体が無効となるのか（全部無効），無効原因のある部分のみが無効となり，残部は有効のままなのか（一部無効）が問題となる。

この問題に関しては，これまで一般に次のように説かれてきた。すなわち，①明文の規定がある場合には，それによる（たとえば，▶132条・133条・278条

等）。②明文の規定がない場合には，まず，行為全体を無効にしなければ，法秩序に反する結果となると考えられる場合には，全部無効とされる。③そうでない場合には，できるだけその法律行為の効力を維持すべく，無効な部分を慣習，任意規定，条理などで補充して合理的な内容に改訂すべきである。なぜなら，当事者は，法律行為をしたからには，その存続を望んでいるのが通常であり，かかる当事者意思を尊重すべきだからである。④ただし，無効部分を除いた残部だけでは，あるいは補充を行った後の法律行為では，当事者の当初の目的を達成することができず，法律行為の効力の維持が当事者の意思に明らかに反するといえる場合には，その法律行為は全部無効となる。

　上の②との関連では，いわゆる**芸娼妓契約**の問題が重要である（➡149頁も参照）。芸娼妓契約（前借金に関する金銭消費貸借部分と，一定期間芸娼妓として稼働することを約し，その稼働からあげられる所得をもって前借金の返済にあてるという稼働契約部分との結合したもの）に関して，戦前の判例には，稼働契約部分のみを無効とし，消費貸借部分それ自体は有効であるとするものがみられた。しかし，このような分離思考をとると，廃業は自由であるが前借金は返済しなければならないことになり，前借金返済のために稼働され続けるほかないという結果となる。そこで，最判昭和30・10・7民集9巻11号1616頁は，この契約の2つの部分は密接に関連し，不可分一体をなしているとし，稼働契約部分の無効（▶90条違反）は契約全体の無効をもたらすとした。つまり，金銭消費貸借も無効であり，交付された前借金の不当利得返還も不法原因給付（▶708条）にあたり許されない。この点，類似の問題性をもつものとして，複数の契約（法律行為）のいずれか一つに解除原因がある場合，その契約解除の効力が他の契約にも及び，全体の解除が認められるかという問題がある。スポーツクラブ会員権付きリゾートマンション売買契約の解除が問題となった最判平成8・11・12民集50巻10号2673頁（百選Ⅱ-39）は，複数の契約の「目的の密接関連性」と契約「全体の目的不達成」という要件を立て，全体の解除の可能性を示した。一部無効の問題は，契約の個数論を先行問題として内包している。

　（2）**不当条項の一部無効**　　消費者契約法などによる不当条項規制と関わって，ある契約条項の一部に無効原因（不当性）がある場合において，その一部

のみが無効となり残部のみでその条項が維持されるのか，それとも条項全体が無効となるのかという問題が，論じられるようになった。明文の規定から，条項が全部無効あるいは一部無効となる場合が明らかである場合には，それに従う（全部無効となる場合として，▶消費契約8条。一部無効となる場合として，▶消費契約9条1項，利息制限1条1項・4条1項）。それが明らかでない場合，たとえば，不当条項規制の一般規定である消費者契約法10条の場合などが問題である。この点，契約内容への介入は最小限度にとどめられるべきであるとすれば，条項の一部無効へと傾斜する。これに対して，事業者側が「どうせ裁判所が内容を改訂してくれるので，だめでもともと」と考え，不当な契約条項を定めることを予防・抑止すべきであり，それにより初めて法の政策目的が達成されるとともに，事業者による不当条項の使用に対する制裁にもなると解すれば，条項の全部無効が認められるべきことになろう。もっとも，全部無効と認めたとしても，契約の中に生じた欠缺部分に対して，任意法規による補充あるいは契約解釈による補充がなされるとすれば，条項の一部無効であれ全部無効であれ，結論の差異はさほど大きくない。

　なお，消費者契約法に基づく差止請求（➡ **Topic 6-5**）の対象となっている契約条項の一部のみに不当性がみられる場合に，当該条項の全体が差止めの対象となるのか。消費者団体訴訟は予防的な機能を営むものであるから，条項全体の差止めを認めるのが妥当であろう（★京都地判平成24・7・19判時2158号95頁参照）。

無効行為の転換　無効行為の転換とは，無効な法律行為が，他の有効な法律行為としての要件を備えている場合に，当事者も他の法律行為の効力を欲するであろうと認められるときに，その法律行為としての効力を認めることである。これは，当事者の合意に裁判所が介入し内容修正するという意味で，上でみた一部無効の理論と類似する。無効行為の転換がとくに問題となるのは，家族法上の行為に関してである。たとえば，他人の子を嫡出子として届け出た場合に，養子縁組としての効力が認められるか（★大判昭和11・11・4民集15巻1946頁，最判昭和49・12・23民集28巻10号2098頁などは否定），愛人との間の子を本妻との嫡出子として届け出た場合，認知としての効力が認められるのか（★最判昭和53・2・24民集32巻1号110頁：百選Ⅲ-31は肯定）などが

問題とされている。

無効行為の追認 （1）**非遡及効**　無効の本来的な性格（絶対的無効）からすると，無効の法律行為は，追認によって効力を生じることはない（▶119条本文）。119条ただし書によると，当事者が無効であることを知って追認した場合には，「新たな行為」をしたものとみなされる。一般的な意味での追認は，無効な行為を遡及的に有効とさせるもの（遡及的追認。取消しの場合における122条本文）であるが，ここでいう追認は，**非遡及的追認**である。

（2）**相対的無効の場合**　すでにみたとおり，無効にも２つの態様があり，公益保護を目的とする場合には絶対的無効が貫かれるが，表意者の利益の保護を目的とする場合には，相対的無効とされ，取消しとの接近が認められている。追認に関しても，遡及効を認めることが表意者の意思に適うのであれば，遡及的追認を認めても問題ないといえよう。理論的には，取消しの122条の類推適用を認めるのが一般的である。

3　取　消　し

意　義　取消しとは，ひとまず有効に成立（浮動的有効）している法律行為を，取消権者による相手方に対する取消しの意思表示によって，遡及的に無効とさせる単独行為である。また，取消しは，取消権者の一方的な意思表示であり，形成権である。

取消権者　120条に列挙された者のみが取消権を有する。また，消費者契約法における誤認・困惑・過量内容類型においては，消費者が取消権を有する（▶消費契約４条）。

（1）**制限行為能力者が単独で行為した場合**（▶120条１項）　（a）**制限行為能力者本人**　制限行為能力者たる未成年者，成年被後見人，被保佐人，被補助人（特定の法律行為につき同意を要する旨の審判を受けた場合）である。ここで，取消権の行使も法律行為（単独行為）であるから，制限行為能力者であるかぎり，単独では取消しできないのではないかという疑問が生じる。この点，成年被後見人が後見人の同意を得ることなく取消しをした場合，「取り消すことが

できる取消し」となるとする考え方もある。しかし，このように解すると，法律関係が複雑となり，相手方を不安定な地位におくことになるので，制限行為能力者本人が単独で行った取消しの意思表示は有効であると解すべきである。

　(b)　法定代理人　　親権者や後見人など，制限行為能力者の法定代理人である。

　(c)　同意権者　　保佐人と，同意権付与審判により同意権を与えられた補助人が，これにあたる。

　(d)　制限行為能力者の承継人　　承継人には，包括承継人と特定承継人とがある。前者は，ある権利主体に属していた権利義務を包括的に引き継ぐ者をいい，相続人がこれにあたる。これに対して，後者は，買主や賃借人の地位を承継した者のように，ある権利につき権利者としての地位を譲り受けた者をいう。包括承継人が，120条でいう「承継人」に該当することには異論がないが，特定承継人については争いがある（➡以下の(2)(b)を参照）。

　(2)　**瑕疵ある意思表示（錯誤，詐欺または強迫）の場合**（▶120条2項）　　(a)表意者本人　　当然ながら，瑕疵ある意思表示をした者には，取消権が認められる。

　(b)　表意者の代理人・承継人　　表意者の代理人や承継人にも，取消権が認められる（保証人の取消権について，➡ **Further Lesson 8-1**参照）。承継人には，相続人や合併会社のような包括承継人が含まれることに異論はない。目的物の買主などの特定承継人が含まれるのかについては，従来から議論があったが，近時は，これを「契約上の地位の譲渡（契約引受）」の問題として論じる傾向にある（これについては，債権総論で学ぶ）。

取り消しうべき行為の追認　　(1)　意　義　　取り消しうべき法律行為は，取消権者が追認をしたときは，以後，取消しできなくなる（▶122条）。その結果，その法律行為は有効に確定する（確定的有効）。追認は，取消しと同様，相手方に対する一方的な意思表示により行われる単独行為である（▶123条）。

　(2)　要　件　　追認は，次の2つの要件の下でなされなければならない（▶124条）。それらを備えない追認は，無効であり，法律行為はなお取消可能であ

る。

　（a）**取消原因となっていた状況の消滅**　追認は，「取消しの原因となっていた状況が消滅」した後に行われなければならない（▶同条 1 項）。そうでなければ，なされた追認自体が，取消原因の影響を受けてなされたものとなり，取り消すことができることになるからである。具体的には，制限行為能力者が行為能力者となった時点以後，詐欺を受けた表意者が詐欺の事実を知った時点以後，強迫を受けた表意者が畏怖の状態から脱した時点以後となる。ただし，法定代理人・保佐人・補助人が追認する場合（▶同条 2 項 1 号）および成年被後見人を除く制限行為能力者が法定代理人・保佐人・補助人の同意を得て追認する場合（▶同条 2 項 2 号）には，かかる要件は必要ない。

　（b）**取り消しうべき行為の了知**　追認は，「取消権を有することを知った後」に行われなければならない。「取消権を有することを知った」といえるためには，そのような行為がされたこと自体を認識していることが必要である。

　（3）**効　果**　追認によって，取り消しうべき法律行為は最初から有効なものとして確定する（▶122条。浮動的有効から確定的有効へ）。

　（4）**法定追認**　取消権者が，追認できるようになった時点以後に，125条に列挙された行為をなした場合には，追認したものとみなされる。列挙されて

Further Lesson 8-1
▶▶▶▶▶　保証人に取消権は認められるのか

　たとえば，BがAに騙されて金銭債務を負い，Bのこの債務をCが保証した場合，保証人Cは取消権を有するのか。見解は分かれる。

　まず，保証人は120条でいう「代理人若しくは承継人」にあたらないので，取消権を有しないという見解がある。判例（★大判昭和20・5・21民集24巻 9 頁）もその取消権を否定する。これに対して，主たる債務者が取消しをすれば保証人は責任を負わないのに，主たる債務者が取消しをしないでいる場合に保証人が主債務の取消しができない結果，責任を負わなければならないのは妥当でないとして，保証人の取消権を肯定する学説がある。この見解によると，主たる債務者が追認をした場合に，保証人がした取消しの効果がどうなるのかという，さらなる問題が生じてしまう。そこで，通説的見解は，保証人の取消権を否定した上で，主たる債務が取り消されるかどうかが確定するまでは，保証人は，履行拒絶権を有するとしている。

いる行為は，追認と認められても致し方ない行為であり，法律関係の安定による取引安全を図るために，法律が追認ありと擬制したものである。これを**法定追認**とよぶ。列挙された法定追認事由は，①全部または一部の履行，②履行の請求，③更改，④担保の供与，⑤取消可能な行為によって取得した権利の全部または一部の譲渡，⑥強制執行である。もっとも，取消権者が，法定追認事由にあたる行為をなすに際して，異議をとどめた場合には，法定追認は生じない（▶125条ただし書）。

　通常の追認の要件としては，追認をする者が取消権を有することを知っている必要があるが（▶124条），法定追認の場合，判例は，取消権の存在を知っていることを要しないとしている（★大判大正12・6・11民集2巻396頁：百選Ⅰ-36）。

取消権の消滅　無効と異なり，取消しには期間制限が置かれている。ある行為が取り消しうべき状態にあるということは，相手方を非常に不安定な地位におき，取引安全の観点からも妥当とはいえない。法律関係の早期安定のために，取消権行使には期間制限が設けられている（▶126条）。すなわち，取消権は，追認しうる時から5年間行使されなければ，時効により消滅する（▶同条前段）とともに，行為の時から20年間を経過したときも，行使できなくなる（▶同条後段）。これら2つの期間制限の性格について，判例（★大判昭和12・5・28民集16巻903頁等）は，いずれも取消権の消滅時効であるとし，期間内に取消権が行使された結果，給付物についての不当利得返還請求権が発生する場合には，その請求権については改めて別の消滅時効が進行すると解している。これに対して，学説の多くは批判的であり，取消権者は126条の定める期間内に取消しをし，かつ返還請求すべきであるとか，20年の期間制限は除斥期間であるとする見解などがみられる。

　なお，消費者契約法4条による取消権に関しても，期間制限が置かれている（追認可能時から1年・契約時から5年。▶消費契約7条）。

第9章　条件と期限，期間

1　付款の意義

> ✂ **Case 9-1**　(1)　Aは，甥のBに対して就職試験に合格したら時計のコレクショ
> ンを贈与すると文書で約束した。
> (2)　Aは，友人であるBに自分の所有する自動車を100万円で売却し，Bによる代
> 金の支払いは来月1日と定められた。

　契約が締結された場合，**Case 9-1**(1)や**Case 9-1**(2)のように，効力の発生や
履行時期を「就職試験に合格したら」といったある事柄の存否や，「来月1日」
というように一定の時期の経過にかからしめることがある。また，一定の事柄
が発生したり，あるいは一定の時期が経過した後，現在有効である契約の効力
を消滅させることもしばしば認められる。契約など法律行為の効果を将来の発
生が不確実な事実にかからしめる特約を**条件**といい，将来発生が確実である事
実にかからしめる特約を**期限**という。条件や期限などの特約を法律行為の**付款**
とよび，これらは，法律行為の効力を制限する機能を果たしている。

　付款には，条件や期限のほかに贈与や遺贈に付加される**負担**がある（▶553
条・1002条など参照）。負担とは，一定の給付をなす債務である。たとえば，A
がBの子どもであるCの世話をする代わりに，Bは，Aに対して自分の所有す
る土地を贈与するという場合である。このような場合を，負担付き贈与という
（▶553条）。この場合，Aが負担を果たさないと，Bは贈与を解除して土地を取
り戻すことができる（▶553条・541条）。

2　条　　件

1　条件の意義

条件とは，法律行為の効果発生または消滅を将来の発生が不確実な事実にかからしめる，法律行為の付款である。

条件となる事実は，発生が不確実なものでなければならない。したがって，発生時期が確定する場合はもちろん，発生時期が不明であっても，発生することが確実な事実は条件とはならず，期限となる（前者が**確定期限**，後者が**不確定期限**である。➡265頁）。

条件となる事実は，将来の事実でなければならない。もっとも，マンモスが

Further Lesson 9-1
▶▶▶▶▶　要件事実論における条件および期限

条件や期限を法律行為の付款とする上記の説明は，要件事実論においては抗弁説という立場に立っている。要件事実論における条件および期限に関しては，多くの問題点があるが，本書では基本的な点を確認するにとどめる。

民事訴訟において，抗弁とは，防御方法の一種であり，相手方の申立てまたは主張を認めた上で，それを排斥する別個の事実を主張することをいう。これに対して否認とは，相手方の申立てまたは主張を否定する点で，両者は異なる。

両者の相違は，訴訟における主張立証責任の分配に現れる。たとえば，売買契約（▶555条）において売主が買主に代金の支払請求を行ったという場合を考えてみよう。抗弁説は，条件や期限を法律行為の成立に不可欠な本質的要素ではなく，付款とみる。したがって，抗弁説によれば，売主は，請求原因として売買契約の成立のみを主張立証すればよく，これに対して，買主は，当該契約が期限付きであり，期限が未到来であることを抗弁として主張立証することになる。一方，条件や期限も法律行為の本質的要素であり，不可分であると解する否認説という見解がある。否認説によれば，売主は売買契約の成立および期限到来を請求原因として主張立証し，買主が期限未到来であることを主張立証することになり，請求原因に対する否認と解される。

このような要件事実論における条件および期限に関する議論等も参照すると，条件等を付款と説明することには検討の余地がある。とくに，貸借型契約の場合，期限は契約の不可欠な本質的要素であると解する立場もある。しかし，本書においては，従来の考え方に従って，条件および期限を法律行為の付款として論じることにする。

なぜ滅んだのかといった歴史や考古学上いまだ明らかになっていない事柄のように，過去の確定している事実であっても，一般に知られていない事実であれば条件とすることができる。これに対して，当事者が知らなかったとしても一般に知られているような事実を条件とした場合を**既成条件**とよび，特別な規定が定められている（➡265頁）。

条件は，当事者が任意に合意したものでなければならず，受遺者が遺言者の死亡時より前に死亡したときに遺贈は効力を生じない（▶994条1項）ということや農地の移転に農業委員会の許可が必要である（▶農地3条）といった法律上定められている条件（**法定条件**）とは区別される。もっとも法定条件についても，条件に関する民法の規定が類推適用されるかどうかが問題とされている（➡262頁）。

条件は，反対給付とも区別される。双務契約において，一方の当事者が給付を行うことに対する相手方当事者の給付を反対給付という。たとえば，「1万円くれたら家の壁を塗装する」と一方当事者が述べたとしても，「1万円くれたら」というのは，条件ではなく，反対給付への言及と解される。すなわち壁の塗装という役務に従事する代わりに1万円という給付を得る契約とみなすのである。もっとも，区別が明確でない場合もあり，最終的には法律行為（契約）の解釈によって定められる。

2　停止条件と解除条件

> **Case 9-2**　Bは，叔父のAから，大学院入試に失敗した場合には奨学金の提供を中止するという約束で，奨学金の提供を受けた。

条件には，一定の事実が発生することによって，法律行為の効力が発生する**停止条件**と，現在効力が生じているが，一定の事実が発生することによって，法律行為の効力が消滅する**解除条件**とがある。たとえば，**Case 9-1**(1)にあげた「就職試験に合格したら時計のコレクションを贈与する」という場合は，就職試験に合格するという条件が成就すれば，時計のコレクションを贈与する（▶549条・550条）という効力が発生するのであるから，停止条件である。これ

に対し，**Case 9-2** にあげた現在奨学金の提供を受けているが，「大学院入試に失敗した場合には奨学金の提供を中止する」という場合は，大学院入試に失敗するという条件が満たされると，奨学金の提供という現在有効な契約の効力が消滅することになるから，解除条件ということになる。

3 条件に親しまない行為

条件に親しまない行為　法律行為に条件を付加すると，その効果が不安定なものとなる。そのため，効果が確実に発生することや効果が確定的に存続することが要請される法律行為に条件を付加することは望ましくない。かかる行為を**条件に親しまない行為**といい，身分行為や単独行為などがこれに該当する。

身分行為　婚姻などの身分行為に条件を付加すると，身分法秩序が不安定なものとなるため，公序良俗に違反する。たとえば，Aが「ミュージシャンとして成功したら結婚する」と恋人Bに約束するような場合である。これを条件付き婚姻予約であると考えると，条件が成就した場合，Bは，Aと結婚することができる。他方で，Bは，いつ成就するかわからない条件に備えていなければならず，その身分は不安定なものとなる。したがって，このような婚姻予約は，公序良俗に反し無効であると解されよう。また，妻と別れたら結婚すると愛人に約束するような条件付き婚姻予約は，判例上効力が認められていない（★大判大正9・5・28民録26輯773頁。➡148頁参照）。

　しかしながら，これらの婚姻予約を無効であると解すると，BがAをずっと経済的精神的に援助して支え続け，Aがミュージシャンとして成功した場合であっても，Aは，Bと婚姻をしなくても何ら法的に責められないことになる。かような結果は，Bにとって酷なものであるように思われる。そもそも，婚姻が有効であるためには，効果発生時点における当事者の確定的な意思（婚姻意思）が必要である。この点に鑑みて，上記のAとBとの合意を条件付き婚姻予約と解さず，合理的な期間を限度とする「婚約」がなされたものと解すべきとする見解がある。期限付きの婚約と解すると，婚約が破棄された場合には，慰謝料が認められる。したがって，Aがミュージシャンとして成功した後にBと

の婚約を破棄した場合，Bは，Aに対して慰謝料を請求することが認められる。

単独行為　単独行為も，条件を付加すると相手方の地位を著しく不安定なものにするため，相手方が同意するか，相手方に不利益を与えない場合を除き，原則として条件を付加することは認められない。たとえば，詐欺・強迫に基づく取消権（▶96条）や解除権（▶540条）に条件を付加することは認められない。とくに，相殺についてはその意思表示に条件を付けることが禁止されている（▶506条1項後段）。ただし，相手方が債務不履行にある場合に，一定期間内に債務を履行しなければ，改めて解除の意思表示をすることなく解除するという停止条件付き解除は，相手方の地位を不安定にするものではないことから有効と解されている。

　画一的な取引が行われる手形行為にも条件を付加することはできない。手形の裏書に条件を付加しても記載されなかったものとみなされる（▶手12条1項後段）。

4　条件付き法律行為の効力

不遡及の原則　停止条件付き法律行為は，停止条件が成就した時からその効力を生じ（▶127条1項），解除条件付き法律行為は，解除条件が成就した時からその効力を失う（▶127条2項）。すなわち，条件成就の効果は，原則として遡及しない。もっとも，当事者の合意によって条件成就の効果を遡及させることは認められている（▶127条3項）。

条件成否未定の間における相手方の期待の保護　Case 9-1(1)のように「就職試験に合格したら」時計のコレクションを贈与すると文書で約束された場合において，当事者の一方は，「就職試験に合格したら」という条件が成就しない間は，時計のコレクションにつき所有権や引渡請求権を有しているわけではない。しかしながら，条件成否未定の間であっても，条件が成就した場合には，時計のコレクションの贈与を受けることができるという一定の利益を有している。この法律行為の当事者の一方が有する一定の利益を**期待権**という。民法は，かかる期待権についても一定の保護を認めている。すなわち，条件付き法律行為の各当事者は，条件成否未定の間は，相手方の利益

を侵害することができないとされている（▶128条）。

　したがって，**Case 9-1**(1)において，Aが時計のコレクションを自ら壊したり，あるいはコレクションのすべてを他人に譲渡して，当事者の一方が相手方の利益を侵害したとき，被害当事者は，相手方に債務不履行（▶415条）または不法行為（▶709条）に基づく損害賠償請求権を有する。さらに，侵害行為の停止も請求できる。また，期待権が保護に値する法的な利益である以上，第三者が時計のコレクションを壊したような場合，第三者による債権侵害と同様に不法行為が成立すると解される。

　しかし，条件付き法律行為である以上，条件が成就せず，効果が発生しない場合もありうる。この点に鑑みると，条件が成就すれば得られた利益の賠償は，条件が成就した場合にのみ認められればよいと解される。

　128条の規定は，法定条件にも類推適用される。部分林の贈与契約につき事件当時法令上必要であった営林局長の許可を条件とした事案で，営林局長の許可は，法定条件であるが，128条の規定が類推適用されると判示された（★最判昭和39・10・30民集18巻8号1837頁）。

条件成就の擬制　期待権の保護として，さらに，**条件成就の擬制**が認められている（▶130条1項）。すなわち，当事者の一方が故意に条件成就を妨害した場合に，相手方は，その条件を成就したものとみなすことができる。そして，条件成就の擬制を主張できるための要件は，①条件成就の妨害があったこと，②故意による妨害であること，③妨害と条件成就が妨げられたことの間に因果関係があること，④妨害が信義則に反するものであることがあげられる。

　ただし，130条1項に基づき当事者の一方が条件成就の擬制を主張した場合には，そのかぎりで損害がなくなると考えられるため，損害賠償の請求はできなくなる。また，過失による妨害行為があった場合には，損害賠償を請求することはできるが，130条1項の要件を満たさないため，条件成就の擬制を主張することはできない。

　条件成就の擬制について，不動産売買委託における委託者側の条件成就の妨害が論じられている。たとえば，AがBに不動産売買につき，200万円以上で

売却できた場合には債務を免除するという停止条件付きで依頼したとする。B
は300万円で購入するCを見つけてきたが，Aが当該不動産をDに売却したた
めに本件売買契約が実行できなくなったという場合である。かかる場合に判例
は，Aが故意に停止条件の成就を妨げたものとして，条件成就の擬制を認めて
いる（★最判昭和39・1・23民集18巻1号99頁）。

　また，130条1項の法定条件についての類推適用は，128条の場合と異なり，
判例上否定されている（農地の売主が故意に事件当時法定条件であった知事の許可を
得ることを妨げた事案に関する★最判昭和36・5・26民集15巻5号1404頁）。

　これに対して，130条2項は条件不成就の擬制を定めている（★最判平成
6・5・31民集48巻4号1029頁の明文化）。①条件が成就することによって利益を受
ける当事者が，②不正にその条件を成就させたとき，相手方は条件が成就しな
かったものとみなすことができる。1項と異なり「不正に」となっているの
は，たとえば「試験に合格すること」が条件となっている場合のように当事者
が意欲的に条件を成就することが想定されているケースなどで，「故意に」と
なっていると条件成就が不当に否定されるおそれがあるためである。したがっ
て，**Case 9-1**で，Bがカンニングをして就職試験に合格したような場合，条
件成就は否定されることになる。

> **✖ Case 9-3**　AがBに対して，将来自分が債務を返済できない場合には債務の代
> わりにA所有の土地を譲渡すると約束した。その後，Aは当該土地をCに譲渡し
> た。Bは，Aが債務を返済しなかったときには，現在の所有者であるCに自己の所
> 有権を主張できるか。

**条件付き権利義務
の処分・相続・
保存・担保提供**　　　条件付き権利義務（期待権）は，経済的価値を有するた
め，「一般の規定に従い」，処分し，相続し，もしくは
保存し，またはそのために担保を供することができる
（▶129条）。「一般の規定に従い」とは，条件の成就によって取得する権利と同
一の方法によってという意味である。すなわち，条件付き不動産所有権であれ
ば，不動産所有権と同一の方法で処分等が可能であり，条件付き債権であれ
ば，債権と同一の方法で処分等が可能である。

とくに, 不動産に関する所有権その他の権利の設定, 移転, 変更または消滅に関する請求権につき, 始期付きまたは停止条件付きのものその他将来確定することが見込まれるものは,「仮登記」することによって, 保存することができる (▶不登105条2号)。

Case 9-3 では, AがBに対して, 停止条件付き代物弁済 (▶482条) 契約を設定している。このとき, Bは, 自己の停止条件付き代物弁済契約を仮登記することができる。仮登記していれば, Aが当該土地を第三者Cに譲渡した場合であっても, 将来AがBに債務を返済できないと条件が成就する。このとき, Bは, 仮登記を本登記に変更し, Cに対して自己の所有権を主張できる (▶不登106条)。このような担保の方法は, 停止条件付き代物弁済契約や代物弁済予約などを利用したものとして判例上認められてきたが, 現在では, 仮登記担保契約に関する法律 (仮登記担保法, 1978年制定) に結実している (➡詳細は第2巻 物権・担保物権法に譲る)。

5　特殊な条件

民法は, 特殊な条件として**不法条件**, **不能条件**, **随意条件**, **既成条件**を規定している。

「人を殺してきたら」土地を贈与するなど, 不法な条件を付加した法律行為は無効である (▶132条前段)。また, 不法な行為をしないことを付加した場合も同様に無効である (▶同条後段)。これらを**不法条件**という。この場合, 不法条件を付加した法律行為全体が無効になる。公序良俗違反 (▶90条) の具体化と解されている。

不能条件に関しては,「死んだ息子が生き返ったら」といった不能な停止条件を付加した法律行為は無効であり (▶133条1項), 不能な解除条件を付加した法律行為は無条件であると定められている (▶同条2項)。

気が向いたら100万円を贈与するという合意のように, もっぱら債務者の意思のみにかからしめる条件のことを **(純粋) 随意条件**といい, 純粋随意条件を停止条件とした法律行為は無効とされている (▶134条)。このような条件を付加しても, 債務者は「気が向かない」といって, 債権者からの請求をつねに拒

否することができ，債務者には法律行為をする意思がないと解されるためである。これに対して，債権者の意思のみにかかる停止条件付き法律行為を無効とならないとした事例がある（★大判大正7・2・14民録24輯221頁）。なお，解除条件については本条の適用はない。

　条件は，前述したように，将来発生する事実にかからしめられていなければならない。すでに確定した過去の事実に法律行為の効力をかからしめる場合を**既成条件**といい，民法は，それに関する解釈規定を定めている（▶131条1項・2項。もっとも，通説は，既成条件を真正の条件ではないと解している）。

　既成条件に関しても，当事者が条件の成就・不成就を知らない間は，128条・129条が準用される（▶131条3項）。もっとも，既成条件において，効果は有効か無効か確定しているため，131条3項は空文であって無意味な規定であると解されている。

3　期　　限

1　期限の意義

　期限とは，法律行為の効力の発生・消滅または債務の履行を将来発生することが確実である事実にかからしめる，法律行為の付款である。

　期限には，いくつかの種類がある。たとえば，売買契約を締結した際に代金については3月31日に支払うというように，法律行為の履行または効力の発生につき定めた期限を**始期**という。法律行為に始期を付した場合には，期限が到来するまで，これを請求することはできない（▶135条1項）。このような期限は，**履行期限（請求始期）**とされている。4月1日から建物を賃貸するというように法律行為の発生につき期限を定めることも認められる（**停止期限，効力始期**）。また，5年後まで毎月奨学金を給付するというように，法律行為の消滅につき定めた期限を**終期**という。法律行為に終期を付加した場合には，期限が到来した時に法律行為の効力は消滅する（▶同条2項）。

2 条件と不確定期限

> **Case 9-4** Aは，大学生である甥Bに「将来出世したら返済する」という約束で，学費を貸与した。Bは大学卒業後大企業に就職したが，不正にかかわったために退職した。このような場合，BはAに学費を返済しなくてよいか。

　期限は，将来発生することが確実な事実にかかる法律行為の付款であるが，さらに，いつ到来するかが確定している**確定期限**（たとえば，来年1月1日など）と，発生することは確実であるが，いつ到来するかは確定していない**不確定期限**（たとえば，今度雨が降ったらなど）とがある。不確定期限は，条件に類似しているため，両者の区別は，困難な場合がある。

　不確定期限付き法律行為であるか，もしくは条件付き法律行為であるかが議論されてきた例として，いわゆる「**出世払い債務**」がある。

　出世払いというのは，「将来成功したら返済する」というような特約付きの貸借をいう。「将来成功したら」という部分を条件と解するか，不確定期限と解するのかが問題となる。この「将来成功したら」という文言の意味が，「将来成功したら返済するが，成功しなかった場合には返済する必要はない」という趣旨のものであれば，請求権の成否にかかわるものであるので，条件と解釈される。一方，金銭の貸借をした以上いつかは返済しなければならないという点を強調すると，「将来成功したら」という文言の趣旨も返済期限の猶予にすぎなくなる。このような場合には，「成功した時か，成功する見込みがなくなった時」まで返済が猶予されるにすぎないという趣旨と解すべきであるから，請求権の履行期にかかわるものとなり，期限と解釈される。判例は，金銭の貸借をした場合に贈与の意思まで認めることは困難であるとして，出世払い債務を不確定期限付き貸借と解釈するものが多い（★大判大正4・3・24民録21輯439頁など）。しかしながら，出世払い債務が条件付き法律行為か不確定期限付き法律行為であるかは，当事者が特約に与えた趣旨により定まるため，いずれの可能性もある。裁判によらず解決する場合などは条件である場合が多いという指摘もある。

　そのほかに，債務者がすでに負担している債務の弁済につき特約を付した場

合は，原則として期限であると解されている。たとえば，出京の際に弁済するという特約（★大判明治32・2・9民録5輯2巻24頁）や家屋を売却して弁済するという特約（★大判大正4・12・1民録21輯1935頁）は，期限であると解されている。これに対して，債務者が債務の弁済を免れることを認めるような特殊な事情がある場合には，条件と解すべきとされている。たとえば，限定承認（▶922条）を行った相続人が相続債務につき資力ができたら弁済するという特約を付した場合は，条件とされている（★大判昭和16・9・26新聞4743号15頁）。また，売買代金の支払いにつき，目的物が一定の性質を有することという特約を付した場合には，一般に条件とみるべきとされる（★大判大正4・10・23民録21輯1752頁）。

3　期限に親しまない行為

期限は，発生することが確実であるので，発生することが不確実である条件ほどではないが，法律行為に付加することにより相手方の地位を不安定にする。そのため，相手方の地位を不安定にすることが望ましくない身分行為や単独行為に期限を付けることは，条件におけるのと同様，原則として認められない（▶506条1項後段は相殺に期限を付けることができないと定める）。もっとも，遺贈は，遺言者の死亡を期限とする期限付き単独行為であるが，例外的に有効な制度として民法に規定されている（▶964条）。

4　期限付き法律行為の効力

期限到来後の効力　法律行為に履行期限が付加されていた場合には，期限が到来した時から履行を請求することができる（▶135条1項）（請求始期）。権利の発生に期限が付加されていた場合には，期限が到来した時から法律行為の効力が発生する（効力始期）。権利の消滅に期限が付加されていた場合には，期限が到来した時から法律行為の効力が消滅する（▶135条2項）（終期）。期限付き法律行為の効力は，遡及しない。当事者が遡及する旨の合意をしても，期限を付加した意味がなくなるため，無効となる。

期限は，必ず到来するものである以上，期限が不確定な事実にかからしめら

れている場合，事実が発生した場合はもちろん事実の不発生が確定した場合であっても，期限は到来する。

期限到来前の効力 履行期限（請求始期）が付加されている場合には，すでに債権債務は発生しているので，相手方や第三者による債権侵害行為に対する保護が認められればよい。すなわち，これは履行期前の債権の保護の問題にすぎない。これに対して，権利の発生（効力始期）や権利の消滅（終期）に期限が付加されている場合には，期限付き権利として条件に関する128条・129条を類推適用して保護すべきだとされている。発生が不確実な条件でさえ保護されるのであるから，発生が確実である期限においても保護されるべきことを理由とする。

5　期限の利益

Case 9-5　Aは，電器屋であるBから液晶テレビを月ごとの20回払いで購入した。A・B間の契約書には，「支払いが1度でも滞った場合には，期限の利益を失い，直ちに残金全額を支払う」旨の特約が含まれていた。10回まで分割で支払った後，Aは残金全額を一括で弁済することはできるか。

期限の利益 **期限の利益**とは，期限が付されることによって当事者が受ける利益である。期限の利益を誰のために定めたかは，場合によって異なる。債務の履行につき期限を定めた場合，通常，債務者は，期限が到来するまで債務の履行を猶予されることになる。そのため，当事者が特約によって異なる定めをしないかぎり，期限は，債務者の利益のために定めたものと推定される（▶136条1項）。

期限の利益の放棄 期限の利益を受ける者は，期限の利益を放棄することができる。期限の利益を放棄した場合，期限が到来したのと同様の効果が生じる。しかし，期限の利益を放棄することが認められるかに関しては，期限の利益を誰が受けるかによって場合を分けて考える必要がある。

たとえば，金銭の借主は，返済期限が付加されている場合には，期限到来まで貸与を受けた金銭を返済しなくてもよい。このとき，金銭の借主が期限の利益

を放棄して直ちに金銭を返済することができるかに関しては，この期限によって利益を受ける者が誰かという期限の趣旨を考えて判断しなければならない。

　第 1 に，当事者の一方のみのために期限が付加されている場合がある。金銭の貸借が無利息でなされている場合，期限は金銭債務者のために付加されているものと考えられる。かかる場合には，金銭債務者は，期限の利益を放棄することができる（▶136条 2 項本文）。したがって，金銭債務者は，期限の利益を放棄して，期限前に借金を返済することができる。

　第 2 に，当事者双方のために期限が付加されている場合がある。たとえば，利息付金銭消費貸借において，金銭の借主は，期限が到来するまで金銭の返済を猶予されるという点で期限の利益を有するといえるが，金銭の貸主にとっても，期限到来までの利息を受けることができるという意味で期限の利益がある。かかる場合に，借主が期限の利益を放棄して自由に期限到来前に貸借した金銭を返済することを認めると，貸主は，受け取ることができたはずの利息を受け取ることができなくなる。このように期限の利益を放棄することで，相手方の利益を害することはできないとされている（▶136条 2 項ただし書）。したがって，かかる場合，借主は，貸主の被る不利益を塡補して期限の利益を放棄することができる。ここでは弁済期までの利息額を弁済した上で期限前に貸借金銭の返済を認めることになろう（なお，利息付きの場合でも期限を付した趣旨が債務者だけの利益のためであると解釈されることもある。このときは，弁済時までの利息額の支払いをすれば債務者には期限前の弁済が認められる〔★大判大正 7 ・ 3 ・20民録24輯623頁〕）。一方，貸主が利息の受領を放棄して期限前の返済を求めることは認められない。借主の期限の利益は，利息の支払いを免れることによって塡補できる性質のものではないためである。

　大判昭和 9 ・ 9 ・15民集13巻1839頁は，定期預金の返還期が当事者双方のために定められた事案である。同判決は，一方当事者のみにおいてその期限の利益を放棄することを妨げられないが，これをなすには，相手方が当該期限につき有する利益を害することはできない点に民法136条 2 項の趣旨を認めた。そして，それゆえに，本件のような場合でも，債務者たる預り主（銀行）は，その返還期までの約定利息を支払う等債権者たる預金者が返還期の未到来により

受けるべき利益の喪失を塡補することで，その返還期につき自己の有する期限の利益を一方的に放棄することができる，と判示した。なお，貸金業者との間で利息制限法所定の利率を超える利息で金銭消費貸借契約が締結され，借主が約定利息に基づいて任意に返済を続けていたが，制限超過利息を元本に充当して，なお過払い金が存するような場面では，利息制限法1条の趣旨に照らし，貸金業者には136条2項ただし書の適用は排除され，約定の期限までの利息は発生しないと判断されている（★最判平成15・7・18民集57巻7号895頁）。

Case 9-5 において，Aが一方的に期限の利益の放棄ができるかどうかについては，Bも期限によって利益を受けているかどうかを考慮しなければならない。分割払いが行われる場合，支払い代金は，一括払いに比べて通常割高である。それは，月ごとの賦払い金がその間に生ずる利息を含めて計算されているためである。したがって，Aが一方的に期限の利益を放棄して，残金全額の支払いを行ったとしても，Bが期限を設けることで得る利益を害することはない。つまり，Aは，一方的に期限の利益を放棄し，代金全額を支払うことが認められよう（なお，この点に関連し，金銭消費貸借において借主は返還の時期の定めの有無にかかわらず，いつでも返還ができ〔▶591条2項〕，返還の時期の定めがある場合に借主の期限前返済により貸主に損害が生じた場合には，貸主の賠償請求が認められる〔▶同条3項〕）。

期限の利益の喪失 債務者に信用を失うような一定の事由が生じた場合，債務者は，期限の利益を主張することができない。これを**期限の利益の喪失**という。民法137条が定めている事由は，債務者が破産手続開始の決定を受けたとき（▶137条1号），債務者が担保を滅失させ，損傷させ，または減少させたとき（▶同条2号），債務者が担保を供する義務を負う場合に，これを供しないとき（▶同条3号）である。

期限の利益の喪失に関しては，当事者が合意によってこれを定める場合があり，**期限の利益喪失約款**（**期限の利益喪失特約**）などといわれる。期限の利益喪失約款を結ぶことも当事者の自由であり，原則として認められているが，場合によっては，公序良俗違反になることも考えられる。Case 9-5 においても，Aが月ごとの賦払い金を弁済しなかった場合には，残金全額の支払いを義務づ

ける特約が付されているが，かかる特約が期限の利益喪失約款に該当する。

　期限の利益喪失約款には 2 つの類型があり，①期限の利益喪失事由が生じた場合，直ちに期限の利益が失われるという特約（当然喪失事由型）と，②期限の利益喪失事由が生じた場合に，債権者は，直ちに債権の請求をすることができるという特約（請求喪失事由型）とがある（➡ **Topic 9-1** 参照）。

✐ Topic 9-1
銀行取引における期限の利益喪失約款

　従来，銀行取引においては，定型的な銀行取引約定書が定められていたが，銀行業務の多様化を理由に2000（平成12）年に廃止されている。期限の利益喪失約款も銀行取引約定書 5 条に定めがあったが，現在では，銀行ごとに独自の取引規定が定められている。各銀行の取引約定書には，次のような期限の利益喪失規定が定められている。1 項は当然喪失事由を規定し，2 項は請求喪失事由を規定している。

　　第○条（期限の利益の喪失）
　　1　借主は，次の各号の事由が 1 つでも生じた場合には，当行からの通知，催告等がなくても本契約によるいっさいの債務につき当然に期限の利益を失い，直ちに債務を全額返済するものとします。
　　(1)　支払いの停止または破産，民事再生手続開始，会社更生手続開始，会社整理開始もしくは特別清算開始の申立てがあったとき，あるいは申立て予定であることを当行が知ったとき。
　　(2)　手形交換所または電子債権記録機関の取引停止処分を受けたとき。
　　(3)　借主またはその保証人の預金その他当行に対する債権について仮差押え，保全差押えまたは差押えの命令，通知が発送されたとき。
　　(4)　借主の責めに帰すべき事由によって，当行に借主の所在が不明となったとき。
　　2　借主は，次の各号の事由が 1 つでも生じた場合には，当行からの請求があり次第，本契約によるいっさいの債務につき期限の利益を失い，直ちに債務を全額返済するものとします。
　　(1)　当行に対する債務の一部でも履行を遅滞したとき。
　　(2)　担保の目的物について差押えまたは競売手続の開始があったとき。
　　(3)　当行との取引約定に違反したとき。
　　(4)　前各号のほか当行の債権保全を必要とする相当の事由が生じたと客観的に認められるとき。
　　3　住所変更の届出を怠るなど借主の責めに帰すべき事由により，前項の請求が延着しまたは到達しなかった場合には，通常到達すべき時に期限の利益が失われたものとします。

4　期　　間

1　期間の意義

> **▉ Case 9-6**　Aは，4月1日，Bに対して自分の所有する自動車を今日から5日間貸与する旨契約した。このような場合，いつの時点から5日間の計算を開始すればよいか。

　期間とは，一定の時点から一定の時点まで継続した時の隔たりである。時間の経過には，法律上さまざまな意味が与えられている。たとえば，5年間の約束で家屋の賃貸借契約を締結すると，5年経過後，借主は，賃借していた家屋を貸主に返還しなければならない。逆にいえば，5年が経過するまでの間，借主には，家屋の使用が認められており，貸主に返還する必要はないわけである。また，民法166条1項2号は，債権は，「権利を行使することができる時から10年間行使しないとき」は，時効によって消滅すると定め，「10年間」という時間の経過中の権利不行使に債権消滅という効果をかからしめている。

　以上のような場面において，「5年間」や「10年間」という期間には，法律上特別の意味が与えられているといえるが，これらの期間は，どのように計算すればよいのであろうか。民法は，第1編第6章に期間の計算について一般的に定めており，法令や裁判上の命令が存在するか当事者が契約において別段の定めをしていないかぎり，その他の場合にも民法の規定が適用される（▶138条）。

　公法関係に民法の規定が適用された事例として，解散後の総選挙期日に初日不算入の原則（➡次頁参照）を適用した大判昭和5・5・24民集9巻468頁がある（衆議院議員選挙法上「総選挙ハ解散ノ日ヨリ三十日以内ニ之ヲ行フ」と定められている場合の期間経過につき，解散の翌日から起算することとした）。

2 期間の計算方法

時間（時，分，秒）を単位とする期間
期間の計算方法は，時間（時，分，秒）を単位とした場合と日，週，月または年を単位とした場合とで異なっている。期間が時間を単位として定められている場合，その期間は，瞬間から瞬間まで計算する（**自然的計算法**。▶139条）。たとえば，午前9時15分に今から12時間自動車を貸すと約束した場合，直ちに起算を開始し，12時間経過後の午後9時15分に自動車を返さなくてはならないことになる。

日，週，月または年を単位とする期間
これに対して，日，週，月または年によって期間を定めたとき，期間の初日は，算入しない（**初日不算入の原則**。▶140条本文）。そして期間は，その末日の終了をもって満了する（▶141条）。たとえば，1月1日に「今日から3日後」とした場合，初日が端数になるため，初日を算入するべきではない。したがって，1月2日に起算を開始し，1月4日に期間が満了する。しかし，初日が端数にならないような場合には，その日を1日と数えて問題がない。したがって，期間が午前0時から始まるときには，初日を算入するという例外がある（▶140条ただし書）。すなわち，12月1日に来月「1月1日から3日後」と期間を定めた場合には，1月1日に端数がでないから，初日である1月1日を起算日とし，1月3日で期間は満了する。**Case 9-6** では，4月1日に「今日から5日間」となっているから，4月2日に起算を開始し，4月6日に期間が満了することになる。

週，月または年によって期間を定めた場合，その期間は，暦に従って計算

✒ **Topic 9-2**

4月1日生まれの者の入学年度

4月1日に生まれた者は，いつ小学校に入学することができるのであろうか。保護者は，満6歳に達した日の翌日以後における最初の学年のはじめから子どもを小学校に就学させる義務を負っている（▶学教17条参照）。年齢の計算は，初日を算入することとされている（年齢計算ニ関スル法律1項）。したがって，4月1日生まれの者は，翌年の3月31日に満1歳となり，6回目の誕生日の前日に6歳となる。その結果，4月1日生まれの者は，学校が開始する4月1日には6歳に達しているため，早生まれの扱いとなり，小学校に入学することができるのである。

し，週，月または年のはじめから期間を起算する場合には，最後の週，月また
は年の末日に終了する（**暦法的計算法**。▶143条1項）。週，月または年のはじめ
から期間を起算しない場合，その期間は，最後の週，月または年においてその
起算日に応答する日の前日に満了する（▶143条2項本文）。最後の月に応答日が
ない場合には，その月の末日に満了する（▶143条2項ただし書）。たとえば，1
月31日から1か月の約束でビデオを借りた場合には，2月30日は存在しないた
め，閏年であれば2月29日，それ以外の年であれば，2月28日に返却しなけれ
ばならない。

　期間の末日が日曜日，祝日その他の休日にあたるときは，その日に取引をし
ない慣習がある場合にかぎって，期間は，その翌日に満了する（▶142条）。

　たとえば，2月2日に，「今から1年後」とした場合，2月3日に起算が開
始し，翌年の2月2日をもって期間が満了する。このような場合でも，2月2
日が日曜日であり，その日に取引をしない慣習があるときは，2月3日に期間
が満了する（★最判平成11・3・11民集53巻3号451頁は，貸金の返済期日について
「毎月○日」と定められていた場合に，○日が日曜日その他の一般の休日にあたる場合
について，特段の事情のない限り，「契約当事者間に○日が右休日であるときはその翌
営業日を返済期日とする旨の黙示の合意があったことが推認される」とした）。

　前述のように，民法は，日，週，月または年によって期間を定めたときに初
日不算入の原則を定めている。これに対して，年齢計算ニ関スル法律1項は，
「年齢ハ出生ノ日ヨリ之ヲ起算ス」と定め，戸籍法43条は，戸籍届出期間の起
算日につき，「届出期間は，届出事件発生の日からこれを起算する」と定めて
おり，これらの場合，初日不算入の原則は，適用されないことになる。さら
に，2017年改正前民法では消費貸借（▶587条）は要物契約と定められていたた
め，利息付き消費貸借につき，その日から元本を利用することができるので，
特約のないかぎり，契約成立の日から利息計算するとされた（★最判昭和33・
6・6民集12巻9号1373頁。なお，2017年改正により，諾成的消費貸借〔▶587条の2〕
も認められたため，利息付き消費貸借で，貸主は，借主に対し「金銭その他の物を受け
取った日以後の利息を請求」できると定められている〔▶589条2項〕）。

　また，民法は，起算日から将来に向かう計算方法のみを定めており，過去に

さかのぼる場合の計算方法については定めていない。しかし，過去にさかのぼる場合の計算方法についても民法140条を類推適用すべきであると解されている。たとえば，4月30日の会議につき10日前までに招集通知を出すという場合には，30日を算入せず29日午前0時から逆算し，4月20日午前0時までに（つまり4月19日中に）招集通知を出さなければならない。

第10章　時　　効

1　時効制度の意義

> ✂ **Case 10-1**　(1)　Ａが自分の土地に隣接しているＢの土地を自分の土地であると
> 考えて耕作を開始してから，15年が経過している。ＢがＡに当該土地の明渡しを求
> めてきたが，Ａはこれに応じなければならないか。
> (2)　Ｂが自分の店で飲食をした客Ａに対して代金の請求をしないまま5年が経過し
> ている。ＢはＡに飲食代金の支払いを求めることはできるか。

時効とは　　たとえば，隣人の所有地を自分の土地だと思って，一定期間継続して占有しているうちに，周りの人もその占有している人の土地であることを疑わなくなる場合がある。また，取引を通じて代金債務があったものの，長い期間が経過した結果，すでに代金を支払ったのか，あるいはまだ支払っていないのか，不明になってしまう場合がある。このように，一定期間ある事実状態が継続した場合に，民法は，その事実状態に応じ，権利の取得を認めたり，権利の消滅を認めることで，すでに存在している事実状態と権利関係とを合致させる制度を用意している。一定の期間，目的物の占有を継続した場合に，権利の取得を認める制度を**取得時効**（▶162条以下）といい，一定の期間，権利の行使がなかった場合に，権利の消滅を認める制度を**消滅時効**（▶166条以下）という。

時効制度の
存在理由　　時効の結果として，他人の物を一定期間継続して使用したり占有することによって自己の所有権が成立したり，金銭等を他人から借りておきながら一定期間が経過すると返還しなくてもよいことになる。このように時効制度というのは，たとえ真の権利関係と合致していなかった場合であっても，本来尊重されるべき真の権利関係ではなく，一定の期間継

続した事実状態を保護する制度である。何ゆえに，真の権利関係に合致していない場合でも事実状態が保護されるのであろうか。この問題は，従来，**時効制度の存在理由**は何かという問題として論じられてきた。伝統的に，①「継続している事実状態の尊重」，②「権利の上に眠る者は保護に値しないこと」，③「証明の困難さ」の3点が時効制度の存在理由としてあげられている。

　①「継続している事実状態の尊重」とは，現在の事実状態に即して形成された法律関係や社会関係の安定の要請を理由にしている。すなわち，ある事実状態が一定期間継続すると，法律関係や社会関係も当該事実状態に基づいて形成されていく。したがって，一定期間継続した事実状態が，後に真の権利関係に合致していないということが明らかになった場合に，真の権利関係を尊重すると，従前の事実状態を前提に権利関係を有するにいたった第三者や，従前の事実状態に基づいて生活をしている当事者等の社会関係に影響せざるをえない。これは，社会的にみれば，著しく不安定な状況である。かかる不安定さを避け，法律関係や社会関係の安定に資するために，時効制度が存在しているというのである。

　②「権利の上に眠る者は保護に値しないこと」というのは，たとえば，金銭の貸主や代金債権を有している売主が，一定の期間，権利を行使できるにもかかわらず，権利を行使しなかった場合には，自らに怠慢があったとしてこれらの者に保護を与えないというものである。

　③「証明の困難さ」とは，時間の経過に伴う証拠の散逸などにより，権利関係を証明することが困難になることを理由にしている。かかる困難さから十分な証拠を収集することができず，権利関係を実際に証明することができなくても，時間の経過がある場合には証明されたことと考えるのである。

　以上の3点が伝統的に時効制度の存在理由としてあげられてきたのであるが，これらの存在理由のどれに力点を置くかによって，異なる時効観を反映した学説の対立がある。

　上記の時効制度の存在理由のうち，①「継続している事実状態の尊重」や②「権利の上に眠る者は保護に値しないこと」は，時効とは非権利者に権利を取得させたり，未弁済者の債務を消滅させる制度であるとする考え方に親和的で

ある。かかる考え方は，時効につき，権利を取得させたり，権利を消滅させる効果を有する実体法上の制度であると位置づける**実体法説**という見解に結びつきやすい。もっとも，実体法説は，③「証明の困難さ」も時効制度の存在理由としてあげてきた。しかしながら，③「証明の困難さ」は，非権利者に権利を取得させたり，未弁済者の債務を消滅させる実体法説的時効観になじまず，一貫性がないと批判されることがある。

　むしろ，③「証明の困難さ」は，本来的に真の権利者であったり，すでに債務を弁済済みであるが，権利の取得原因を証する文書や債務の弁済証書といった証拠書類等が時間の経過の中で散逸し，自己の権利関係を証明することができない場合を想定している。したがって，時効によって保護されるのは，真の権利者や弁済済みの者であり，時効制度を訴訟法上の制度であると位置づける**訴訟法説**という見解に結びつきやすい。訴訟法説の立場によった場合，時効によって利益を得る非権利者や未弁済者は，制度上やむをえない必要悪にすぎないものと位置づけられる。

　伝統的には，かかる２つの見解に分類することが可能であるが，その機能に着目し，「権利消滅」が実体法上の効果であり，「推定」が訴訟法上の効果であるとすれば，直裁に権利消滅説と推定説に二分する方が明快であるとする見解もある。さらに，取得時効と消滅時効を統一的に説明すること自体を批判し，別個に取り扱うことを主張する見解もある。

　時効制度の存在理由につき，いずれの説をとるべきかに関しては，上記①から③に鑑みると一元的な正当化は困難である。現在では，時効制度ごとに上記①から③の理由に照らし多元的な正当化を考えるべきとする立場が有力である。

2　時効の援用と時効利益の放棄

1　時効の援用と援用権者

> **⚑ Case 10-2**　(1)　AがBから金銭の融資を受けてから消滅時効に要する期間が経過しているが，Aは時効を援用していない。このとき，裁判所は，消滅時効を認めることができるか。
> (2)　Aは，Bから金銭の融資を受けるに際して，友人のCを保証人にした。その後，BのAに対する金銭債権について消滅時効に要する期間が経過している。Cは，Bの債権につき，消滅時効を援用することができるか。
> (3)　Aは，Bから金銭の融資を受けるに際して，自己の土地に一番抵当権を設定していたが，後にDからも金銭の融資を受け，Dに対して二番抵当権を設定した。その後，BのAに対する金銭債権について消滅時効に要する期間が経過している。二番抵当権者であるDは，一番抵当権者であるBの債権の消滅時効を援用することができるか。

時効の援用　　時効の完成によって権利を取得したり，債務が消滅することを時効による利益（**時効利益**）という。民法145条は，時効利益を享受しようとする者による**時効の援用**がなければ，時効につき裁判をすることができないと規定している。時効の援用とは，時効利益を享受するという意思の表明である。また，当事者は，**時効利益の放棄**をすることも時効完成後であれば認められる（▶146条の反対解釈）。このように，日本の民法は，時効利益を享受するかしないかに関して，当事者の意思にゆだね，それを尊重する制度を定めている。**Case 10-2**(1)では，債務者であるAが時効を援用していないので，裁判所が消滅時効を認め，時効利益を享受させることはできない。

かかる援用規定につき，弁論主義の現れと理解する見解もある（後述）が，援用規定は，伝統的に，時効利益の享受を援用権者の良心，道義心にゆだねた良心規定と位置づけられている。

時効制度の特質と援用の法的構成　　当事者の意思を尊重する日本法上の時効制度において，時効利益を享受するためには145条が定める時効の援用をしなければならない。他方，取得時効について規定する162条1項

は，「20年間，所有の意思をもって，平穏に，かつ，公然と他人の物を占有した者は，その所有権を取得する」と定め，債権等の消滅時効について規定する166条1項柱書は，「債権は」，同項1号・2号の各期間が経過した場合には，「時効によって消滅する」と定め，当然に時効の効力が生じるかのように規定している。このように，日本民法における時効制度には，矛盾する2つの原則が存在するように思われ，時効の効果はいつ発生するのかに関して従来から議論がある。さらに，前述した実体法説と訴訟法説という時効観の対立も踏まえた議論がある。

　まず，実体法説的理解に基づく見解からみていこう。**確定効果説**は，時効期間の経過によって当然に時効の効果が発生すると理解する。その上で，援用に関しては，これを民事訴訟上の攻撃防御方法と位置づける（**攻撃防御方法説**）。すなわち，訴訟上，攻撃防御方法として提出しなければ，事実と異なる裁判がなされることがあり，時効の援用とは**弁論主義**の帰結であると説明される。しかしながら，確定効果説に対しては，訴訟上主張しなければ裁判上の不利益を被ることは時効に限られないから，何ゆえ時効についてのみ自明の理であることを規定したのか説明できないと批判されている。

　これに対して，時効の効果が発生するためには時効期間が経過するだけでは不十分であり，当事者による援用を条件的に理解する**不確定効果説**という見解がある。不確定効果説は，さらに，援用の位置づけに関して，援用によって時効の効果が発生すると理解する**停止条件説**と，時効期間の経過によって一応時効の効果は生じるが，援用権の放棄によって時効の効果が消滅すると理解する**解除条件説**とに分けられる。また，援用を条件的に捉えるよりも時効期間の経過と並ぶ時効の要件として理解すべきだと主張する**要件説**もある。援用を重視する不確定効果説は，援用規定を良心規定とする理解になじみやすい。解除条件説は，条文の文言には忠実な解釈であるが，説明が複雑になるとされ，現在は，停止条件説が通説であると解されている。

　一方，訴訟法説的理解に基づく見解のうち，時効制度の存在理由を法定証拠であると解する立場によれば，援用は，法定証拠の提出であると解される（**法定証拠提出説**）。法定証拠提出説は，援用を弁論主義の帰結であると解する点で

確定効果説（攻撃防御方法説）と同様であり，同じ批判があてはまる。

　かつての判例は，攻撃防御方法説に立つといわれていたが（★大判明治38・11・25民録11輯1581頁），最高裁により停止条件説に立つ判示がなされたことがある（★最判昭和61・3・17民集40巻2号420頁：百選Ⅰ-37。ただし事案が特殊であり，判例が停止条件説に立つか否かは争いがある）。

援用権者の範囲　　土地などを占有し取得時効の完成によって所有権を取得する者や消滅時効において主たる債務者は，「当事者」といえるから，時効の援用権者に含まれることに問題はない。そのほかに誰を援用権者の範囲に含めるかに関しては議論がある。この点，誰でも時効を援用できると解する無制限説と援用権者を一定の者に制限する制限説とがあった。判例は，制限説の立場から，時効を援用できるのは「時効により直接利益を受ける者」（★大判明治43・1・25民録16輯22頁）に限定してきた（直接受益者基準）。145条は，「当事者（消滅時効にあっては，保証人，物上保証人，第三取得者その他権利の消滅について正当な利益を有する者を含む）」と定め，消滅時効における援用権者につき，従来の判例で認められていた「保証人，物上保証人，第三取得者」をあげた上，「時効により直接利益を受ける者」という表現ではなく，「権利の消滅について正当な利益を有する者」と定めた。これは，従来の「直接」・「間接」という判断基準が実質的に機能していないという批判もあり，「時効により直接利益を受ける者」の実質をより適切に表現することを指向したものであり，従来の判例法理を否定するものではない。したがって「正当な利益を有する者」の解釈にあたっては，従来の判例法理が参考になる（なお，2017年改正により，改正前439条が削除され，連帯債務者の1人についての時効の完成が絶対的効力事由でなくなったので，連帯債務者が自己の負担部分について他の連帯債務者の時効を援用することはできなくなっている）。また，取得時効にも，「正当な利益を有する者」が妥当するという見解もあるが，取得時効では2017年の改正前同様，「当事者」の解釈の問題であるので，従来の議論を述べる。

　当初の判例は，直接受益者基準の下で時効の援用権者の範囲を狭く解してきたが，その後の判例は，直接受益者基準自体は堅持しつつ，時効の援用権者の範囲を拡大している。

　取得時効の場合，係争土地を占有する者から抵当権の設定を受けたり，土地賃借権の設定を受けた者も援用権者に含まれると解される。これに対して，**係争土地上の建物賃借人**が係争土地を占有する者（建物賃貸人）の取得時効を援用することは否定されている（★最判昭和44・7・15民集23巻8号1520頁）。

　消滅時効の場合には議論が多い。145条は，保証人を「権利の消滅について正当な利益を有する者」の一つとして例示している（従来の判例が肯定していた。★大判大正4・7・13民録21輯1387頁〔保証人〕，★大判昭和7・6・21民集11巻1186頁〔連帯保証人〕）。**保証人**は，主たる債務者が債務を履行しない場合に，債務を担保することになる（▶446条1項）ので，主たる債務の消滅時効を援用することが認められれば，保証債務の付従性から保証債務を免れるためである。

　他人の債務のために自己の所有物に担保権（質権，抵当権，譲渡担保など）を設定する者を**物上保証人**という。物上保証人は，他人の債務の消滅時効を援用することが認められれば，自己の財産を喪失せずにすむ。145条は，物上保証人も「権利の消滅について正当な利益を有する者」として例示している（★最判昭和42・10・27民集21巻8号2110頁が肯定していた）。物上保証人の債権者が債権者代位権（▶423条）の転用（➡第3巻 債権総論参照）により，物上保証人の消滅時効を援用することも肯定されている（★最判昭和43・9・26民集22巻9号2002頁）。

　抵当不動産の第三取得者も，被担保債権の消滅時効を援用することが認められれば，自己の取得した財産を喪失せずにすむ。145条は，第三取得者も「権利の消滅について正当な利益を有する者」として例示している（★最判昭和48・12・14民集27巻11号1586頁が肯定していた）。

　そのほかに，従来の判例において，詐害行為の受益者（▶424条）に債権者の債権の消滅時効の援用が認められていた（★最判平成10・6・22民集52巻4号1195頁，大判昭和3・11・8民集7巻980頁を変更）。

　他方，援用権者として認められていないのは，**後順位抵当権者**が先順位抵当権者の被担保債権の消滅時効を援用する場合である（★最判平成11・10・21民集53巻7号1190頁：百選Ⅰ-38は，先順位抵当権者の被担保債権の消滅によって，後順位抵当権者の被担保債権に対する配当額が増加することがあり得ることは「反射的な利

益」にすぎず，「直接利益を受ける者に該当するものではな」いとした）。債務者の**一般債権者**も，債務者の債務が消滅したとしても当然に利益を得る関係にないことから債務者の消滅時効を援用することはできないと解されている（★大決昭和12・6・30民集16巻1037頁）。**表見相続人からの譲受人**も援用権者に含まれない（★大判昭和4・4・2民集8巻237頁）。

　従来の判例理論に対しては明確な基準がないとして批判が加えられ，新たな基準を示すことが模索されてきた。かかる議論は2017年改正後も参考になる。たとえば，「時効によって直接権利を取得しまたは義務を免れる者の他，この権利または義務に基づいて権利を取得しまたは義務を免れる者」とする見解，保証人や第三取得者など問題となっている者の類型に従ってきめ細かく考えるべきとする見解などがあった。さらに，①援用権者は，時効の援用により義務を免れる者でなければならず，時効の援用によって自己の利益が増進するような者は含まれない，②そして「直接の当事者」が「第三者」のために援用すべき関係にある場合には，その第三者に援用が認められるという基準を示す見解がある。

　これに対して，判例理論を肯定的に捉え，その理論枠組みを提示する見解もみられた。たとえば，①「時効を援用しようとする者とその相手方との間に，時効によって消滅する義務や負担といった『直接の法律関係』を見出すことが可能であるか」という基準と，②「そのような『直接の法律関係』が実体法上，当該援用権者と相対的な関係においてのみ消滅したと扱うことができるような『可分』なものであるか」という基準から判例理論を検討する見解がある。この見解に従って判例理論を整理すると次のように解される。保証人の場合，保証人は主たる債務者に代わり債権者に債務を履行するものである以上，債権者との間に「直接の法律関係」を観念でき，保証人が主たる債務の消滅時効を援用すると保証の付従性から保証債務が消滅するが，主たる債務には影響を与えないので「可分」なものといいうる。したがって援用権者に含まれる。これに対し，一般債権者の場合，他の債権者の債権が消滅しても自己の債権には影響を与えず，「直接の法律関係」が認められないため，援用権者に含まれないことになる。一方，後順位抵当権者と先順位抵当権者の関係においては，

優先弁済の順位の先後関係という先順位抵当権によって規律される「直接の法律関係」は存在する。しかし，後順位抵当権者による先順位抵当権者の被担保債権の消滅時効の援用を認めると，その効果は一般債権者を含めたすべての者に及び，後順位抵当権者と先順位抵当権者との相対的な関係においてのみ被担保債権が消滅したと扱うことができず，「可分」なものとはいえない。したがって時効の援用が認められないことになる。

　また，かかる見解により判例を整合的に説明できると評価した上で，さらに判例の立場が正当化される理由を検討する見解もある。それによれば，時効の援用の結果として，①従来の権利者が財産権を失うことに鑑みて「時効を援用できるのは，権利者が時効によって失う権利と同等の財産権を取得し，または維持することになる者に限られる」という基準と，②他人の権利関係に介入することになる点に鑑みて「他人の法的地位を動かさなければ自己の法的地位を保全できない」という基準が指摘され，時効の援用が認められるのは，それぞれの基準を満たす場合であると解されている。

　Case 10-2(2)と(3)において誰が援用権者に該当するかを考えてみよう。まず，いずれの場合でも，主たる債務者であるAがBに対して融資金に関する債権の消滅時効を援用することは問題がない。**Case 10-2**(2)では，Cが保証人となっているが，145条によれば，保証人は，「権利の消滅について正当な利益を有する者」と考えられるから援用権者に含まれる。これに対し，**Case 10-2**(3)においてDは，Bに劣後する後順位抵当権者であるにすぎない。判例理論によれば，後順位抵当権者は，「直接利益を受ける者」であるとは考えられていないため，145条によっても，「権利の消滅について正当な利益を有する者」に該当せず，援用権者には含まれないことになろう。

援用の場所・時期・撤回　時効が援用される場所に関して，取得時効であれば，所有名義人からの所有権に基づく明渡請求訴訟などで，抗弁として取得時効の完成を主張することが典型的な場面である。消滅時効でも，債権に基づく代金支払請求訴訟などで，やはり抗弁として消滅時効の完成を主張することが考えられる。このように，時効は，裁判上の請求に対する抗弁として防御的に援用されることが多い。しかし，積極的に時効を援用することもあ

る。また，時効は，裁判上援用されることを要しない。すなわち，裁判外において援用することもできる。もっとも，裁判外での時効の援用を訴訟において主張したとしても，相手方がそれを争う場合，裁判において主張することになる。そのため，結局，裁判上援用することとあまり変わらない。

　時効は，事実審口頭弁論終結時までに援用しなければならない。ある訴訟で時効の未完成を前提とした判断で結審した場合に，別訴を提起して時効を援用し，前訴を覆すことは認められない（★大判昭和14・3・29民集18巻370頁）。

　いったん時効を援用した当事者であっても，時効利益を享受することが妥当でないと考えることがある。このような場合に援用の撤回が認められるかに関して，これを認める見解がある。また，判例も援用の撤回を認めている（★大判大正8・7・4民録25輯1215頁）。これに対して，援用を時効の実体法上の効力を確定させるものと捉えた上で，援用の撤回は認められないと解する見解もある。

援用の効果の及ぶ範囲　援用の効果の及ぶ範囲は相対的であると解されてきた（**援用の相対効**）。援用権者が複数いる場合に，そのうちの1人が時効を援用しても，その効果は他の援用権者には及ばない。時効を援用するか，時効利益を放棄するかは各自の意思に任されているためである。

　被相続人の占有により取得時効が完成した場合，各共同相続人は，自己の相続分の限度でのみ各自取得時効を援用することができる（★大判大正8・6・24民録25輯1095頁，最判平成13・7・10家月54巻2号134頁）。

援用権の濫用　援用権の濫用が問題になる場合もある。家督相続をした長男が母に対し，老後の生活保障等の目的で農地を贈与し，引渡しを受けた母が20数年間これを耕作し，諸費用を負担した事情の下で，長男が母から農地法3条の所有権移転許可申請に協力を求められたときに，許可申請協力請求権の消滅時効を援用することが信義則に反し，権利の濫用として許されないとされた（★最判昭和51・5・25民集30巻4号554頁が原審東京高判昭和50・7・15民集30巻4号566頁の判断を支持）。

2　時効利益の放棄

> **Case 10-3**　Aは，Bから金銭の融資を受けたが，返済期日がきてもAが返済しないまま時効期間が経過した。
> (1)　しばらくたって，Aは，時効期間の経過を知っていたが，Bに対し時効を援用することはないので少し返済を待って欲しいと懇願した。
> (2)　しかし，その後，Bに猶予してもらったものの，返済が困難であるAは，消滅時効を援用しようと考えている。このような主張は認められるか。

**時効利益の
放棄の性質**　　時効利益の放棄とは，時効利益を受ける者が時効の援用をしない旨の意思を表明することである。民法は，時効利益の享受を当事者の援用にかからしめ，その意思を尊重している。これと同様に，当事者が時効利益を享受しないことを決めた場合にも，その意思は尊重される。

　時効完成前に，予め時効利益を放棄することはできない（▶146条）。時効完成前に時効利益の放棄を認めると，契約を締結する際に，債権者が予め債務者に対して時効利益の放棄を強制し，「時効にかからない債務」を生み出すおそれがある。かかる債務を認めることは，債務者の利益を著しく害することになるため，時効完成前に時効利益を放棄することは認められていない。これに対して，時効完成後に，時効利益を放棄することは認められている。**Case 10-3**(1)におけるAのように，時効完成後に，時効利益を享受することを潔しと考えなかった当事者が，時効利益を放棄したとしても，当事者の権利を格別害することにならないためである。

**信義則による
時効援用権の喪失**　　通常，時効利益を放棄する当事者は，自らが時効を援用できることを認識した上で，時効を援用することを潔しと考えず，時効利益を放棄するものである（➡**Case 10-3**(1)参照）。そして，**Case 10-3**(2)のような場合でも，いったん時効利益を放棄したら，時効を援用することは認められない。これに対して，所定の時効期間が経過したものの，自らが時効を援用できるということを認識せずに当事者が時効利益を放棄することは考えられるであろうか。この問題につき，かつての判例は，時効完成後に債務の存在につき承認した債務者は，時効完成を知って承認したものであると推定するとしていた（★大判大正6・2・19民録23輯311頁など）。かかる判

例理論に対しては，時効完成について知らないために債務者は承認したもので
あると推定すべきであり，経験則に反すると批判が加えられた。このような批
判を受け，最高裁は，推定という不自然な論理に代えて，たとえ時効完成を知らな
かったとしても，かかる承認をした債務者が改めて時効を援用することは信義則
に照らして許されない（時効援用権の喪失）という論理構成により，時効の援用
を制限する判断を下した（★最大判昭和41・4・20民集20巻4号702頁：百選Ⅰ-39）。

**時効利益の放棄・
援用権喪失の効果**　　時効利益の放棄や援用権喪失があった場合，取得時効
については権利の取得が認められなくなり，消滅時効
については権利の消滅が認められなくなる。なお，時効利益の放棄や援用権喪
失の効果は，相対的である。たとえば，主たる債務者が時効利益を放棄した
り，援用権を喪失したとしても，かかる効果は，他の時効の援用権者である保
証人，物上保証人，第三取得者などには及ばない。したがって，保証人らは，
主たる債務者が時効利益を放棄したような場合であっても，自ら時効を援用
し，債務を免れることができる（★大判大正5・12・25民録22輯2494頁〔保証人〕，
前掲最判昭和42・10・27〔物上保証人〕）。また，債務者が消滅時効の完成後に当該
債務を承認した場合であっても，その時から再度の時効が進行することは否定
されていない。したがって，時効利益を放棄した場合であっても，再度消滅時
効に必要な期間が経過すれば消滅時効を援用できる（★最判昭和45・5・21民集
24巻5号393頁）。

3　時効の完成猶予と時効の更新

1　時効障害事由の再構成：中断・停止から完成猶予・更新へ

たとえば，債権の消滅時効が完成する前に，債権者が裁判上債権を行使した
場合，権利者による権利行使の意思が明確にされたといえる以上，時効期間を
そのまま経過させることは適切ではない。また，強制執行の手続が取られた場
合にも，手続の申立ての中には権利者による義務者に対する権利行使の意思が
包含されていると解されるから，時効期間をそのまま経過させることは適切で
はないと考えられる。さらに，裁判によって権利関係が確定した場合や強制執

行の手続が行われた場合には，時効の基礎となる事実状態を覆すような事態が生じたといえるであろうから，時効は改めて進行を開始する。このように，時効期間経過中に権利者によって権利行使がされた場合や強制執行の手続が取られた場合には，まず，進行中の時効の完成が妨げられる効果が認められ，これを時効の完成猶予という。さらに，裁判の結果，権利関係が確定したり，強制執行手続が実行された場合などでは，それまでに進行した時効は効力を失い，新たな時効が進行を開始し，これを時効の更新という。民法は，裁判上の請求等（▶147条）のように時効の完成猶予と更新の効力の双方を認める事由と，仮差押え等（▶149条）のように時効の完成猶予のみの効力を認める事由，承認（▶152条）のように時効の更新のみの効力を認める事由を規定している。

　2017年改正以前，時効の完成を妨げる事由（時効障害事由）は，時効の中断（▶17改正前147条以下）と時効の停止（▶17改正前158条以下）に分けられていた。

　かかる時効障害事由につき，現行法は，権利の行使の意思が明らかにされたと評価できる事由があった場合を時効の完成を妨げる「時効の完成猶予」とし，権利の存在が確定されたと評価できる事由があった場合を新たな時効が進行を始める「時効の更新」としている。これに，2017年改正以前「裁判上の催告」として議論されてきた，中断事由に該当する裁判上の請求などがされたものの権利が確定しなかった場合の効果も規律することとされ，従来の時効の停止，「裁判上の催告」および裁判外での「催告」が「時効の完成猶予」に包括して規律されている。

2　時効の完成猶予事由および更新事由に該当する場合

　上記のように民法は，裁判上の請求等（▶147条）や強制執行等（▶148条）を時効の完成猶予事由とするとともに時効の更新事由として定めている。

裁判上の請求等　　（1）**裁判上の請求**　　裁判上の請求とは，裁判を通じて権利者が自己の権利を行使することをいう。裁判外の請求は，後に述べる催告の問題となる。

　裁判上の請求がなされた場合，まず，訴訟が終了するまでの間は，時効が完成しないという時効の完成猶予が認められる（▶147条1項）。さらに，訴えが

却下されたり，訴えが取り下げられるなどして「確定判決又は確定判決と同一の効力を有するものによって権利が確定することなくその事由が終了した場合」には，「その終了の時から6箇月を経過するまでの間」時効の完成猶予が認められる（▶同項1号）。これに対して，裁判上の請求が行われ，「確定判決又は確定判決と同一の効力を有するものによって権利が確定したとき」，「時効は，同項各号に掲げる事由が終了した時から新たにその進行を始める」という時効の更新が認められる（▶147条2項）。

どのような場合が，裁判上の請求に該当するかについて，判例は，これを緩やかに解している。すなわち，給付訴訟が提起された場合のみならず，確認訴訟があった場合や反訴を提起した場合でも，裁判上の請求があったとする。これに対して第三者の申し立てた競売手続で抵当権者が債権の届出（▶民執50条）をしても，債権の存在を主張してその確定を求めたり，債務の履行を求めたりするものではなく，裁判上の請求または破産手続参加，差押えその他の消滅時効の中断事由に該当しないとされた（★最判平成元・10・13民集43巻9号985頁，最判平成8・3・28民集50巻4号1172頁）。

また，裁判上の請求が更新事由に該当すると考えられる場面には，債務者から提起された債務不存在確認訴訟に応訴した債権者が勝訴した場合（★大連判昭和14・3・22民集18巻238頁）や所有権移転登記手続訴訟において，相手方の主張した取得時効を争って勝訴した場合（★最大判昭和43・11・13民集22巻12号2510頁）も応訴の時点で裁判上の請求があったと認めている（消滅時効の事例として，★最判昭和44・11・27民集23巻11号2251頁）。これらの事例では，権利が確定しているので，当該事由が終了した時から時効の更新の効果が認められると解される。

債権の一部について請求する一部請求がなされた場合，残部についても時効の中断の効力が及ぶかが従来議論されてきた。この問題に関して，従来の判例は，一部請求の趣旨が明示されている場合，債権の残部について時効の中断の効力は及ばないとした（★最判昭和34・2・20民集13巻2号209頁）一方，明示的な一部請求の提起でも，残部について裁判上の催告としての効力は認められている（★最判平成25・6・6民集67巻5号1208頁）。これに対して一部請求の趣旨

が明示されていない場合，一部の請求であっても債権の同一性の範囲内におい
て債権全額について時効の中断の効力が及ぶ（★最判昭和45・7・24民集24巻7
号1177頁）としていた。他方で一部請求の場合も，債権者が自己の権利を行使
しており，一部であっても裁判所の判断が示されることから，全部について時
効の中断を認める見解も有力であった。2017年改正は，この問題について特定
の立場をとっていないが，従来の判例に照らすと，債権の一部請求がなされた
場合，明示的な一部請求か否かにかかわらず，権利が確定することなくその事
由が終了した場合，「その終了の時から6箇月を経過するまでの間」残部につ
いても時効の完成猶予の効力が認められる。これに対して，権利が確定して終
了した場合には，明示的な一部請求か否かによって結論が分かれることにな
る。明示的な一部請求であった場合，明示された一部について時効の更新の効
力が生じ，特段の事情がないかぎり残部については「その終了の時から6箇月
を経過するまでの間」時効の完成猶予の効力のみが認められる。一部請求の趣
旨が明示されていない場合，全部について時効の更新の効力が生じる。

　(2)　**支払督促**　　金銭その他の代替物または有価証券の一定の数量の給付を
目的とする請求につき，支払督促が認められている（▶民訴382条以下）。支払督
促もその終了までの間は，時効の完成猶予の効力が認められる。債務者が電子
支払督促［令和4年法律第48号の施行日までは「支払督促」］の送達を受けた日から
2週間以内に督促異議の申し立てをしないときは，債権者は仮執行宣言の申立
てをしなければならない（▶民訴391条1項）。仮執行宣言付き支払督促に対して
督促異議の申立てがないとき，または督促異議の申立てを却下する決定が確定
したときは，支払督促は，確定判決と同一の効力を有し（▶民訴396条），時効
の更新の効力も認められる。一方，支配督促が行われ，相手方から異議がない
にもかかわらず，民事訴訟法392条の期間内（30日以内）に仮執行宣言の申立て
をしない場合，支配督促は効力を失い，「その終了の時から6箇月を経過する
までの間」時効の完成猶予の効力のみが認められる（▶147条1項2号）。

　(3)　**和解または調停**　　和解または調停にもその終了までの間は時効の完成
猶予の効力が認められる。さらに，当事者から訴え提起前の和解（▶民訴275条
1項）の申立てがあり，和解が調い，電子調書を作成し，これをファイルに記

録〔令和４年法律第48号の施行日までは「調書に記載」〕したときは，その記録は，確定判決と同一の効力を有し（▶民訴267条），時効の更新の効力が認められる。また，民事調停法もしくは家事事件手続法に基づく調停の申立て（▶民調２条，家事255条１項）がなされ，調停が成立し，調書に記載したときは，裁判上の和解と同一の効力（▶民調16条），または確定判決と同一の効力（▶家事268条１項）を有し，時効の更新の効力を有する。一方，和解や調停が成立しなかったときは，「その終了の時から６箇月を経過するまでの間」時効の完成猶予の効力のみが認められる（▶147条１項３号）。

（4）**破産手続参加，再生手続参加，更生手続参加**　破産手続参加とは，自己の債権の弁済を受けるために破産手続に参加しようとする債権者が自己の債権を届け出ることである（▶破111条）。破産手続参加は，権利の明確な行使であり，その終了までの間は時効の完成猶予の効力が認められる。さらに，破産手続終結の決定（▶破220条）があったときは，確定した破産債権については，破産債権者表の記載は確定判決と同一の効力を有し（▶破221条１項），時効の更新の効力を生ずる。一方，債権者が届出を取り下げたり，届出が却下されたときは，「その終了の時から６箇月を経過するまでの間」時効の完成猶予の効力が認められるにとどまる（▶147条１項４号）。再生手続参加（▶民再94条），更生手続参加（▶会更138条）があった場合も同様である。

強制執行等　（1）**強制執行**　強制執行とは，特定の権利者により，特定の義務者に対する私法上の給付請求権の満足を目的としてなされるものである（▶民執22条以下）。強制執行には，差押えを伴う強制執行や差押えを経ない代替執行や間接強制なども含まれる。強制執行には時効の完成猶予および時効の更新の効力が認められる。これは，強制執行がなされると，債権者が権利の実行に着手することにより，もはや権利の上に眠る者ではなくなり，永続した事実状態が変更するためであると解される。このような趣旨は，強制執行のほかにも以下にみる担保権実行としての競売などにも認められるから，これらにも時効の完成猶予ならびに時効の更新の効力が認められる。

強制執行等の申立てがなされると，その終了までの間は時効の完成猶予の効力が認められ，その事由が終了した時から時効の更新の効力が認められる。一

方，「申立ての取下げ又は法律の規定に従わないことによる取消しによってその事由が終了した場合」，「その終了の時から6箇月を経過するまでの間」時効の完成猶予の効力が認められる（▶148条1項1号・2項）。

　(2)　**担保権の実行**　　担保権の実行には，担保権の実行としての競売のほか，担保不動産収益執行（▶民執180条以下）や物上代位（▶304条）が含まれる。

　担保権の実行は，強制執行手続ではないが，判例上，従来差押えに準じて時効の中断の効力が認められてきた（★最判昭和50・11・21民集29巻10号1537頁）。担保権の実行が申し立てられた場合，その終了までの間は時効の完成猶予の効力が認められ，終了の時から時効の更新の効力が認められるが，「申立ての取下げ又は法律の規定に従わないことによる取消しによって」終了した場合，「その終了の時から6箇月を経過するまでの間」時効の完成猶予の効力が認められる（▶148条1項2号・2項）。

　(3)　**担保権の実行としての競売の例による競売**　　担保権の実行としての競売の例による競売には，「留置権による競売」と「民法・商法その他の法律の規定による換価のための競売」がある（▶民執195条）。これらは，請求権の実現を直接その目的とするものではないので，形式的競売と呼ばれる。形式的競売は，請求権の実現を直接その目的とするものではないが，債権者としての権利行使の側面も否めないことや，留置権に基づく競売において，留置権者に配当を行う場合もありうることから，「差押え」と同様に取り扱うべきとされてきた。担保権の実行としての競売が申し立てられると，その終了までの間は時効の完成猶予の効力が認められ，終了の時から時効の更新の効力が認められる。一方，「申立ての取下げ又は法律の規定に従わないことによる取消しによって」終了した場合，「その終了の時から6箇月を経過するまでの間」時効の完成猶予の効力が認められる（▶148条1項3号・2項）。

　(4)　**財産開示手続等**　　財産開示手続とは，一定の要件の下で，債務者に自己の財産を開示させる手続である（▶民執196条以下）。第三者からの情報取得手続とは，強制執行の準備のために取得する必要性が高い情報を債務者以外の第三者から取得する手続である（▶民執204条以下）。これらの手続は，直接的には債権者の権利を満足させることを目的とした手続ではないが，債務名義を有す

る権利者による権利実現に向けた手続であることや，仮差押え，仮処分のような暫定性がないことから，時効の完成猶予ならびに時効の更新の効力が認められる。

　財産開示手続または第三者からの情報取得手続の申立てが行われると，その終了まで時効の完成猶予の効力が認められ，終了の時から時効の更新の効力が認められる。一方，「申立ての取下げ又は法律の規定に従わないことによる取消しによって」終了した場合，「その終了の時から 6 箇月を経過するまでの間」時効の完成猶予の効力が認められる（▶148条 1 項 4 号・ 2 項）。

3　時効の完成猶予事由のみに該当する場合

仮差押え等　仮差押えや仮処分などの民事保全手続の開始には債務名義は不要であり，その後に裁判上の請求によって権利関係が確定することが予定されているものである。このような民事保全手続の暫定性から，時効の更新の効力を認める必要はなく，時効の完成猶予の効力のみが認められている。仮差押えや仮処分の申立てがあると，「その事由が終了した時から 6 箇月を経過するまでの間」時効の完成猶予の効力が認められる（▶149条）。

催　告　裁判外の請求は，催告として裁判上の請求と区別されている。催告があったときは，「その時から 6 箇月を経過するまでの間」時効の完成猶予の効力が認められる（▶150条 1 項）。

　いったん催告がなされ，時効の完成猶予の効力が生じている間に，再度催告がなされることが考えられるが，このような催告には，時効の完成猶予の効力は認められていない（▶同条 2 項）。催告を繰り返すことで時効の完成を引き延ばすことを認めない趣旨である（★大判大正 8 ・ 6 ・30民録25輯1200頁の明文化）。

協議を行う旨の合意　当事者間において権利関係を自発的に解決するために協議が行われる場合があるが，協議が行われている間に時効期間が経過してしまうと，それを阻止するために，裁判上の請求などの手続をとる必要が出てくる。しかしながら，協議継続中にかかる手段を行うことは協議による自発的な解決には必ずしも有意義とはいえない。そこで，当事者間において協議を行う旨の合意がなされた場合には，時効の完成猶予の効力を認めること

とされている。当事者間で協議が行われている間は，当事者が証拠の保全に努めることが通常であることや，権利者による義務の履行を請求する通知にすぎない催告にも時効の完成猶予の効力が認められているが，協議の合意にも権利者による義務者に対する権利行使の意思が現れているといえることが理由とされている。

協議を行う旨の合意は，「書面」でされる必要がある（▶151条1項）。この場合，「その合意があった時から1年を経過した時」（▶同項1号），「その合意において当事者が協議を行う期間（1年に満たないものに限る。）を定めたときは，その期間を経過した時」（▶同項2号），「当事者の一方から相手方に対して協議の続行を拒絶する旨の通知が書面でされたときは，その通知の時から6箇月を経過した時」（▶同項3号）の「いずれか早い時までの間」，時効の完成猶予の効力が認められる（▶151条1項柱書）。

協議を行う旨の合意が書面でなされ，時効の完成が猶予されている間に，再度の合意がなされた場合，「時効の完成猶予の効力を有する」。紛争解決の協議は，長期間かかる場合があるためである。もっとも，「その効力は，時効の完成が猶予されなかったとすれば時効が完成すべき時から通じて5年を超えることができない」として，協議を行う旨の合意が繰り返された場合でも，時効の完成猶予の効力は5年が上限とされている（▶同条2項）。

催告（▶150条）によって時効の完成が猶予されている場合に，協議を行う旨の合意がされたときには，時効の完成猶予の効力が認められないものとされている（▶151条3項前段）。再度の催告に時効の完成猶予の効力が認められない（▶150条2項）のと同様の趣旨である。協議を行う旨の合意により時効の完成が猶予されている場合に，催告がされた場合も同様である（▶151条3項後段）。

> **▓ Case 10-4** BはAに対し金銭の融資をしたが，履行期日がきてもAは返済しなかった。Bは辛抱強くAの返済を待っていたが，いっこうにAが返済しないので，時効期間の満了する前日になって裁判所に行き，訴訟を提起しようとした。ところが，大地震が起こったために，訴えを提起することができなくなった。このような場合でも，Bは時効の完成に甘んじなければならないか。

その他の完成
猶予事由　　その他の時効の完成猶予事由に，時効期間満了 6 か月前に
未成年者または成年被後見人に法定代理人がいない場合，
その未成年者または成年被後見人が行為能力者になった時または法定代理人が
就職した時から 6 か月経過するまでの間は，時効は完成しない（▶158条 1 項）
とする人的障害（他の人的障害について▶158条 2 項から160条参照）と天災等によ
る外部的障害（▶161条）がある。

　天災等が起こったために，時効の更新事由に該当する手続がとれない場合に
は，「その障害が消滅した時から 3 箇月を経過するまでの間」時効の完成が猶
予される（▶161条）。

　Case 10-4 では，Bは地震のため時効の更新ないし完成猶予のための措置で
ある訴訟の提起ができなくなっている。かかる場合は161条に定める時効の完
成猶予事由に該当するため，一時的に時効の完成が猶予される。

4　時効の更新事由のみに該当する場合

> **Case 10-5**　Aは，Bの店で食事をしたが，Bに会うたびに「いつか払う」と言
> いながら代金を支払わないまま，食事をしてから 5 年が経過した。このような場
> 合，Aには消滅時効の援用が認められるか。

　承認は，時効により利益を受ける者が時効により権利を失う者に対して権利
の存在を認めることである。「権利の承認があったときは，その時から」時効
の更新の効力が認められている（▶152条 1 項）。時効により利益を受ける者が
相手方の権利を認める以上，時効の更新の効力を認めてよいと考えられ，権利
者側の積極的な行為を要する他の更新事由に比較して緩やかに認定される。

　承認の具体例として従来認められてきたものとして，支払猶予の懇請，手形
書換の承諾，債務の利息の支払い，債務の一部弁済，反対債権による相殺など
がある。これに対して，債権者が反対債権で相殺の意思表示をした場合に債務
者が異議を述べなかったこと（★大判大正10・2・2民録27輯168頁），利息債権に
ついての強制執行に対し異議を述べなかったこと（★大判大正11・4・14民集 1
巻187頁）は，承認とならないとされている。また，保証人が主たる債務を相続

したことを知りながら保証債務を弁済した場合，特段の事情がない限り，主た
る債務者による承認として主たる債務の消滅時効を中断するとされた（★最判
平成25・9・13民集67巻6号1356頁）。

　権利の承認をするには，「相手方の権利についての処分につき行為能力の制
限を受けていないこと又は権限があることを要しない」とされている（▶152条
2項）。承認は，事実として相手の権利を認めるだけであり，自己の財産の保
存または利用といった管理行為であるからとされている。もっとも，承認をす
るためには，管理能力ないし管理権限がなければならない。したがって，管理
能力のない成年被後見人や法定代理人の同意を得ていない未成年者，代理権限
のない無権代理人が承認したとしても有効な承認とならず，時効の更新の効力
は生じないと解される。

　Case 10-5 では，食事の日から飲食代の時効期間である5年（▶166条1項1
号）が経過しており，Aの飲食代は時効によって消滅するように考えられる。

Further Lesson 10-1
▶▶▶▶▶　保証人による時効の援用

　保証人は，主たる債務者がその債務を履行しないときに，その履行をする責任を
負う（▶446条1項）。主たる債務について，時効期間完成前に，債権者から保証債
務の履行を求められた保証人が承認をした場合，保証債務について時効は更新され
ることになる（▶152条1項）。一方，主たる債務と保証債務は別の債務であるか
ら，保証人の承認は主たる債務の更新事由に該当せず（承認による時効の更新の相
対性▶153条3項）），主たる債務について時効期間は経過していく。その結果，主
たる債務の時効期間が経過した場合，主たる債務者は時効の完成を主張することが
認められることになるが，このとき，保証人は主たる債務が時効によって消滅する
にもかかわらず，時効の更新の結果，保証債務を負担し続けなければならないのだ
ろうか。保証債務は，性質上主たる債務に付従すること（保証債務の付従性）に鑑
みると，かかる結論は妥当ではない。保証人が時効完成前に保証債務を承認した場
合や保証債務を一部履行した場合であっても，特段の事情がない限り，主たる債務
の当事者でない保証人には時効援用権は制限されないものと解されている（★最判
平成7・9・8金法1441号29頁が原審東京高判平成7・2・14判時1526号102頁の
判断を支持）。また，保証債務の付従性に鑑みれば，時効完成後に保証人が主たる
債務を承認したような場合でも，主たる債務者とは異なって，改めて時効を援用す
ることが認められるべきであろう（前掲★東京高判平成7・2・14参照）。

しかし，AはBに会うたびにいつか払う旨述べており，承認が行われている。これにより時効は更新されるために，AのBに対する債務は消滅していないことになる。

5　時効の完成猶予または時効の更新の及ぶ者の範囲

　時効の完成猶予または時効の更新の効力が及ぶ人的範囲は，それぞれの事由が生じた当事者およびその承継人の間に限定されている（▶153条）。また，強制執行等（▶148条）や仮差押え等（▶149条）の手続は，時効利益を受ける者に対してしないときは，その者に通知をした後でなければ，時効の完成猶予または時効の更新の効力を生じない（▶154条）。例えば，保証人に対して強制執行等を行う場合には，主たる債務者への通知をした後でないと，主たる債務者に対し時効の完成猶予や時効の更新の効力は生じない。このように，時効の完成猶予または時効の更新の及ぶ範囲は限定されており，相対効を有するに止まる。保証人が保証債務と主たる債務を承認した場合，保証債務の時効は中断するが，主たる債務の時効は中断しない（★大判昭和10・10・15新聞3904号13頁）。物上保証人が主たる債務を承認しても，2017年改正前147条3号の承認に該当せず，債務者との関係だけでなく，物上保証人との関係でも時効は中断しないとされている（★最判昭和62・9・3判時1316号91頁）。

　もっともかかる相対効には，例外規定（▶284条2項・292条・457条1項など）があるほか，判例上も，担保権の付従性や396条の趣旨を理由に，債務者が承認した場合に主たる債務に生じた時効中断の効力を物上保証人が否定することは認められないとした事例がある（★最判平成7・3・10判時1525号59頁）。

4　取　得　時　効

1　取得時効の意義

> ■ **Case 10-6**　Aは，甲土地が自分の取得した土地に含まれているものと考え，15年間使用してきた。その後，甲土地の所有者を名乗るBから土地の返還を求められた。Aは，甲土地が自己所有地であることを証明する文書等を所持していないと

き，Bの請求に応じなければならないか。

Case 10-6では，Aが甲土地を自己の土地だと信じて一定期間使用してきた
ところ，その土地の所有者だというBから土地の明渡しを求められている。A
は，どうすればよいのであろうか。このような場合に，Aは，一定期間当該土
地を使用することによって自らの生活環境を作っている場合もあろうし，A以
外の第三者に土地を貸すなどの法律関係を設けている場合も考えられる。他方
で，Aが積極的に自己の所有権を証明する文書や登記などを欠いている場合も
考えられる。**取得時効**とは，このような場合に，一定期間，土地などの権利の
目的物を「所有の意思」をもって「平穏に，かつ，公然と」占有し続けてきた
者に権利を取得させる制度である。

　裁判上，取得時効が問題となる場合には，土地に関する所有権などの所在が
当事者の間で争われている。典型的には不法占拠者と所有者との紛争が考えら
れるが，それだけでなく，目的物につき二重譲渡がなされた場合や，境界を越
えて隣地を使用し，それが継続していた場合，相続を通じて土地の所在につき
紛争が生じた場合，いったん譲渡がなされたものの，取消等により譲渡が失効
した場合などがある。

2　所有権の取得時効

> **❖ Case 10-7**　Aは，B所有の土地について賃貸借契約を結んで以来，20年にわ
> たって当該土地を占有，使用してきた。20年にわたって土地を占有，使用してきた
> ことを理由に，Aが本件土地の所有権を取得することが認められるか。

長期取得
時効の要件　　(1)　**20年の占有**　　162条1項によれば，①20年の占有，②
「所有の意思」をもって占有すること，③「平穏に，かつ，
公然と」占有すること，④「他人の物」を占有することが，長期取得時効の要
件とされている。

　162条1項の定める取得時効は，同条2項の短期取得時効と異なり，占有の
開始時に善意であることや無過失であることも要求されず，たとえ悪意であっ

ても20年間占有することによって時効取得が認められる。

時効期間継続中に占有を失った場合を**自然中断**といい，時効は中断する（▶164条）。自然中断には時効の完成猶予等の相対効の規定（▶153条）は適用されない。

（2）**「所有の意思」をもって占有すること**　　取得時効が成立するために必要である「所有の意思」をもって目的物を占有することとは，自らが所有する意思をもって目的物を占有することである。かかる占有を**自主占有**という。**Case 10-6** において，Aは，甲土地を自分の土地であると信じて占有している。これに対し，**Case 10-7** におけるAは，Bの土地の賃借人にすぎない。賃借人は，他人の物を占有するが，自らが所有する意思はない。このような占有を**他主占有**という。したがって，賃借人がいくら長期間所有者の物を占有していたとしても，時効によって所有権を取得することはない。

自主占有か他主占有かにつき，通説および判例では，占有者の内心の意思によって決まるのではなく，占有を取得することになった原因行為の性質から外形的客観的に定まるとされている（★最判昭和45・6・18判時600号83頁，最判昭和58・3・24民集37巻2号131頁など）。したがって，売買契約に基づく買主の占有は自主占有であり，賃貸借契約に基づく賃借人の占有は他主占有ということになる。窃盗により占有を開始した者の占有は自主占有であるとされている。

このように自主占有であるか，他主占有であるかは，時効の成否にとって重要な問題である。もっとも占有は，186条により自主占有であることが推定されるため，他主占有であることを主張する側が「所有の意思」がないことを主張立証しなければならない。すなわち，外形的客観的にみて，占有者には他人の所有権を排斥して占有する意思がなかったものとされる事情（前掲★最判昭和58・3・24）を証明しなければならない。

（3）**「平穏に，かつ，公然と」占有すること**　　「平穏」とは「強暴」ではないことであり，「公然」とは「隠秘（隠匿）」ではないことである。したがって，暴力的に占有を開始したり，真の所有者に発見されないように秘匿して占有を開始したような場合には時効取得することはできない。186条は，「平穏に，かつ，公然」の占有を推定する。したがって，時効の成立を争う側が，

「平穏に，かつ，公然」の占有でないことを主張，立証しなければならないことに注意を要する。

　(4)　「他人の物」を占有すること　　162条は，「他人の物」を占有すること

Further Lesson 10-2
▶▶▶▶▶ 占有の開始の起算点

　判例および通説は，占有が開始された時を起算点とし，そこから時効期間の経過を計算する（★最判昭和35・7・27民集14巻10号1871頁）。これに対して，取得時効制度の存在理由（継続した事実状態から生じる真実の蓋然性および継続した事実状態の保護の要請）や取得時効が問題となるような場合には占有の開始時を確定することが困難であることなどを根拠に，起算点の任意選択を認め，訴え提起時より逆算して20年の占有の経過があれば時効取得を認める見解（逆算説）がある。また，20年の長期の取得時効と162条2項に定める10年の短期取得時効とを分けて取り扱う見解がある。それによれば，前者が問題となる場合は，取引を介在せず占有を取得する場合が多く，占有開始時の確定が困難であることから起算点の確定は必要ないとされる。その一方，後者を取引行為に関する規定と解した上で，かかる場合には占有開始時を確定することが困難でないこと，占有開始時に善意・無過失を要件とすることなどを理由にして，起算点を確定することが必要とする（162条2項の短期取得時効について，➡303頁，**Topic 10-1** 参照）。

Further Lesson 10-3
▶▶▶▶▶ 他主占有から自主占有への転換

　時効取得するためには自主占有でなければならないが，185条は，賃借人のような他主占有をする者が自主占有へ転換することについて定めている。他主占有から自主占有への転換が認められるのは，第1に，占有者が「自己に占有をさせた者に対して所有の意思があることを表示」する場合である。具体的には，賃借人が賃貸人に対して所有の意思があることを表示する場合を考えればよい。もっとも通常であれば，このような意思が表示されることは考えにくい。ただし判例には地代等の支払い拒絶を「所有の意思」の表示にあたるとした事案がある（★最判平成6・9・13判時1513号99頁）。第2に，「新たな権原により更に所有の意思をもって占有を始める」ことがある。賃借人が賃借物を購入し，買主として占有を開始する場合などがこれにあたる。相続がここでいう新権原に該当するかが争われており，判例の立場は明確ではないが，相続人が新たに土地建物を事実上支配することにより占有を開始したということができ，相続人による事実的支配が，外形的客観的にみて所有の意思に基づくものといえる場合に，取得時効の完成を認めたものがある（★最判昭和46・11・30民集25巻8号1437頁，最判平成8・11・12民集50巻10号2591頁：百選 I -63）。

を取得時効の要件としている。通常，自己の物をさらに自らが時効取得することは考えられないため，かかる要件が定められている。しかしながら，時効制度には証明困難の救済という存在理由があることに鑑みると，自己の物の占有であるというだけで時効取得の主張を排除するべきではない。また，訴訟法説の立場では，取得時効の対象は自己の物であるはずである。判例も「所有権に基づいて不動産を永く占有する者であっても，その登記を経由していない等のために所有権取得の立証が困難であったり，または所有権の取得を第三者に対抗することができない等の場合において，取得時効による権利取得を主張できると解することが制度本来の趣旨に合致するものというべき」であると判断

✐ Topic 10-1
162条2項の短期取得時効と即時取得の関係

　2004年改正による民法の現代語化以前の162条2項は，「十年間所有ノ意思ヲ以テ平穏且公然ニ他人ノ不動産ヲ占有シタル者カ其占有ノ始善意ニシテ且過失ナカリシトキハ其不動産ノ所有権ヲ取得ス」（傍点は筆者による）と規定しており，沿革上，同項の短期取得時効は，「平穏且公然ニ動産ノ占有ヲ始メタル者カ善意ニシテ且過失ナキトキハ即時ニ其動産ノ上ニ行使スル権利ヲ取得ス」（傍点は筆者による）と定める動産の即時取得（▶2004年改正前192条）に対応する不動産取引安全のための制度であると位置づけられる。占有開始時に善意であればよいとする解釈は，同規定を取引安全の制度とする理解になじみやすい。しかしながら，その後の判例，学説は，162条2項の短期取得時効を取引行為によって不動産を占有するにいたった者だけでなく，越境による占有を開始した者にも適用するようになった。さらに192条の即時取得が解釈上取引行為によって動産の占有を取得した者に適用範囲が限定されたため，162条2項の短期取得時効の動産への適用も認められると解されてきた。これを受けて，2004年改正によって162条2項の適用対象が「不動産」から「物」に改正されている（さらに192条も「取引行為によって」という文言が挿入され，従来の解釈を追認するかたちで改正された）。このような162条2項に関する判例，学説の展開に鑑みた場合，同条項を取引安全のための制度としてのみ解することはできなくなっている。学説の中には，取引行為によって不動産の占有を取得するようになった場合には，善意・無過失は占有開始時に存すればよいとするが，越境などの取引行為以外による占有取得の場合には，占有の開始時という限定は意味をもたないため，10年間を通じて善意・無過失の継続を要するという見解もある。

Further Lesson 10-4

▶▶▶▶▶　占有の継続と占有の承継

　取得時効が成立するためには162条1項に基づき「20年間」，同条2項に基づく場合には「10年間」占有が継続していることが必要である。もっとも，「20年間」あるいは「10年間」占有し続けていたことを証明することは困難である。そのため，占有の継続に関しては，186条2項が「前後の両時点において占有をした証拠」を示せば「占有は，その間継続したものと推定する」と規定している。

　また，前の占有者からの占有の継続が問題となる場合がある。たとえば，Aがある土地をBから譲渡され，8年間の占有が経過したとき，Cが当該土地は自己の物であると主張して明渡しを求めてきたとする。このとき，Aが占有していた8年間では，取得時効に必要な期間を充足しない。しかし，Bが5年間占有していた場合には，Cからの請求に対してAにBの占有をあわせて主張することが認められれば，Aは，取得時効を援用できそうである。187条1項は，「占有者の承継人は，その選択に従い，自己の占有のみを主張し，又は自己の占有に前の占有者の占有を併せて主張することができる」と定め，**占有の承継**を認める（さらにBの前主がいる場合Aには Bの前主からの占有の承継も，Bからの占有のみの承継も選択できる〔★大判大正6・11・8民録23輯1772頁〕）。もっとも，同条2項は，「前の占有者の占有を併せて主張する場合には，その瑕疵をも承継する」と定める。「瑕疵をも承継する」とは，前の占有者が占有の開始時に悪意であったというように，前の占有者の占有が瑕疵ある占有であった場合，その性質をも承継するということである。

　善意・無過失の要件は，前の占有者だけ要求されるのか，占有の承継を主張する当事者にも要求されるのかに関しては，悪意または有過失の占有者に時効による利益を享受させることは妥当ではないとして両当事者に要求する見解と，最初の占有者のみを問題とすればよいとする見解とが対立している。かかる場合に，すべての占有者が善意・無過失であることを要求すると，目的物を奪われた現在の占有者から善意・無過失の前の占有者が移転した権利の債務不履行責任を問われることになる（▶561条・415条参照）。かかる結果は適切ではないことから，判例は，最初の占有者のみを問題とすればよいと解している（★最判昭和53・3・6民集32巻2号135頁：百選Ⅰ-42）。

　したがって，Aは，Bの占有をあわせて主張することが可能であるが，Bの占有が瑕疵ある占有であった場合，その性質も承継する。本事例では，Aの8年間の占有とBの5年間の占有をあわせると13年間になる。判例理論によれば，最初の占有者であるBが善意・無過失で占有を開始していれば，Aは162条2項の短期取得時効を主張することができるから，Cからの土地明渡請求に対して，応じなくてもよい。Bが占有開始時に悪意であった場合には，162条2項の短期取得時効の主張はできず，同条1項が要求する期間には占有期間が及ばないため，Cからの土地明渡請求に応じざるをえないということになる。

し，自己の物であっても取得時効の対象となると解している（二重譲渡の事例として★最判昭和42・7・21民集21巻6号1643頁：百選Ⅰ-41，契約当事者間の事例として★最判昭和44・12・18民集23巻12号2467頁）。

> **短期取得
> 時効の要件**　162条2項は，①10年の占有で権利を取得する場合を定めており，1項の②から④の要件に加えて，⑤占有の開始の時に「善意であり，かつ，過失がなかった」ことを必要としている（**短期取得時効**）。

(1)　**10年の占有**　162条2項は，同条1項と異なって，10年の占有で取得時効が成立すると定めているが，占有開始時に善意・無過失であることが要求されている。

(2)　**占有開始時における善意・無過失**　通常，善意とは，「知らないこと」であり，ここでは自分の所有物ではないことを知らないことと解されそうであるが，162条2項に定められている善意・無過失とは，自分の所有物であることを信じており，さらに信じることにつき過失がないことと解されている。

186条1項によって占有者は善意であることが推定されるが，無過失は推定されないため，無過失を主張する側がこれを証明しなければならない（これに対して即時取得〔▶192条〕では188条により前主の占有の適法性が推定される結果，これを信頼して取引に入った者の無過失も推定される）。過失の有無に関しては，当該場面でどこまでの調査，確認を求めることができるかに従って判断される。自作農創設特別措置法に基づき国から土地の売渡しを受けた者が，売渡しによって自己が所有者になったと信じるのは当然のことであり，売渡処分に瑕疵（無効原因等）のないことを確かめなくても過失があるとはいえないとされている（★最判昭和41・9・30民集20巻7号1532頁）。登記簿の確認は，判例が分かれており，土地の売主が6年余にわたり所有者として一部隣地所有者の土地を含む同土地を占有し，隣地所有者と境界紛争もなく経過した後，同土地を買い受け，自主占有を開始した者が登記簿等を調査しなくても，占有開始時に過失はなかったとされた（★最判昭和52・3・31判時855号57頁）。これに対して，相続人が登記簿等に基づき実地に調査すれば土地の一部が他人の所有地であることを容易に知り得た場合は過失があるとされている（★最判昭和43・3・1民集22巻3号491頁）。国からの払い下げを受けた際，賃借地の境界を確認しなかった場合

も過失があるとされた（★最判昭和50・4・22民集29巻4号433頁）。

「占有の開始の時」に善意・無過失であればよく（★大判明治44・4・7民録17輯187頁），後に悪意に変わったとしても162条2項による短期取得時効を主張することができる。

> **▓ Case 10-8**　Aが占有開始時に善意かつ無過失で，10年間，所有の意思をもって平穏かつ公然とB名義の甲土地を占有した。Aの占有開始から8年めに，甲土地にBがCに対して抵当権を設定していた。Aが取得時効により本件土地の所有権を取得した場合，Cの抵当権の効力は，Aの所有権にも及ぶか。

取得時効の効果　　取得時効の効果は，所有権の取得時効の場合には，所有権を取得することである。

Case 10-8 では，Aは，162条2項による取得時効の要件を満たしているので，Aが時効を援用すれば，Aは，甲土地の所有権を取得する。

取得時効による所有権の取得は，他人の権利を承継する承継取得ではなく，独立して新たに権利を取得する**原始取得**と解されており，取得時効により所有権を取得した者は，旧来の所有権に付されていた負担を引き受けない。したがって，**Case 10-8** では，甲土地にはCの抵当権が設定されているが，Aが新たに取得する所有権にはCの有する抵当権の効力は及ばないことになる。

時効の効力は，その起算日にさかのぼる（▶144条）から，取得時効により所有権を取得する者は，その占有を開始した時から所有者であったとみなされる。したがって，占有開始時以降の果実は，時効取得者に帰属し，原所有者への返還を求められることはない。また，時効取得者が占有期間中になした占有物の処分は，有効となり，これに対して損害賠償を請求されることはない。

3　所有権以外の権利の取得時効

要件および効果　　163条は，「所有権以外の財産権」の取得時効について定めている。「所有権以外の財産権」の場合には，「所有の意思」は問題とならないため，「所有権以外の財産権」を「自己のためにする意思」で「平穏に，かつ，公然と」行使すること，すなわち，平穏，公然の準占有（▶205条）または占有（地上権，質権など）が要件となる。時効期間は所有

Further Lesson 10-5

▶▶▶▶▶ **取得時効と登記**

　不動産に関する物権の所在について争いが生じた場合，民法は，177条に不動産の物権の得喪および変更は「登記をしなければ，第三者に対抗することができない」と定め，登記の有無によって決することとしている。

　たとえば，AがB所有の土地を占有し，時効期間が経過したことからBに対して時効による権利取得を主張する場合，Aは，登記を備えていなければならないのであろうか。時効による権利取得も177条の適用があるとすると，Aは，登記を備えないかぎり，自己の権利を主張することができない。しかし，そもそもかかる場合に登記を備えることを時効取得者に求めることは困難である。判例は，時効取得者と権利喪失者の関係を第三者関係ではなく，当事者関係であると理解して，登記を不要としている（★大判大正7・3・2民録24輯423頁など）。

　さらに，土地の占有を継続中に第三者に土地の所有権の譲渡がなされた場合については，土地所有権の譲渡が時効の完成前か時効の完成後かで取扱いが分かれる。

　たとえば，AがB所有の土地の占有を継続し，他方でBからCに譲渡がなされCが登記を備えたとする。このとき，CがAに対して土地明渡しを請求したところ，BからCへの譲渡後Aの取得時効が完成したという関係にあった場合，Cは，時効完成時の相手方であり，Aにとって当事者に準じた関係にある。そのため，登記がなくても，Aは，Cに取得時効の主張をすることができる。これに対し，BからCへの譲渡がAによる時効完成後であった場合には，BからAへの時効完成による権利取得とBからCへの譲渡とがあたかも二重譲渡類似の関係に立つと解される。その結果，Aは，自己の権利を主張するためには登記を備えていなければならず，それがないかぎり，Cからの土地明渡請求に応じざるをえないことになる（★最判昭和35・7・27民集14巻10号1871頁）。また，判例は，時効期間の起算点は，時効の基礎たる占有の開始時点であって，任意の時期を選択することはできないと解している（➡ **Further Lesson 10-2**）。

　もっとも時効期間経過後に第三者Cが現れた場合であっても，Aが再度取得時効に必要な期間占有していた場合には，AはCに対して登記なくして時効取得を対抗することができる（★最判昭和36・7・20民集15巻7号1903頁。もっとも，一度取得時効を援用して所有権を取得した上で，その後に設定された抵当権などを消滅させるために再度の取得時効を主張することは認められていない（★最判平成15・10・31判時1846号7頁）。このような場合に取得時効を主張できるのは一度だけである（★最判平成24・3・16民集66巻5号2321頁：百選Ⅰ-55）。またCがAとの関係において背信的悪意者に該当すれば，Aは登記なくして時効による権利取得を主張することができる（★最判平成18・1・17民集60巻1号27頁：百選Ⅰ-54。詳細は➡第2巻　物権・担保物権法に譲る）。

権の場合と同様，20年または10年であり（▶163条），自然中断の規定も準用される（▶165条・164条）。効果も，所有権の取得時効と同様に地上権や質権といった当該権利を取得する。

対象となる権利 「所有権以外の財産権」であればどのような権利であっても取得時効の対象になるわけではない。取得時効の対象となる権利としては，用益物権を考えることができる。たとえば，地上権設定契約が締結され，10年間土地を占有したが，契約が無効であった場合などにおいて，地上権，永小作権などは取得時効の対象となる。これに対して，地役

✐ Topic 10-2

公物の取得時効

　公物（国有道路，河川などの国または公共団体が公用または公共の用に供している有体物）は私物と異なるため取得時効が成立するかが問題となる。道路などが公共の用に供されているかぎり，取得時効の要件を満たすことはないから取得時効が問題とならないことはいうまでもない。問題は，公物が公共の用に供されていないような場合に取得時効が成立しうるかである。学説上は，公物の取得時効肯定説，否定説に分かれている。この点につき，かつての判例は，公用廃止処分によって私物にならないかぎり，公物を時効取得することはできないとしていた（★大判大正10・2・1民録27輯160頁，大判昭和4・12・11民集8巻914頁）が，現在は「長年の間事実上公の目的に供用されることなく放置され，公共用財産としての形態，機能を全く喪失し，その物のうえに他人の平穏かつ公然の占有が継続したが，そのため実際上公の目的が害されるようなこともなく，もはやその物を公共用財産として維持すべき理由がなくなった場合」「黙示的に公用が廃止された」として取得時効の成立を肯定している（黙示的公用廃止説：★最判昭和51・12・24民集30巻11号1104頁）。また最判平成17・12・16民集59巻10号2931頁は，竣功未認可埋立地（埋立免許を受け埋立工事が行われ，完成したが，竣功認可がされていない埋立地）につき，前掲最判昭和51・12・24と同様の判示を行い，当該埋立地が「公共用財産としての形態，機能を完全に喪失し」，「これを公共用財産として維持すべき理由がなくなった」ような場合には，（▶公有水面埋立法35条1項に定める）原状回復義務の対象とならず，公有水面の復元可能性がなくなった時点で，所有権の客体となることを認めた上，同時に，黙示的に公用が廃止されたとして取得時効の対象となることを認めた。判例の立場は，否定説に立った上で，黙示的に公用廃止があった場合には取得時効の可能性を認めるという見解と理解できよう。

権は、「継続的に行使され、かつ、外形上認識することができるものに限り、時効によって取得」できる（▶283条）。

担保物権について、抵当権は、占有を伴わないため取得時効の対象となりえないが、質権は、占有を伴うため取得時効の対象となるとされている。

債権の場合には、債権の性質によって取扱いが異なる。継続的な行使を考えることができる定期金債権は、その準占有を問題としうるから、取得時効の対象となりうる。これに対して、１回的給付を目的とする債権に関しては、継続的な権利行使が考えられないため、取得時効の対象とならないとされている。不動産賃借権などは、地上権と類似する権利であり、取得時効の対象となると解されている（★最判昭和62・6・5判時1260号7頁：百選Ⅰ-43など。①他人の土地の継続的な用益という外形的事実が存在すること、②その用益が賃借の意思に基づくものであることが客観的に表現されていることを要件とする）。

また、留置権、先取特権などの直接法律の規定によって生じる権利や、取消権、解除権といった１回的な行使により消滅する権利は取得時効の対象とならない。夫婦関係や親子関係といった身分権も取得時効の対象とならない。

5 消 滅 時 効

1 消滅時効の意義

> **Case 10-9** Aは、取引先のBより6年前に支払期日が到来している売買代金債務について請求を受けた。Aは、支払い済みであるように記憶しているが、はっきりしていない上、それを証明する文書が手元に残っていなかった。AはBの請求に応じなければならないか。

通常、金銭債権を有する債権者は、返済期限がきても債務者が借金を返済してくれない場合には、借金の支払いを求めるであろう。しかし、返済期限がきているにもかかわらず、債権者が債務者に対し、権利行使をすることなく時間が経過する場合がある。また、債務者が借金を返済した場合には、もはや債務は存在していないのであるから、債権者から借金の返済を求められることはな

いはずである。このような場合に，突然債権者から借金の返済を求められた場合にはどうすればよいであろうか。**Case 10-9** では，AはBに対しすでに代金を支払い済みであると考えている。このように借金が返済済みであったり，代金を支払い済みである場合には，支払い等を証明する文書などを提示することが通常であろうが，長期間の経過によって，自分が借金を返済したのかしていないのかわからなくなる場合もあるし，支払い等を証明する文書の喪失などにより，支払い等を証明することができなくなる場合も考えられる。このような場合でも，一定期間の経過によって当該金銭債権の消滅を認める制度を消滅時効という。**Case 10-9** では，AはBに対し消滅時効の援用ができるかどうか要件の充足を検討する必要がある。

　民法は，消滅時効にかかる権利として「債権」および「債権又は所有権以外の財産権」と定めている（▶166条1項・2項）。後者にあたる権利は，地上権，永小作権，地役権などの他物権である。

2　消滅時効の適用範囲

　所有権は，たとえ所有者が自己の権利を長期間行使しなくても消滅時効にかかることはない。取得時効が成立すると取得時効完成時の所有権は失われるが，この点は，取得時効の「反射的効果」の結果として原所有者が所有権を失うにすぎず，消滅時効によるものではない。また，所有権に基づく物権的請求権や，共有物分割請求権（▶256条），登記請求権などの権利も消滅時効にかからないと解されている。

　独立して消滅時効にかからないと解されている権利については，議論がある。占有権や留置権は，占有することがその成立要件となっており，占有の喪失は，消滅事由とされている（▶占有権につき203条，留置権につき302条参照）。このため，権利を行使しないことが観念できず，消滅時効は問題とならない。

　また，担保物権は，債権を担保することを目的とした権利であるため，被担保債権が消滅しないのに担保物権が消滅することは適当ではない。被担保債権が消滅しているのに担保物権が存続することも同様である。この問題は，担保物権の付従性として議論されている。したがって，担保物権は，被担保債権と

✑ **Topic 10-3**

形成権の消滅時効

　形成権に関しては，消滅時効の適用につき争いがある。取消権は，追認しうる時から5年間，行為の時から20年間と権利行使期間の定めがある（▶126条）。取り消された行為は，はじめから無効であったことになり（▶121条）。当事者がすでに給付した物があれば，給付物につき原状回復請求権が発生する（▶121条の2）。原状回復請求権は，通常の債権であるから166条1項により5年ないし10年の消滅時効に服する。

　たとえば，買主Aと売主Bとの間で売買がなされ，目的物と代金のそれぞれが給付されていたとする。4年経過後，当該売買がBの詐欺に基づくものであったために，Aが本件売買契約を取り消した。さらに4年経過した後にAがBに対して代金返還を求めて訴えを提起したとしよう。かかる場合，取消権の行使は契約成立から4年後であるから，権利行使期間内であり，有効である。さらに，取消し後の代金返還請求権も原状回復請求権発生から4年後であるので有効として形成権とそれによって生じる請求権を二段階的に構成する見解がある。これに対して，取消権の行使により生じる請求権を独立に考えず，取消権の行使により生ずる請求権も含め，取消権の権利行使期間である5年以内に行使する必要があるとする一段階構成説がある。

　2017年改正前民法の時効規定の下で，判例は，解除権の行使に関し，二段階構成説に立つ判断をしていた（★大判大正7・4・13民録24輯669頁）。解除権が行使された場合も，その結果として原状回復請求権が生じる（▶545条1項）。解除権については，2017年改正前566条3項のような特別な定めがないかぎり，2017年改正前民法によれば，通常の債権と同様に10年間の消滅時効に服すると考えられていた（債権以外の財産権と解して20年間の消滅時効に服することは妥当ではない）。二段階構成説によれば，解除権の行使に10年間，さらに解除権行使によって生じる原状回復請求権に10年間と合計20年間の権利行使期間が認められることになる。このように長期間の権利行使期間を認めることは，権利関係の安定に鑑みると妥当ではないであろう。しかし，紛争の解決過程に着目し，形成権の行使とそれによって生じる請求権とを別個の法律関係と捉え，判例を支持する見解もみられる。もっとも，2017年改正により，債権の時効は主観的起算点による場合には，5年間に短期化された（▶166条1項1号）。解除権行使による原状回復請求権の場合，解除権者は原状回復請求権の行使可能性を認識していることが通常であろうから，同号が適用され，かかる問題性は小さくなったと考えられる。

同時でなければ時効によって消滅することはないと解される。とくに抵当権に関しては、「債務者及び抵当権設定者」に対する関係においては、「その担保する債権と同時でなければ、時効によって消滅しない」と規定されている（▶396条）。もっとも、「債務者及び抵当権設定者」以外の関係では、被担保債権と同時でなくても抵当権は消滅しうると解釈される（同条の反対解釈。詳細は➡第2巻 物権・担保物権法に譲る）。

3　消滅時効の要件

起 算 点　消滅時効は、権利不行使の状態で一定期間が経過することによって成立する。したがって、時効期間経過の起算点をどのように定めるかが重要である。

(1)　**消滅時効の起算点**　消滅時効の起算点は、債権の場合、「債権者が権利を行使することができることを知った時」という債権者の主観を考慮した起算点（「主観的起算点」という）（▶166条1項1号）と「権利を行使することができる時」という債権者の主観を考慮しない起算点（「客観的起算点」という）（▶同項2号）の2つが定められている。これらの区別は、詳しくは以下に記述するが、時効期間の相違に現れ、主観的起算点による場合は5年、客観的起算点による場合は10年の時効期間が定められている。また、「債権又は所有権以外の財産権」は、「権利を行使することができる時」という客観的起算点のみが定められている（▶同条2項）。

「主観的起算点」は、「客観的起算点」よりも短い時効期間にかからしめられているが、「主観的起算点」から時効が進行する理由は、その時点から債権者が自己の判断で権利を行使することが現実に可能な状態になったと評価できるためであると解される。「主観的起算点」では、債権者による権利行使の現実的可能性の認識を要求されるから、かかる認識がない限り、時効が起算することはなく、単純に「客観的起算点」よりも時効期間が短期化されているわけではない。なお、「権利を行使することができることを知った」ことには、債務者を知ることも含まれると解されている。

債権者が具体的にどのような事実をどの程度認識した場合に、「債権者が権

利を行使することができることを知った時」と評価できるかに関しては，問題
がある。一般人を基準に認識可能性を判断すると債権者に厳格な評価となる可
能性がある一方で，個別の主観的事情を考慮すると，起算点が遅くなりすぎる
可能性がある。この点では，2017年改正前724条前段（▶724条1号）の「損害
及び加害者を知った時」の解釈が参考になると考えられている。判例によれ
ば，「加害者を知った時」とは，「加害者に対する賠償請求が事実上可能な状況
のもとに，その可能な程度にこれを知った時」と解され（★最判昭和48・11・16
民集27巻10号1374頁：百選Ⅱ-98），「損害を知った時」とは，「被害者が損害の発
生を現実に認識した時」をいうと解している（★最判平成14・1・29民集56巻1
号218頁）。これらの議論（詳細は，➡第4巻 債権各論に譲る）を踏まえると，債
務者に対する権利行使が事実上可能な状況の下において，債権者がその請求が
可能な程度にこれを知った時を意味するものと考えられる。

　これに対して「客観的起算点」では，「権利を行使することができる時」が
いつの時点かが2017年改正前から議論されてきた。権利を行使することができ
るということについては，当事者が権利を行使することに障害がないことを意
味する。ここでいう障害には，権利者の病気や権利の発生の不知といった事実
上の障害は入らない。学説上，権利関係の安定を重視し，停止条件の未成就や
履行期の未到来といった法律上の障害を意味するという見解がある（法的可能
性説。従来の通説。★大判大正6・11・8民録23輯1762頁〔期限が到来した翌日から起
算すると判断した〕，★最判昭和49・12・20民集28巻10号2072頁〔現在は被保佐人に当
たる準禁治産者が訴えの提起に保佐人の同意を得られなかったことを事実上の障害とし
た〕）。これに対して，裁判をするまで権利の発生がわからないことも多く，か
かる不利益のみを権利者に負担させることは妥当ではないとして，具体的事案
における権利行使の現実的な期待可能性を考慮すべきとする見解も近時有力で
ある（現実的期待可能性説。★最判昭和45・7・15民集24巻7号771頁〔弁済供託にお
ける供託金取戻請求権の消滅時効につき，供託者が免責の効果を受ける必要が消滅した
時から進行するとした〕，最判平成8・3・5民集50巻3号383頁〔交通事故において保
有者が誰かをめぐり自賠法3条の損害賠償請求権の存否が争われている場合には，保有
者不明の場合の自賠法上の塡補賠償請求権の消滅時効につき，右損害賠償請求権が存在

しないことが確定した時から進行するとした〕，最判平成15・12・11民集57巻11号2196頁〔死亡保険金請求権の消滅時効につき，被保険者の遺体が発見されるまでの間は進行しないと判断した〕）。

　売買契約などの双務契約には，一方当事者が債務を履行（債務の履行に代わる損害賠償の履行を含む）するまで他方当事者が債務を履行しないことを主張しうる同時履行の抗弁（▶533条）が存する。しかし，同時履行の抗弁は，権利者が自身の給付をすることで除去できるので，時効の進行を妨げないと解される。

　(2)　**始期付きまたは停止条件付きの債権**　　前述のように，始期付きまたは停止条件付きの権利は，期限の到来，停止条件の成就によって法律上の障害がなくなり，その時から時効が進行する。なお，始期付きまたは停止条件付き権利の目的物の占有者については，期限未到来または条件未成就であっても，取得時効が進行することを妨げない（▶166条3項本文）。このため，権利者は，占有者の取得時効の更新のためにいつでも占有者に承認を求めることができる（▶同項ただし書）。また，自動継続定期預金契約における預金払戻請求権の消滅時効は，預金者による解約の申入れがされたことなどにより，それ以降自動継続の取扱いがされることのなくなった満期日が到来した時から進行するものと解するのが相当である（★最判平成19・4・24民集61巻3号1073頁）。

　(3)　**期限の定めのない債権**　　期限の定めのない債権については，いつでも権利者が権利を行使することができるので，債権の成立時から時効が進行する。

　不当利得返還請求権（▶703条）など法律の規定に基づき成立する権利についても，このことはあてはまる。もっとも，債務不履行に基づく損害賠償請求権は，本来の債務が変容したものであり，債務の同一性に変わりがないため，時効の起算点も本来の債務の履行期であると解されている（★最判平成10・4・24判時1661号66頁）。解除による原状回復義務の履行不能による損害賠償請求権の場合は原状回復を請求できる時である（★最判昭和35・11・1民集14巻13号2781頁）。

　(4)　**割賦払い債務における期限の利益喪失約款**　　割賦払い債務には，期限の利益喪失約款（➡271頁）が付加される場合がある。かかる特約について，い

✐ Topic 10-4

抗弁権の永久性

　たとえば，Aを売主，Bを買主として，工作機械の売買契約が締結され，契約成立から2年が経過した頃，AはBに対して目的物の引渡しを少し待ってくれるよう依頼していたが，BはAに特に何もしなかったとする。契約成立から5年経過後に，BがAに対して目的物の引渡しを請求した場合に，BのAに対する目的物引渡請求権は時効の更新によって効力が認められるのに対し，AのBに対する代金支払請求権について消滅時効を理由に効力を認めないことは適当ではない。このような場合に，AのBに対する代金支払請求権は時効によって消滅しているとしても，同時履行の抗弁権（▶533条）は，時効にかからないとすれば，AはBの代金支払いと目的物の引渡しの同時履行を主張することができる。このように請求に対する抗弁権ないし抗弁的に行使される権利に関しては，権利行使の期間制限にかかわらず行使を認めるべきとする主張がある。これが抗弁権の永久性という問題である。法律上の根拠規定はなく，一般的に抗弁権に永久性を認めるか否かに関しては議論があるが，かかる理論を否定する立場であっても，個々の抗弁権の許否を検討することは認めている（相殺に関する▶508条参照）。

✐ Topic 10-5

遅発性損害と「権利を行使することができる時」の意義

　事実上の障害は，権利行使を妨げる障害に含まれないが，遅発性損害に関する近時の判例においては，「権利を行使することができる時」を実際上遅らせて認定するものが認められる。すなわち，いわゆるじん肺訴訟において，最高裁は，安全配慮義務違反による損害賠償請求権につき，一般には，「その損害が発生した時に成立し，同時にその権利を行使することが法律上可能になる」としながら，じん肺が進行性の疾患であり，進行の有無，程度，速度が多様であることを認定し，行政上の「重い決定に相当する病状に基づく損害は，その決定を受けた時に発生し，その時点からその損害賠償請求権を行使することが法律上可能となる」としている（★最判平成6・2・22民集48巻2号441頁：百選Ⅰ-40）。また，最判平成16・4・27民集58巻4号1032頁：百選Ⅱ-99は，不法行為に基づく損害賠償の権利行使期間を定めた2017年改正前724条後段につき，「不法行為により発生する損害の性質上，加害行為が終了してから相当の期間が経過した後に損害が発生する場合には，当該損害の全部又は一部が発生した時」が除斥期間の起算点となるとした（かかる判断を踏襲した判決として★最判平成16・10・15集58巻7号1802頁，最判平成18・6・16民集60巻5号1997頁も参照）。

つの時点から時効が進行するかに関して，判例は，期限の利益喪失約款の趣旨
によって判断している。すなわち，特約の趣旨が，当然喪失型であれば該当事
由が生じた時から時効が進行する一方，請求喪失型であれば債権者が履行を請
求するまでは時効は進行しないものと解される（★最判昭和42・6・23民集21巻
6号1492頁）。かかる判例に対して，いずれの場合であっても，該当事由が生じ
た時から時効を進行させるべきと解する見解もある。

時 効 期 間　　債権は，原則として，「主観的起算点」による場合には，5
年の時効期間に服し（▶166条1項1号），「客観的起算点」に
よる場合には，10年の時効期間に服する（▶同項2号）。なお，「人の生命又は
身体の侵害による損害賠償請求権」に関しては，「客観的起算点」による場合
に，10年の時効期間に代えて20年の時効期間に服すると定められている（▶
167条）。このような長期の時効期間を定めた趣旨は，「人の生命」「身体」と
いった重要な法益の侵害を受け，時効の完成猶予等の措置をとることが困難な
債権者に十分な権利行使の機会を保障するためであるとされている。

不法行為に基づく損害賠償請求権も，被害者またはその法定代理人が「損害
及び加害者を知った時」という主観的起算点の場合は3年（▶724条1号），「不
法行為の時」という客観的起算点の場合は20年の権利不行使によって時効消滅
すると規定する（▶同条2号）。その上で「人の生命又は身体を害する不法行
為」では724条1号の3年を5年とするとされている（▶724条の2）。

定期金債権とは，年金債権のように一定の期日に給付を受ける債権のことを
いうが，定期金債権のうち，各別の具体的な金銭債権のことを支分権といい，
支分権の基礎となる債権を基本権という。定期金債権は，一定期間にわたっ
て，債権者が権利を行使することを予定しているため，どの時点で，時効の起
算を考えればよいかが問題となる。基本権たる定期金債権については，まず，
債権者が「定期金の債権から生ずる金銭その他の物の給付を目的とする各債権
を行使することができることを知った時」から10年間行使しないと，時効に
よって消滅すると定められている（▶168条1項1号）。また，「各債権を行使す
ることができる時」から20年間行使しないと時効によって消滅すると定められ
ている（▶同項2号）。これに対して支分権たる定期金債権は，債権一般の時効

期間（▶166条 1 項）に服する。

　なお，定期金の債権者は，時効の更新の証拠を得るため，いつでも，その債務者に承認書の交付を求めることができる（▶168条 2 項）。

　短期の消滅時効や期間制限にかかる権利であっても，それらが，判決等で確定した場合には，その時効期間は10年とする（▶169条 1 項）。ただし，確定の時に弁済期が到来していない場合に，この規定は適用されない（▶同条 2 項）。

4　消滅時効の効果

　所定の時効期間が経過し，時効が援用されると権利が消滅する（▶145条）。消滅時効の効果は，遡及し，債権であれば，弁済期に消滅する（▶144条）。そのため，債務者は，起算日以降の利息や遅延損害金を支払う必要がなくなる。

5　消滅時効に関連，類似する制度

> **除 斥 期 間**

除斥期間とは，権利を確定するための，権利の行使期間である。除斥期間は，①更新が認められないこと，②当事者の援用を要しないこと，③権利消滅の効果が遡及しないこと，④権利の発生した時を起算点とするという各点で，時効と相違するとされている。起草者は，（時効の完成猶予に相当する）2017年改正前民法における時効の停止に関する規定も除斥期間に適用がないと解していたが，期間の満了時に天災その他避けることのできない事情があるときには，2017年改正前161条を類推適用すべきとする学説が有力であった。また，不法行為に基づく損害賠償請求権につき，2017年改正前724条後段が定めていた20年の期間は，除斥期間か消滅時効かで議論があった。判例は，これを除斥期間であると解した上で，その徒過につき信義則，権利濫用の主張がなされた場合にこれを否定した（★最判平成元・12・21民集43巻12号2209頁）が，学説は被害者保護の観点から，同規定を（援用権の濫用が問題となりうる）消滅時効と解してかかる不都合を回避すべきであるなどと批判していた。判例は，その後「不法行為の被害者が不法行為の時から20年を経過する前 6 箇月内において右不法行為を原因として心神喪失の常況にあるのに法定代理人を有しなかった場合において，その後当該被害者が禁治産宣告を受

け，後見人に就職した者がその時から6箇月内に右損害賠償請求権を行使した
など特段の事情があるときは，民法158条の法意に照らし，同法724条後段の効
果は生じないものと解するのが相当である」とし（★最判平成10・6・12民集52
巻4号1087頁），さらに，最判平成21・4・28民集63巻4号853頁は，160条の法
意に照らして2017年改正前724条後段の効果を制限した。起算点に関しても，
前掲最判平成16・4・27は，改正前724条後段の起算点について，じん肺のよ
うに「加害行為が終了してから相当の期間が経過した後に損害が発生する場合
には，当該損害の全部又は一部が発生した時が除斥期間の起算点となる」など
として，被害者の保護を図っていた。2017年改正により，不法行為による損害
賠償請求権は，「被害者又はその法定代理人が損害及び加害者を知った時から
3年間行使しないとき」と「不法行為の時から20年間行使しないとき」といず
れも「時効によって消滅する」（▶724条）と改正され，改正前724条後段を除斥
期間と解した場合の不都合が回避されることになった。

> **権利行使の期間制限**　民法には，権利行使の期間制限に関する規定が定められてい
る。これらの期間制限を消滅時効と解すべきか，除斥期間と
解すべきかに関して議論がある。

　かつて通説は，条文に「時効によって」とあるか否かによって定めるべきと
していた。そして，たとえば，取消権に関する126条や2017年改正前724条のよ
うに短期の期間制限と長期の期間制限が定められている場合，前者を消滅時
効，後者を除斥期間と解していた（現在も判例はかかる区別を前提にしているとさ
れる〔前掲★最判平成元・12・21など〕）。しかし現在では，権利の性質と規定の趣
旨に従って判断するべきであると解する立場が有力である。かかる観点から
は，権利者の一方的行使によって効果の生じる形成権に関しては除斥期間が，
権利の実現に相手方の協力を要する請求権に関しては消滅時効がふさわしいと
一応考えることができよう。なお，取消権に関する126条について，判例は短
期長期いずれの期間制限も消滅時効であると解していたが（★大判昭和12・5・
28民集16巻903頁），古い判例であるため現在もそのように解されるか疑問を呈
する見解もある。取消権は形成権であるから前記の有力説によればいずれの場
合も除斥期間であると解することになろう（➡256頁参照）。

権利失効の原則　権利者が権利を行使することなく一定期間が過ぎ，相手方が権利をもはや行使されることはないと信頼するような状況にいたったとき，信義則に基づいて，権利行使を制限する法理が**権利失効の原則**である（★最判昭和30・11・22民集 9 巻12号1781頁）。消滅時効が法定の時効期間の充足によって認められる制度であるのに対し，権利失効の原則は，信義則に基づく権利行使の制限であり，個別的・具体的な性質を有する点に違いがある。

　権利失効の原則は，消滅時効にかからない所有権に基づく物権的請求権などに関して意味があるが，期間の経過によって権利行使ができなくなる場面は，権利ごとに定められた権利行使の期間制限規定や消滅時効の問題として捉えられるべきであり，批判的な見解が多い。

☑ *Exam 1*

果物の生産および加工販売業を営むAとその弟Bの間で経営上の争いが生じ，B
がAの経営する果物工場をおよそ1か月間，占拠した上，Cに果物を売却した。ま
もなく，Aは，B・C間での果物の売買を追認し，Cに対して代金の支払いを求め
た。Cは，Aに対して代金を支払わなければならないか。

解答への道すじ▶

　Aは，B・C間の売買を追認してCに対して売主の地位を主張しているが，認められる
か。無権利者は他人の物を勝手に処分することはできず，相手方は有効に権利を取得するこ
とはない。もっとも，この場合に権利者が追認すると，無権代理行為の追認に関する116条が
類推適用され，無権利者の処分が遡及的に効力を生じ，相手方は権利を取得すると解されて
いる（物権的効果）。
　かかる場面で他人の物の売買契約は有効と解されているが（561条），権利者が売買契約を
追認して売主としての地位を主張しうるか（無権利者の処分の追認による債権的効果の可
否。➡第7章〔227頁〕）。

☑ *Exam 2*

　Aは，BがCから融資を受けるに際して，A所有の不動産につき抵当権を設定し
た。返済期限が到来し，6年が経過したが，債権者Cは，Bに対して何ら請求もし
ておらず，Bも債務の存在を承認するなどはしていなかった。このような場合に，
AがBの消滅時効を援用することは認められるか。また，DがAに対して債権を有
しており，A所有の不動産につきCに劣後する二番抵当権者であった場合，DがB
の消滅時効を援用することは認められるか。

解答への道すじ▶

　消滅時効の援用権者の範囲の問題に関し，条文や判例は，どのような基準を用いている
か。設問におけるAやDが債務者Bや債権者Cとの関係においてどのような者であると解さ
れ，条文や判例に照らして，どのように考えることができるか。（➡第10章〔282頁〕）

☑ *Exam 3*

　Aは，BがCから融資を受ける際に，Bに懇願されたため，連帯保証人になっ
た。弁済期が到来後，CはBに対してではなく，Aに対して保証債務の履行を求め
たが，Aは，元本のみに債務を限定することをCに懇願して了承された。その後，
B・間の主たる債務について時効期間が経過した。このことを知ったAがCに対

して主たる債務の消滅時効を主張することは，認められるか。また，Aが保証債務の承認を行ったのが，主たる債務について時効期間経過後であったが，Aがこれを知らなかった場合はどう考えればよいか。

解答への道すじ

(1) 保証人であるAの承認は，主たる債務の時効の更新事由と解されるか。
(2) いったん保証債務について承認しているAが，改めて，主たる債務の時効を主張することをどう考えればよいか。
(3) 主たる債務者自身が時効完成後に債務を承認した場合と保証人が時効完成後に保証債務を承認した場合を同様に考えて良いか（➡ **Further Lesson 10-1**）。

☑ *Exam 4*

AはBから本件土地を購入し，建物を建てて住んでいたが，登記は，諸事情からBの名義のままにしていた。A・B間の売買から20年以上が経過して，Bの相続人B'は，本件土地の名義をBからB'に移した上，自分の債務を担保する目的で債権者Cのために抵当権を設定した。抵当権設定後10年がたったが，B'が債務を返済できなかったために，Cが本件抵当権を実行しようとしている。このとき，AはCに自分の所有権を主張することができるか。

解答への道すじ

(1) Aは自己の土地について時効を主張しようとしているが認められるか。
(2) 取得時効と登記の問題において，第三者の登場時期が時効期間経過後である場合に，判例はどのような立場を取っているか。
(3) (2)のようなときでも，第三者が登場してからさらに時効に必要な期間が経過している場合はどう考えられるか（➡第10章〔300頁〕，**Further Lesson 10-5**）。

☑ *Hybrid Exam*

問1　関西地区に住むXは，Y保険会社との間で，火災保険契約を締結した。その
あと，地震のために発生した火災によって，住宅は焼失した。XがYに対し，
保険金を請求したところ，Yは，保険契約における地震免責約款の適用を主張
して，これを拒絶した。Xは，火災保険契約の適用を主張できるか。

問2　住宅公団Yは，団地を建て替えるために，現住の入居者に立退きを求め，建
て替えのおりには，優先的に購入できると説明したうえ，建て替えを行った。
建て替え後，旧入居者との間で，分譲住宅の購入交渉が行われたさいに，旧入
居者のXらは，旧入居者の「優先」購入後に一般の購入の公募が行われると認
識していた。他方，Yは，Xらの認識を知り，自分には一般購入の公募の意思
がなかったにもかかわらず，その事実をまったく説明しなかった。建替え後
は，バブル経済が崩壊し，住宅価格が下落したので，「優先」購入価格のよう
な価格では，一般の公募をしても，売れない状態であった。その後，一般の公
募が行われたが，それは，「優先」購入の価格を大幅に下回っていたとする
と，Xらは，差額の請求をすることができるか。

問3　同じ論理を用いた場合に，問1と問2とでは，どのような差異が生じるか，
論じなさい。

解答への道すじ

［問1］　火災保険に適用される保険約款には，地震によって生じた火災には保険金を支払わ
ないとする定めがあることが通常である。そこで，地震を原因とする火災のさいにも保険
金を取得したいと思う場合には，火災保険に付帯して地震保険契約を締結することが必要
となる。

　　しかし，地域的あるいは経済的な理由から，火災保険契約を締結しても，地震保険契約
は締結しないことが多い。阪神大震災のおりにも，関西地区には，あまり地震がないとい
うことから，ほとんど締結されていなかった。

　　このような契約の経過を前提に，公序良俗違反，錯誤，詐欺の成立は主張できるか。

　　法律行為からの主張だけではなく，損害賠償法からの主張は可能か。保険会社には，火
災保険契約を締結する際に，地震保険に関する情報を提供したり，説明する義務はある
か。情報提供や契約上の説明義務は，どのような構成から生じるか。財産的損害がない，
あるいは立証できない場合の慰謝料請求権のあり方はどうか。また，契約上，一方的に作
成された約款の拘束力には，どのような問題があるか（➡第3巻 債権総論，第4巻 債権
各論参照）。

　　問1について，自己決定権に関する★最判平成15・12・9民集57巻11号1887頁：百選消
-20（侵害を否定。なお，生命，身体などの人格的利益に対する自己決定権侵害に対する先
例として★最判平成12・2・29民集54巻2号582頁：エホバの証人事件，最判平成13・11・
27民集55巻6号1154頁：乳房温存療法事件参照）。

［問2］　問1におけるのと同様の論点を検討しなさい。

　　また，問2については，契約成立後のバブル経済の崩壊という事情がある。事情変更の

　原則は適用可能か（➡第4巻 債権各論参照）。

　　問2について，★最判平成16・1・27民集59巻1号200頁（自己決定権の侵害を肯定）参
照。

［問3］は，上述平成15年判決と平成16年判決において異なる判断が示されたことに関する両
　判決の関係，射程が問題となる。損害賠償法，法律行為論双方からの検討が必要となる。

　　自己決定は，保険や通常の医療における選択だけではなく，終末医療や出産に関する選
択，あるいは行政やその他の機関，AIによる個人情報の収集などにおいても問題となり，法
と倫理に係わる現代的な論点をも包含している。

参考文献案内

1　入　門　書

我妻栄著，遠藤浩・川井健補訂『民法案内1〔第二版〕』，我妻栄著，幾代通・川井健補訂『民法案内2〔第二版〕』（勁草書房，2013年・2009年）

　　民法の大家による講義の再現。1は，「私法の道しるべ」，2は，「民法総則」を対象とする。『民法案内3，4』（物権法上下，2006年），以下13まで。

2　民法全体のテキスト（シリーズものの改訂は，一部の巻しか出ていない場合もある。版表示は省略し，現時点での最新の刊行年を表記した）

(1)我妻栄『民法講義Ⅰ～V3』（岩波書店，1954年～1983年）

　　戦後の民法体系の基礎となってきた名著。いわば民法テキストの基本ソフト Windows とでもいうべきもの。ただし，民法の財産法のうち，不法行為は欠ける。

(2)我妻栄・有泉亨・川井健ほか著『民法1～3〔第4版〕』（勁草書房，2020～2022年）

　　1総則・物権，2債権，3親族・相続の分類のコンパクトなテキスト。ダットサンと呼ばれる。

(3)『新プリメール民法1～5』（法律文化社，2020年～2022年）

(4)『新ハイブリット民法1～5』（法律文化社，2018年・2021年・2023年）

　　(3)(4)は，民法全体について，最新の判例・学説の水準をコンパクトにまとめたもの。

(5)『民法Ⅰ～V〔第4版〕』有斐閣Sシリーズ（有斐閣，2018年から順次改訂）

　　Ⅰ総則，Ⅱ物権，Ⅲ債権総論，Ⅳ債権各論，V家族法のコンパクトなテキスト。

(6)北川善太郎『民法講要Ⅰ～V』（有斐閣，2001年～2004年）

(7)川井健『民法概論1～5』（有斐閣，2005年～2015年）

(8)加藤雅信『新民法大系1～5』（有斐閣，2005年～2007年）

(9)近江幸治『民法講義Ⅰ～Ⅶ』（成文堂，2015年～2022年）

　　以上のテキストは，いずれも，パンデクテン体系で，民法典の条文に即して，民法総則，物権，債権総論，債権各論の順に記述している。

(10)内田貴『民法Ⅰ～Ⅳ』（東京大学出版会，2004年～2020年）

　　東大講義型で（民法総則と物権，債権総論と担保物権，債権各論の分類で記述），民法の財産法部分を3分冊でカバーする。

(11)大村敦志『新基本民法1～8』（有斐閣，2014年～2017年）

(12)潮見佳男『民法（全）〔第3版〕』（有斐閣，2022年）

(13)道垣内弘人『リーガルベイシス民法入門〔第4版〕』（日本経済新聞社，2022年）

⑭松尾弘『民法の体系〔第6版〕』(慶應義塾大学出版会, 2016年)

⑮我妻栄・良永和隆 (遠藤浩補訂)『民法〔第10版〕』(勁草書房, 2018年)

3 民法総則テキスト

(1)川島武宜『民法総則』(有斐閣, 1965年)

　我妻『民法講義 I』とならぶ古典的名著。

(2)四宮和夫・能見善久『民法総則〔第9版〕』(弘文堂, 2018年)

(3)鈴木禄弥『民法総則講義〔2訂版〕』(創文社, 2003年)

(4)米倉明『民法講義総則1』(有斐閣, 1984年)

(5)潮見佳男『民法総則講義』(有斐閣, 2005年)

(6)山本敬三『民法講義 I　総則〔第3版〕』(有斐閣, 2011年)

　以上は, いずれもオーソドックスなテキストである。

(7)原田昌和・寺川永・吉永一行『民法総則〔第2版〕(日評ベーシック・シリーズ)』(日本評論社, 2022年)

(8)滝沢昌彦『民法がわかる民法総則〔第5版〕』(弘文堂, 2023年)

(9)山本敬三・香川崇・竹中悟人・山城一真『民法1　総則 (有斐閣ストゥディア)』(有斐閣, 2021年)

4 判例集, 判例解説

(1)大審院民事判決録 (明治28年〜大正10年, 1895年〜1921年)

　大審院民事判例集 (大正11年〜昭和21年, 1922年〜1946年)

(2)最高裁民事判例集 (昭和22年〜刊行中, 1947年〜)

　　(1)(2)が公式の判例集であるが, 登載裁判数は少ない。ほかに著名なものとして, 戦前では法律新聞, 戦後では, 判例時報, 判例タイムズなどがある。金融商事判例は, 最高裁判決のほかその下級審判決まで載っているので, 包括的に調べる場合には有益。

(3)潮見佳男・道垣内弘人編『民法判例百選 I　総則・物権〔第9版〕』(有斐閣, 2023年)

　重要判例を選び, その事案, 判旨 (判決の重要部分) を載せ, 解説を加えたもの。

(4)ジュリスト『各年度重要判例解説』(有斐閣, 刊行中)

　各分野の重要な最高裁の判例を解説して, 各年ごとにまとめたもの。

(5)『最高裁判所判例解説民事篇』(法曹会, 各年, 刊行中)

　最高裁の判例を調査官が解説し, 各年ごとにまとめたもの。

5 注釈書・判例解説, 資料など

(1)『注釈民法(1)〜(26)』(有斐閣, 1964年〜98年)

『新版注釈民法(1)〜(28)』（有斐閣，1988年〜2017年）

『新注釈民法(1)〜(20)』（有斐閣，2017年〜）

民法全体をカバーするもっとも詳細なコンメンタール。

(2)遠藤浩・良永和隆編『基本法コンメンタール民法総則〔第6版〕』（日本評論社，2012年）

学生向けのコンパクトなコンメンタール。新版の予定がある。

6　民法の全体をカバーする研究書

学説・判例の展開を概観することができる。

(1)星野英一編『民法講座1〜7，補巻1，2』（有斐閣，1984年〜1990年）

(2)広中俊雄・星野英一編『民法典の百年Ⅰ〜Ⅳ』（有斐閣，1998年）

(3)加藤雅信編『民法学説百年史』（三省堂，1999年）

(4)『現代契約法大系1〜9』（有斐閣，1983年〜1985年）※契約法のみを対象とする。

7　2017年の債権法改正に関する資料，解説書など

(1)法制審議会『民法（債権関係）の改正に関する検討事項─法制審議会　民法（債権関係）部会資料〈詳細版〉』（民事法研究会，2011年）

(2)大村敦志・道垣内弘人編『解説 民法（債権法）改正のポイント』（有斐閣，2017年）

(3)潮見佳男『民法（債権関係）改正法の概要』（金融財政事情研究会，2017年）

(4)潮見佳男・北居功・高須順一・赫高規・中込一洋・松岡久和編著『Before/After 民法改正〔第2版〕』（弘文堂，2021年）

(5)中田裕康・大村敦志・道垣内弘人・沖野眞已『講義債権法改正』（商事法務，2017年）

(6)日本弁護士連合会編『実務解説 改正債権法〔第2版〕』（弘文堂，2020年）

(7)法曹親和会『改正民法（債権法）の要点解説（新旧条文対照表付）』（信山社，2017年）

(8)松尾弘『債権法改正を読む─改正論から学ぶ新民法』（慶應義塾大学出版会，2017年）

(9)山野目章夫『新しい債権法を読みとく』（商事法務，2017年）

(10)山本敬三『民法の基礎から学ぶ 民法改正』（岩波書店，2017年）

(11)東京弁護士会法友全期会・債権法改正特別委員会『改訂増補版 弁護士が弁護士のために説く債権法改正』（第一法規出版，2018年）

(12)筒井健夫・村松秀樹編著『一問一答 民法（債権関係）改正』（商事法務，2018年）

(13)潮見佳男・千葉恵美子・片山直也・山野目章夫編『詳解改正民法』（商事法務，2018年）

(14)伊藤進監修『改正民法（債権法）における判例法理の射程─訴訟実務で押さえるべき重要論点のすべて』（第一法規，2020年）

(15)磯村保『事例でおさえる民法 改正債権法』（有斐閣，2021年）

(16)森田宏樹監修『ケースで考える債権法改正』（有斐閣，2022年）

判 例 索 引

大 審 院

高等裁判所

地方裁判所

事 項 索 引

Horitsu Bunka Sha

新ハイブリッド民法1
民法総則〔第2版〕

2007年 3 月15日	初　版第 1 刷発行
2014年 4 月15日	第 2 版第 1 刷発行
2018年 5 月 5 日	新　版第 1 刷発行
2023年10月25日	新版第 2 版第 1 刷発行

著　者	小野秀誠・良永和隆 山田創一・中川敏宏 中村　肇
発行者	畑　　光
発行所	株式会社 法律文化社

〒603-8053
京都市北区上賀茂岩ヶ垣内町71
電話 075(791)7131　FAX 075(721)8400
https://www.hou-bun.com/

印刷：中村印刷㈱／製本：㈲坂井製本所
装幀：白沢　正

ISBN 978-4-589-04293-4

©2023　S.Ono, K.Yoshinaga, S.Yamada　T.Nakagawa,
H.Nakamura, Printed in Japan

学部とロースクールを架橋する
ハイブリッドシリーズ
基礎から応用まで，多面的かつアクセントをつけて解説・展開

新ハイブリッド民法

1 民法総則〔第2版〕   3,410円

小野秀誠・良永和隆・山田創一・中川敏宏・中村 肇【著】

2 物権・担保物権法〔第2版〕 3,300円

小山泰史・堀田親臣・工藤祐巖・澤野和博
藤井徳展・野田和裕【著】

3 債権総論   3,300円

松尾 弘・松井和彦・古積健三郎・原田昌和【著】

4 債権各論   3,300円

滝沢昌彦・武川幸嗣・花本広志・執行秀幸・岡林伸幸【著】

5 家 族 法   3,630円

青竹美佳・渡邉泰彦・鹿野菜穂子・西 希代子
冷水登紀代・宮本誠子【著】

A5判，横組，カバー巻，表示価格は消費税10%を含んだ価格です

法律文化社